캐나다 로키 홀리데이

캐나다 로키 홀리데이

2015년 6월 10일 초판 1쇄 펴냄
2023년 1월 15일 개정 3판 1쇄 펴냄

글	김산환
사진	이재혁
발행인	김산환
디자인	이아란
펴낸 곳	꿈의지도
출력	태산아이
인쇄	다라니
종이	월드페이퍼

주소	경기도 파주시 경의로 1100 연세빌딩 604호
전화	070-7535-9416
팩스	031-947-1530
출판등록	2009년 10월 12일 제82호

979-11-6762-040-8 (14980)
979-11-86581-33-9-14980(세트)

지은이와 꿈의지도 허락 없이는 어떠한 형태로도 이 책의 전부, 또는 일부를 이용할 수 없습니다.
※ 잘못된 책은 구입한 곳에서 바꿀 수 있습니다.

CANADA ROCKY
캐나다 로키 홀리데이

김산환·이재혁 지음

꿈의지도

프롤로그

코로나 펜데믹이 발생하기 전 2019년 개정판 취재를 위해 캐나다 로키를 찾았다. 그때는 크게 변한 게 없었다. 그러나 〈캐나다 로키 홀리데이〉 개정판은 코로나로 인해 무한정 연기됐다. 그 후 코로나가 진정된 2022년 10월 다시 캐나다 로키를 찾았다. 무엇이 달라졌을까?

정말 다행스럽게도 캐나다 로키는 크게 변한 게 없었다. 〈캐나다 로키 홀리데이〉에 소개되었던 여행지나 캠핑장, 호텔, 레스토랑, 숍 등은 대부분 그대로 있었다. 2년이 훌쩍 넘는 공백이 있었지만, 숍 한두 곳이 사라진 것을 제외하면 모두 정상 영업을 하고 있었다. 밴프나 레이크루이스, 재스퍼 등 관광객이 선호하는 곳은 여전히 많은 관광객으로 활기가 넘쳤다. 특히, 고산지대에 위치한 캐나다 로키는 가을이 짧기로 유명한데, 2022년 가을은 이상기온으로 유달리 길었다. 사람들은 반소매 차림으로 밴프의 거리를 활보했고, 햇살도 뜨겁게 내렸다. 덕분에 눈부시게 아름다운 아스펜과 자작나무의 노란 단풍을 만끽할 수 있었다. 예전 같았다면 단풍이 채 물들기 전에 첫눈이 내려 낙엽을 떨구었을 것이다. 이처럼 아름다운 캐나다 로키의 풍경이 마치 코로나를 이겨낸 선물 같았다. 그러나 변화가 없는 것은 아니었다. 무엇보다 물가가 엄청나게 올랐다. 특히, 호텔은 부르는 게 값일 만큼 많이 올랐다. 3년 전 숙박료와 비교하면 성수기 요금은 거의 두 배 가까이 됐다, 밴프의 상징과도 같은 페어몬트 밴프 핫스프링스 호텔은 하룻밤에 1,000달러(한화 약 105만원)를 훌쩍 넘었다. 5성급 고급 호텔이 아니라도 3성급 호텔이나 롯지의 가격도 크게 올랐다. 그나마 다행인 것은 국립공원에서 직영하는 캠핑장 이용료 등은 크게 오르지 않았다는 것이다. 앞으로 주머니 사정을 고려한다면 캠핑장에서 숙박하는 것도 좋은 대안이다. 물론 돈을 절약하는 것 뿐만 아니라 더 많은 즐거움을 얻을 것이다.

밴프 다운타운에도 변화가 있었다. 메인 스트리트가 이제 차 없는 거리가 됐다. 여행자를 위한 셔틀버스 로엄(Roam)만이 다닐 수 있다. 차가 없는 거리를 여행자들은 자유롭게 활보했다. 레스토랑이나 카페는 정해진 범위만큼 도로를 점유하고 노천카페를 운영했다. 훨씬 건강해진 모습이다. 특히, 밴프 국립공원을 자전거로 여행하는 이들이 눈에 띄게 늘었다. 일반 자전거는 물론 전기 자전거를 이용하는 여행자들도 많다. 밴프가 좀 더 친환경적으로 변화하고 있는 현장이다. 여행자가 가장 많이 몰리는 레이크루이스는 셔틀버스 중심으로 운영되기 시작했다. 레이크루이스 주차장은 12달러의 주차료를 받는다. 그러나 주차료를 내고 주차를 하고 싶어도 이른 아침에 가지 않는 이상 주차공간이 없다. 주차를 위해 하염없이 시간을 낭비할 수도 있다. 그래서 여행자 대부분은 셔틀버스를 타고 레이크루이스나 모레인 호수를 여행한다. 셔틀버스 주차장은 레이크 루이스 스키장에 있다. 이곳에 무료 주차 후 셔틀버스를 타고 가면 된다. 재스퍼는 휘슬러 캠핑장이 새롭게 단장했다. 휘슬러는 캐나다 로키에 있는 캠핑장 가운데 규모가 가장 크다. 사이트가 무려 780개나 된다. 그런데도 여름이면 몰려드는 캠핑카로 몸살을 앓았다. 하지만 지금은 달라졌다. 웰컴 센터는 온라인 시스템으로 예약자나 예약 없이 오는 캠퍼들을 맞는다. 화장실과 함께 있는 샤워장도 시설이 깨끗하게 변했다. 화장실 외벽에는 설거지를 할 수 있는 시설도 잘 갖추어 놨다. 정말 캠핑할 맛이 나게 했다.

이번에 캐나다 로키 개정판 취재를 하며 느낀 것은 캐나다 로키는 변함이 없다는 것이다. 이곳을 찾는 수많은 관광객은 매년 바뀌겠지만, 웅장한 대자연은 변함이 없다는 것이다. 또 그곳에서 여행자를 맞아주는 호텔이나 레스토랑, 아웃도어 숍 또한 예전 그대로라는 것이다. 변하지 않고 항상 같은 곳에서 맞아주는 캐나다 로키가 그저 감사할 뿐이다.

2023년 1월 **김산환**

일러두기

| 트레일 난이도 |

〈캐나다 로키 홀리데이〉에는 다양한 트레킹 코스를 소개한다. 각각의 트레킹 코스는 반나절 정도 소요되는 코스를 위주로 소개했다. 먼 곳도 5시간을 넘지 않는다. 코스 난이도는 초보자를 기준으로 나눴다.

★ 아주 쉽다. 소요시간 1시간 이내. 등반높이 100m 이내, 거리 2~3km.
★★ 쉽다. 소요시간 2~3시간. 등반높이 400~500m, 거리 7~8km.
★★★ 조금 어렵다. 소요시간 4시간 이내. 등반높이 600m 내외, 거리 10km 내외.
★★★★ 어렵다. 소요시간 5시간 내외. 등반높이 600~900m. 거리 10~14km.

| 호텔 이용료 |

캐나다 로키의 호텔은 성수기와 비수기에 따라 이용료가 달라진다. 이 책에서는 성수기를 기준으로 가격을 별표로 표시했다.

★ ~60달러
★★ 100~150달러
★★★ 250~350달러
★★★★ 450~600달러
★★★★★ 1,000달러 이상

| 레스토랑 이용료 |

★ 10~15달러
★★ 20~30달러
★★★ 30~40달러
★★★★ 50달러 이상

| 캠핑장 아이콘 |

이 책은 캠핑장의 정보를 요약해, 원하는 캠핑장을 선택하는 데 가이드 역할을 할 수 있게 했다. 특히, 캠핑장의 편의시설은 해당 정보를 한눈에 알 수 있게 아이콘으로 표시했다.

- 수세식 화장실
- 샤워장
- 재래식 화장실
- 예약가능
- 쉘터(대피소)
- 테이블
- 화로
- 개장일
- 덤프 스테이션
- 음식물 보관소
- 장애인 수용
- 위치
- 직원상주
- 겨울철 개장
- 전화기
- 전기
- 놀이터
- 공원 프로그램

| 개장시간 |

캐나다 로키는 계절에 따라 낮과 밤의 편차가 심하고, 기온도 큰 차이가 난다. 겨울철은 혹한의 기후를 보이며 스키장을 제외한 대부분의 관광지가 문을 닫는다. 이처럼 기온과 날씨가 크게 변하기 때문에 여행자 안내소나 캠핑장 운영 기간, 투어 시간 등이 해마다 달라진다. 따라서 여행지를 정했다면 출발 전에 국립공원 홈페이지나 투어 회사 홈페이지를 방문해 운영 기간이나 개장 시간 등을 꼼꼼히 체크하자.

CONTENTS

006	여는 글
008	일러두기

STEP 01
PREVIEW
014

016	01 캐나다 로키로 여행 가야 하는 10가지 이유
026	02 캐나다 로키에서 꼭 해야 할 것 10가지
028	03 캐나다 로키 알아보기
	캐나다 로키의 역사·위치·자연환경·동물·식물·국립공원·여행지

STEP 02
PLANNING
042

044	01 캐나다 로키 추천 여행일정
	2박3일 밴프+레이크 루이스·7박8일 캐나다 로키 일주·
	3박4일 핵심 일주·2박3일 재스퍼
052	02 캐나다 로키로 가는 항공
054	03 캐나다 로키 여행 예산 짜기
058	04 여행 준비물
060	05 렌터카 대여하기
064	06 캘거리에서 캐나다 로키 여행 준비하기
068	07 캐나다 로키 찾아가기
070	08 캐나다 운전요령

캐나다 로키 지역별 안내

01
밴프
074

- 076 밴프의 명소
- 078 밴프 다운타운
- 084 설퍼 산 곤돌라
- 086 어퍼 핫 스프링스 온천
- 088 페어몬트 밴프 스프링스 호텔
- 090 터널 마운틴 트레킹
- 092 선샤인 메도우 트레킹
- 096 존스턴 캐년 트레킹
- 104 버밀리언 호수 자전거 여행
- 107 미네완카 호수 송어 낚시
- 110 미네완카 호수 드라이브
- 112 보우 밸리 파크웨이 드라이브
- 114 밴프의 스키장
- 120 쿠트니 국립공원
- 128 밴프의 캠핑장
- 132 밴프의 호텔
- 138 밴프의 레스토랑 & 숍

CONTENTS

02
레이크 루이스
140

- 142 레이크 루이스 & 요호의 명소
- 146 레이크 루이스에서의 하루
- 154 레이크 루이스 아웃도어
- 156 모레인 호수
- 158 레이크 루이스 전망 곤돌라
- 160 아그네스 호수 & 빅 비하이브스 트레킹
- 164 플레인 오브 더 식스 빙하 트레킹
- 168 라치 밸리 트레킹
- 172 요호 국립공원
  스파이럴 터널 전망대 · 타카카우 폭포 · 에메랄드 호수 · 필드 · 오하라 호수
- 184 레이크 루이스 & 요호 캠핑장
- 186 레이크 루이스의 호텔
- 190 레이크 루이스의 레스토랑 & 숍

03
아이스필드 파크웨이
192

- 194 아이스필드 파크웨이 안내도
- 196 아이스필드 파크웨이 명소
  크로풋 빙하 · 보우호수 & 놈티자 로지 · 보우 고개 · 페이토 호수
  전망대 · 미스타야 협곡 · 크로싱 · 선웝터 고개 · 애서배스카 폭포
- 200 컬럼비아 대빙원 설상차 투어
- 204 아이스필드 헬리콥터 투어
- 206 아이스필드 파크웨이의 캠핑장

04
재스퍼
210

- 212 재스퍼의 명소
- 214 재스퍼 다운타운
- 218 재스퍼 트램웨이
- 220 피라미드 호수 & 패트리샤 호수 드라이브
- 222 이디스 호수 자전거 여행
- 224 에네테 호수 승마 투어
- 226 멀린 밸리
- 232 미에테 온천
- 234 카벨 메도우 트레킹
- 237 밸리 오브 더 파이브 레이크스 트레킹
- 240 탈보 호수 꼬치고기 낚시
- 244 재스퍼의 캠핑장
- 248 재스퍼의 호텔
- 252 재스퍼의 레스토랑 & 숍

254 캐나다 로키로 캠핑 가기

캐나다 로키 캠핑의 즐거움·캠핑장의 위치·캠핑장의 종류·
텐트 NO, 캠핑카 OK?·캠핑장 이용료·캠핑장 운영·캠핑 시즌·
캠핑장 시설·캠핑 사이트의 구성·캠핑장 예약제·캠핑장 이용시 주의점·
캠핑과 날씨·캐나다의 캠핑문화·국립공원 홈페이지 이용하기·
여행자 안내소와 여행정보·무료 팸플릿과 캠핑

Step 01
PREVIEW

01 캐나다 로키로 여행가야 하는 10가지 이유
02 캐나다 로키에서 꼭 해야 할 것 10가지
03 캐나다 로키 알아보기

PREVIEW 01
캐나다 로키로
여행가야 하는 10가지 이유

재스퍼 멀린 호수에 있는 스피릿 아일랜드

1 세상에서 가장 아름답다

캐나다 로키는 국립공원의 결정판이라고 해도 틀린 말이 아니다. 일반적인 국립공원의 경우 대부분 자연이나 문화, 역사 가운데 한 가지 테마를 바탕으로 한다. 그러나 캐나다 로키는 어느 하나로 말할 수 없다. 역사와 자연이 한데 어울려 여행자가 원하는 모든 것을 보여준다. 캐나다 로키에서 대자연의 웅장함은 기본이다. 한 달을 머물러도 다 돌아볼 수 없을 만큼 광대하다. 사람이 직접 올라설 수 있는 빙하가 있고, 빙하가 녹은 물이 고여 만든 옥빛 호수가 있다. 호수를 빠져 나온 물이 폭포가 되어 대지를 진동시키며 흘러가는 강도 있다. 여행자가 찾아가는 산봉우리는 하나같이 조각칼로 다듬은 것처럼 인상적이다. 영국의 산악인 에드워드 웜퍼가 '스위스를 50개 합쳐 놓은 것 같다'고 찬사를 보냈을 만큼 캐나다 로키의 자연은 경이적이다.

밴프 다운타운의 겨울

2 동화 속 마을이 있다

캐나다 로키가 세상에 알려진 것은 100여년 이상 거슬러 올라간다. 캐나다 횡단 철도CPR 공사 중에 온천이 발견되면서 캐나다 로키는 휴양 여행지로 급부상했다. 지금도 캐나다 로키에서 가장 좋은 호텔로 불리는 밴프 핫 스프링스 호텔Banff Hot Springs Hotel이 산증인이다. 그 후 재스퍼와 레이크 루이스 같은 마을들이 하나둘씩 들어섰다. 이 마을들은 하나같이 아름답다. 카메라만 들이대면 엽서에서 보던 그 풍경 그대로다. 여행자들은 캐나다 로키의 황홀한 풍경 속에 들어앉은 마을들을 거닐며 지상의 평화를 즐긴다. 이 마을들은 겨울이 오면 산타마을로 변신한다. 밤새 소복소복 내린 눈은 온 세상을 동화의 마을로 꾸며 놓는다.

3 동물과 친구가 될 수 있다

캐나다 로키의 주인은 사람이 아니다. 그곳에서 수수만년 살아온 동물들이다. 이들이 사는 땅에 사람들이 여행자가 되어 잠시 머무르다 가는 것이다. 캐나다 로키에는 동물이 많다. 언제 가더라도 동물의 왕국에 나올 법한 덩치 큰 동물들을 만날 수 있다. 아프리카의 사파리가 무늬만 그럴싸하고 실제로는 사자는 코빼기도 못 보는 경우가 허다하지만 캐나다 로키는 다르다. 여행자의 대부분은 사슴이나 엘크 같은 동물을 만날 수 있다. 운이 좋으면 회색곰이나 여우도 볼 수 있다. 특히, 이른 아침이나 해질녘에는 동물들이 도로를 따라 거닐거나 한가롭게 풀을 뜯고 있어 여행자들의 넋을 빼놓는다. 특히, 밴프의 터널 마운틴 빌리지Tunnel Mountain Village나 재스퍼의 휘슬러Whistlers 캠핑장에서 캠핑을 하면 아침에 텐트 문을 열었을 때 사슴이 풀을 뜯다 말고 호기심 가득한 눈으로 쳐다보는 특별한 경험을 할 수 있을 것이다.

자작나무숲의 엘크

컬럼비아 대빙원

4 빙하의 세계와 만나다

캐나다 로키의 빼어난 자연미는 빙하가 빚은 것이다. 캐나다 로키에는 크고 작은 수많은 호수가 있다. 이곳들은 하나같이 빙하가 있던 곳이다. 빙하가 녹은 자리에 호수가 생겼다. 이 호수들은 하나같이 옥빛으로 빛난다. 전망대에서 바라본 페이토 호수Peyto Lake의 물빛이나 에메랄드 호수Emerald Lake의 눈부신 푸른빛은 두고두고 기억에 남는다. 이 호수들이 옥빛으로 빛나는 것도 역시 빙하의 침전물 때문이다. 캐나다 로키에는 거대한 빙하들이 있다. 이 가운데 컬럼비아 대빙원Columbia Icefield에서는 빙하 위를 직접 걸어볼 수 있다. 바퀴가 어른 키보다도 큰 거대한 설상차를 타고 가 2만 년 전에 형성된 빙하 위에 설 수 있다. 또 엔젤 빙하Angel Glacier는 빙하에서 떨어진 얼음조각이 호수에 둥둥 떠 있는 야성미를 볼 수 있다. 빙하를 제대로 보고 싶다면 헬리콥터를 이용한 투어에 나서는 게 가장 좋다.

CANADA ROCKY
프리뷰

미네완카 호수에서 카약 타는 여행자

5 황홀한 액티비티가 있다

캐나다 로키는 여행지가 갖추어야할 모든 것을 갖추고 있다. 이곳에서는 원하는 모든 아웃도어를 즐길 수 있다. 가장 대중적인 트레킹에서 낚시, 승마, 카약, 자전거, 래프팅, 헬리콥터 투어, 스쿠버 다이빙, 보트 크루즈, 심지어 암벽등반도 할 수 있다. 며칠간의 여정에서 적어도 한두가지 이상의 액티비티를 해봐야 캐나다 로키를 제대로 봤다고 할 수 있다. 겨울에는 스키나 설피를 신고 걷는 스노우슈잉 Snowshoeing, 사슴이 끄는 마차를 타는 슬레이Sled, 아이스하키, 스케이트 등을 즐길 수 있다. 특히, 드라이 파우더로 불리는 자연설에서 즐기는 스키는 겨울 캐나다 로키의 진수로 평가받는다.

6 트레킹, 캐나다 로키의 속살을 만나다

캐나다 로키는 산악형 국립공원이다. 이곳은 '절대비경'을 제외하고는 차로 접근할 수 있는 곳이 극히 제한적이다. 차로 갈 수 없는 곳은 걸어서 찾아갈 수 밖에 없다. 따라서 여행자들의 대부분은 트레킹을 나서는데 주저하지 않는다. 특히, 캐나다 로키는 어디서 보는가에 따라 그 웅장함에서 큰 차이를 보인다. 샤또 레이크 루이스 호텔에서 호수와 빅토리아 빙하를 바라보는 것도 운치가 있지만 반대로 빅토리아 빙하 앞에 서서 호수와 호텔을 바라보는 것도 짜릿하다. 이처럼 높은 곳에 올라서서 내려다보는 즐거움은 경험해보지 않고는 알 수 없다. 물론, 호숫가를 따라 산책하며 보는 각도에 따라 시시각각으로 변하는 풍경을 감상하는 산책 수준의 트레킹도 빼놓을 수 없다. 트레킹 코스는 짧은 곳은 10분, 긴 곳은 하루가 꼬박 걸리는 곳도 있다.

재스퍼 트램웨이를 타고 가는 휘슬러 산

CANADA ROCKY
프리뷰

밴프 터널 마운틴 빌리지2 캠핑장

7 캠핑의 천국이다

캐나다 로키를 여행하는 가장 좋은 방법은? 당연히 캠핑이다. 캐나다 로키에는 33개의 캠핑장이 있다. 캠프 사이트만 4,596개를 헤아린다. 한 사이트에 2명만 머무른다고 해도 9,000명이 넘는 인원이 동시에 숙박할 수 있다. 단일지역에 이처럼 많은 캠핑 사이트를 가진 곳은 세계적으로 유래가 없다. 캠핑장과 캠핑장의 거리는 최대 20~30km. 인기가 높은 여행지에는 항상 캠핑장이 있어 캠핑을 하면서 캐나다 로키를 돌아볼 수 있다. 캠핑장의 시설도 수준급이다. 대형 캠핑장의 경우 온수가 나오는 샤워장을 비롯해 캠퍼들의 프라이버시를 최대한 보장할 수 있도록 캠핑장을 설계, 캠핑이 가난한 자들의 선택이 아닌 자연과 동화되기를 원하는 여행자를 위한 공간이 되게 했다. 따라서 여름이면 캐나다 현지인을 비롯해 세계 각지에서 몰려온 캠퍼들로 캠핑장은 뜨겁게 달아오른다.

8 화이트 크리스마스를 기대하라

캐나다 로키의 진정한 매력은 여름이다. 위도가 높은데다 서머타임제를 시행하기 때문에 여름철에는 오후 10시까지도 밖이 환하다. 하늘은 맑고 쾌청한 날씨가 지속된다. 햇볕은 따갑지만 나무 그늘만 찾아 들면 서늘한 기운이 휘감는다. 해발 1,500m 이상 고산지대의 쾌적한 여름은 여행을 위한 최적의 날씨를 선사한다. 그러나 두 번째 캐나다 로키 여행을 꿈꾼다면 겨울을 고려하는 것이 좋다. 화창한 여름은 없지만 온 세상이 설국으로 변한 동화의 나라가 기다리고 있다. 스키를 타거나 얼어붙은 레이크 루이스 호수에서 설피를 신고 산책을 하는 즐거움이 있다. 또 밴프 스프링스 호텔이나 샤또 레이크 루이스 호텔처럼, 돈이 있어도 못 자는 특급 호텔에서의 하룻밤도 기대할 수 있다. 캐나다 로키의 겨울은 산타의 마을을 상상한다면 딱 맞는다.

레이크 루이스 호수의 겨울

CANADA ROCKY
프리뷰

9 운전이 편하다

외국에서 처음 운전을 하게 되면 심한 두려움을 느낀다. 지리도 모르고, 교통법규도 한국과 다르기 때문에 심리적인 압박이 크다. 여기에는 렌터카를 빌리고 반납하는 데서 오는 언어적인 스트레스도 포함된다. 그러나 막상 캐나다에서 운전을 해보면 '참 쉽네'라는 말이 저절로 나오게 된다. 특히, 캐나다 로키에서는 앞으로 갈 줄만 알면 누구나 운전할 수 있다. 캘거리에서 밴쿠버로 가는 캐나다 횡단 고속도로Trans Canada Highway만 타면 밴프까지는 외길이다. 또 밴프~레이크 루이스~아이스필드 파크웨이~재스퍼로 이어지는, 캐나다 로키를 관통하는 도로도 거의 외길이다. 길을 잃을 이유가 없다. 또 대부분의 도로는 굴곡 없이 곧장 뻗은 곳이 많다. 운전 중에도 시야가 탁 트여 있어 피로감이 훨씬 덜하다. 또 캐나다인들은 운전매너 좋기로 정평이 났다. 단, 한국과 다른 캐나다의 교통법규는 미리 숙지할 필요가 있다.

아이스필드 파크웨이

피라미드 호수에서 한가롭게 시간을 보내는 여행자들

10 가장 안전한 여행지다

위험하지 않아? 여행을 떠나는 이들이 가장 경계하는 것 가운데 하나다. 그 위험성 때문에 일부러 패키지 여행을 선택하는 경우가 많다. 그러나 캐나다 로키는 세상에서 가장 안전한 여행지다. 범죄는 주로 도심에서 발생하며, 집 없이 떠도는 부랑자에 의해서 일어난다. 그러나 이들이 국립공원까지 일부러 찾아오지는 않는다. 밴프나 레이크 루이스, 재스퍼 같은 캐나다 로키의 중심이 되는 마을에서는 눈을 씻고 봐도 부랑자를 찾아볼 수가 없다. 유럽의 도시에서 흔히 볼 수 있는 좀도둑도 흔하지 않다. 그만큼 이곳은 대자연의 깊은 곳에 있다. 물론, 안전을 위협하는 것이 있긴 있다. 흑곰이나 짝짓기철의 엘크 같은 야생동물이다. 그러나 적당한 관찰거리만 유지하면 위험에 처할 일이 없다.

캐나다 로키에서 꼭 해야 할 것 10가지

PREVIEW 02

어퍼 핫스프링스 온천욕

캐나다 로키가 열린 곳. 이 온천으로 인해 오늘날의 밴프 국립공원이 있다. 하루의 여행을 마친 후 노천탕에서 온천욕을 하면 피로가 싹 가신다. 특히, 겨울에는 스키를 탄 후 설국을 바라보며 온천욕을 하는 재미가 압권이다.

라치 밸리 트레킹

캐나다 로키에는 수많은 트레킹 코스가 있다. 이 가운데 라치 밸리는 트래커들이 꼽는 최고의 코스. 가을이면 황금빛으로 물드는 낙엽송과 눈물겹도록 파란 호수가 있다. 고갯마루의 높이는 무려 2611m. 이곳에서 보이는 풍경은 히말라야와 가깝다.

컬럼비아 대빙원 설상차 투어

빙하 위를 걸어볼 수 있는 찬스다. 어른 키보다 큰 바퀴를 단 설상차를 타고 빙하 위를 탐험한다. 캐나다 로키에서 가장 인기가 많은 투어로 여름철은 서두르지 않으면 기회가 오지 않을 수도 있다.

에메랄드 호수 카약 타기

캐나다 로키에서 카약을 탈 수 있는 곳은 많다. 그 중에서도 가장 아늑한 곳을 찾자면 에메랄드 호수를 들 수 있겠다. 호수에서 1시간쯤 카약을 타며 유람하면 세상이 다 내것처럼 보인다.

아이스필드 파크웨이 드라이브

캐나다 로키를 남북으로 종단하는 길이다. 레이크 루이스에서 재스퍼까지 230km 거리로 컬럼비아 대빙원을 비롯해 호수와 폭포 등 엄청난 볼거리가 있다. 이 하이웨이를 달려봐야 진짜 캐나다 로키의 속살을 봤다고 할 수 있다.

멀린 호수 크루즈

해발 2,500m를 헤아리는 산군 가운데 자리한 비밀스런 호수. 캐나다의 랜드마크 가운데 하나다. 크루즈를 타고 30분쯤 가면 호수에 떠 있는 작은 섬에 닿는데, 이곳에서 바라보는 풍경이 '레알 캐나다 로키'다.

샤또 레이크 루이스 호텔 에프터눈 티

레이크 루이스 호수와 빅토리아 빙하가 한 눈에 보이는 곳에 세계 최고의 호텔이 있다. 이 호텔의 레스토랑에서 창밖으로 펼쳐지는 황홀한 풍경을 보며 즐기는 에프터눈 티. 이것만으로도 캐나다 로키는 평생 잊을 수 없는 여행지가 된다.

재스퍼 트램웨이 타기

산정에서 내려다보는 캐나다 로키가 궁금하다면 재스퍼 트램웨이를 탈 것. 표고차 973m의 트램웨이를 타면 휘슬러 산(2480m) 정상까지 갈 수 있다. 이곳에서 내려다보는 아이스필드 파크웨이와 재스퍼의 드라마틱한 경치는 굿!

선샤인 리조트 스키타기

캐나다 로키에 있는 BIG3 스키장 가운데 하나로 파우다 스키의 진수를 만끽할 수 있다. 베이스의 높이가 2130m로 다른 스키장의 정상에 가깝다. 베이스까지도 곤돌라를 타고 간다. 3개의 정상에서 내려오는 슬로프는 초보부터 최상급까지 만족시킨다.

미네완카 호수 송어 낚시

낚시도 캐나다 로키에서 빼놓을 수 없는 즐거움. 이 가운데 미네완카 호수의 송어낚시가 인기다. 운이 좋으면 10kg에 육박하는 초대형 송어를 낚을 수 있다. 전문 가이드의 안내로 손맛은 보장된다.

PREVIEW 03
캐나다 로키 **알아보기**

캐나다 로키의 역사

캐나다 로키의 역사는 철도의 역사라고 해도 과언이 아니다. 19세기 중엽까지 모피 사냥꾼과 탐험가만이 찾던 이곳은 캐나다를 횡단하는 철도 공사가 시작되면서 세상에 알려지기 시작했다.

19세기 후반까지만 해도 캐나다는 토론토와 퀘벡이 있는 동부가 전부였다. 대륙 중앙의 대평원과 로키산맥, 태평양과 접한 브리티시 컬럼비아주(BC)는 통치권 밖의 세상이었다. 1867년 북미의 영국 식민지가 자치령으로 통합되면서 캐나다 연방이 성립됐지만 서부는 크게 달라진 것이 없었다. 이처럼 서부로의 진출이 막혀 있었던 것은 바로 로키 산맥이 가로막고 있기 때문이었다. 이에 캐나다는 동서를 잇는 대륙횡단철도를 건설할 계획을 세운다. 기차를 통해 사람과 물자가 오간다면 서부에 대한 지배도 공고히 될 수 있다는 계산에서다. 캐나다 정부의 이런 판단은 적중했다.

1883년 캐나다 대륙횡단철도를 건설하기 위해 이곳에 온 캐나다 퍼시픽 철

도CPR 소속의 철도노동자 3명은 우연히 로키 산맥의 깊숙한 곳에서 온천을 발견했다. 그 후 이곳에 작은 온천장을 만들면서 세 사람은 서로의 소유권을 주장하며 다툼을 벌였다. 그러자 캐나다 정부는 1885년 온천 일대를 보호구로 지정했다. 2년 후인 1887년에는 정식으로 이 일대를 로키 마운틴 공원 Rocky Mountains Park으로 지정했다. 이것이 오늘날의 밴프 국립공원이다. 밴프는 캐나다 최초의 국립공원이자 세계에서도 미국 옐로우스톤, 호주 로열 국립공원에 이은 세 번째 국립공원이다.

밴프에 이어 캐나다 로키에 속속 국립공원이 등장했다. 그 중심에는 여전히 철도가 있었다. 밴프에서 레이크 루이스를 지나 캐나다 로키를 넘어가는 곳에 자리한 요호Yoho는 1886년 보호구역으로 지정되었다가 1901년에 정식 국립공원이 됐다. 밴프와 함께 캐나다 로키의 양대 산맥을 이루는 재스퍼는 CPR의 경쟁업체인 그랜드 트랜스 퍼시픽 철도GTPR가 1907년 캐나다에서 두 번째로 대륙횡단철도를 완성하면서 국립공원이 됐다. 쿠트니Kootenay는 1920년 밴프와 쿠트니를 잇는 도로가 개통되면서 국립공원 대열에 편입됐다. 이로써 캐나다 로키에는 밴프, 재스퍼, 요호, 쿠트니 등 모두 4개의 국립공원이 들어섰다.

1. 샤또 레이크 루이스 호텔의 역사적인 전시물 2. 〈돌아오지 않는 강〉 촬영을 위해 밴프를 찾은 마릴린 먼로 3. 캐나다 로키 개척자 가운데 한 사람인 지미 심슨 4. 재스퍼의 기차역 5. 재스퍼 여행사진에 전시된 초기 개척자들의 기념사진

캐나다 로키의 위치

캐나다는 크게 동부와 중부, 서부로 나눈다. 동부는 오대호와 퀘벡 주를 비롯한 대서양 연안의 지역을 가리킨다. 이곳은 캐나다의 역사가 시작된 곳이자 지금도 행정과 경제의 중심지다. 중부는 서스캐처원, 마니토바 주와 같은 중부의 대평원이다. 이곳은 끝없는 평원이 펼쳐진 캐나다의 곡창지대다. 서부는 앨버타 주와 브리티시 컬럼비아(BC) 주를 말한다. 특히, 앨버타 주와 BC 주의 경계에 자리한 캐나다 로키가 서부와 중부의 확실한 경계 역할을 한다. 캐나다 로키를 기준으로 동과 서의 자연과 환경이 판이하게 다르다.

캐나다 로키는 북미 대륙에 동서로 걸쳐 있는 로키산맥의 일부다. 로키산맥은 과거 태평양판과 북아메리카 대륙판이 부딪칠 때 솟구치면서 형성됐다. 로키산맥은 알래스카에서 미국 콜로라도까지 이어져 있다. 이 가운데 캐나다에 속한 부분, 특히 국립공원으로 지정된 곳을 특정해서 캐나다 로키라 부른다. 따라서 미국의 로키산맥과 혼동해서는 안 된다.

캐나다 로키는 캐나다를 동과 서로 나누는 자연적인 경계이자 인간의 활동에도 큰 영향을 끼쳤다. 캐나다 로키에 살았던 원주민은 태평양 연안의 원주민과 풍습과 생활상에 큰 차이를 보인다. 또한 아메리카에 진출한 유럽인이 서쪽으로 영토를 확장해 갈 때도 캐나다 로키가 장벽처럼 가로막아서 오랜 세월 동안 장애물이 됐다. 그러나 근대로 오면서 캐나다 로키에 대한 평가가 달라졌다. 캐나다 로키의 뛰어난 자연 경관이 세상에 알려지면서 캐나다의 보석 같은 존재로 거듭났다. 오늘날 캐나다 로키는 캐나다의 자연을 상징하는 가장 중요한 아이콘이다.

1,2. 페어몬트 샤또 레이크 루이스 호텔에 전시된 캐나다 로키 탐험 장비

캐나다 로키 위치도

캐나다 로키안내도

캐나다 로키의 자연환경

캐나다 로키는 과거 태평양의 바다였다. 이 같은 사실은 요호 국립공원에서 발견된 버지스 셰일Burgess Shale의 화석을 통해서 알 수 있다. 1909년 스테펀 산Mt. Stephen에서 5억만년 전 캄브리아기에 살았던 삼엽충을 비롯한 150여종의 고대 생물 화석이 발견됐는데, 이 생물들은 바다에서 살았던 것들이다.
이 기념비적인 화석발견을 통해 과학자들은 캐나다 로키가 바다 속에서 융기해 지금의 모습이 됐다는 것을 밝혀냈다. 과학자들의 추론에 따르면 맨틀의 이동에 따라 북미 대륙이 서쪽으로 향하면서 태평양판과 부딪힌다. 이 때 태평양판의 바다 속이 마그마의 압력으로 융기하면서 로키산맥이 형성된다. 이 같은 사실은 캐나다 로키의 산들이 퇴적층을 따라 심하게 굴곡이진 모습에서 확연히 알 수 있다. 과학자들은 또 초기 캐나다 로키는 완만한 언덕이 이어지는 고원으로 되었을 것이라고 말한다. 그 후 반복된 화산활동을 통해 지금처럼 험준한 산과 협곡이 솟아났다.

캐나다 로키는 100만 년 전 제 4빙하기를 거치면서 더욱 야성미가 넘치는 산맥이 됐다. 빙하가 높은 곳에서 낮은 곳으로 계곡을 깎아내려가면서 날카로운 지형을 형성해 갔다. 빙하에 의한 침식작용은 지금도 진행되고 있다. 캐나다 로키에는 컬럼비아 대빙원Columbia Icefield을 비롯해 산정에 크고 작은 빙하가 남아 있다. 이 빙하들이 1년에 6m씩 이동하며 산과 바위를 깎고, 퇴적물을 계곡 아래로 밀어내고 있다.
캐나다 로키는 대자연의 완결판이란 칭찬을 받는다. 이곳은 국립공원이 갖춰

야할 모든 자연적인 조건을 갖췄다. 사람이 직접 밟아볼 수 있는 빙하는 알래스카를 제외하고는 이곳이 유일하다. 빙하 녹은 물이 흘러드는 호수와 우거진 삼림, 깎아지른 산이 어울려 만든 풍경은 이곳을 '자연주의공화국'이란 찬사를 받게 한다.

캐나다 로키는 아직도 미완성이다. 산의 일생으로 치자면 이제 갓 청년기에 접어든 것에 불과하다. 앞으로 이 산의 모양이 어떻게 바뀔지는 아무도 모른다. 빙하의 왕성한 활동은 지금도 계속되고 있다.

1. 놈티자 로지에 전시된 늑대 박제 2. 에메랄드 호수에서 카누를 타는 여행자들 3. 경계심 없이 자동차로 접근한 뿔양 4. 동물을 가까이서 관찰하는 여행자 5. 보우 밸리 파크웨이에서 본 캐나다 로키

캐나다 로키의 동물

캐나다 로키 여행이 행복한 것은 동물을 가까이서 볼 수 있기 때문이다. 밴프나 재스퍼의 시가지에도 사슴이 활보할 만큼 동물이 많다. 캠핑장에서 텐트 문을 열었을 때 엘크와 눈이 마주칠 수도 있다.

▼다람쥐 Squirrel

캠핑장에서 가장 많이 볼 수 있는 동물이다. 캐나다의 다람쥐는 사람을 무서워하지 않는다. 특히, 빵이나 샌드위치 부스러기 등을 주워 먹기 위해 사람에게 가까이 접근하기도 한다.

▶산양 Mount Goat

험준한 산악지형에서 살아간다. 일반 염소에 비해 덩치가 크고 하얀색 털이 온몸을 뒤덮었다. 암수 모두 머리에 검은색 뿔을 가지고 있다. 높은 산의 절벽처럼 험한 곳에서 생활하기 때문에 목격하기가 쉽지 않다.

▶코요테 Coyote

여우과의 동물이다. 워낙 예민하기 때문에 작은 인기척에도 금방 달아나 쉽게 볼 수 없다. 늑대에 비해 크기가 작아 시베리안 허스키와 같은 개와 혼동할 수 있다.

▶곰 Bear

캐나다 로키의 먹이사슬에서 가장 상위에 있는 맹수다. 캐나다 로키에 서식하는 곰은 회색곰 Grizzly와 흑곰이다. 회색곰은 키가 250cm, 체중이 360kg에 이를 만큼 체구가 크다. 캐나다 로키를 상징하는 동물이지만 목격하기는 쉽지 않다. 곰 중에서는 비교적 성질이 온순한 편이지만 임신을 하거나 새끼가 있으면 공격적으로 변한다. 흑곰은 회색곰에 비해 덩치가 작다. 그러나 공격성은 뒤지지 않는다. 온몸이 검은 털로 뒤덮인 흑곰은 캐나다 로키 곳곳에 존재한다. 특히, 레이크 루이스의 모레인 호수Moraine Lake 주변과 아이스필드 파크웨이Icefields Parkway의 보우 호수Bow Lake 주변에서 자주 목격된다.

◀ 엘크 Elk

캐나다 로키에서 가장 많이 목격되는 동물 가운데 하나다. 사슴보다 덩치가 크기 때문에 늘 관광객의 주목을 받는다. 엘크는 원주민 말로는 와피티Wapiti라고 한다. 수컷은 순록처럼 왕관모양의 뿔을 가지고 있다. 엘크는 가을이 번식기다. 이때는 수컷이 여러 마리의 암컷을 이끈다. 수컷이 난폭해지는 것도 이때다. 특히, 캠핑장 주변에서 늑대처럼 우는 모습이 목격되곤 한다. 엘크 울음소리가 들리면 캐나다 로키에 겨울이 찾아온 것이다.

▼ 사슴 Deer

엘크와 더불어 가장 많이 볼 수 있는 동물이다. 특히, 밴프의 터널 마운틴 빌리지에서는 아침마다 캠핑장에서 풀을 뜯고 있는 사슴을 볼 수 있다. 사슴은 꼬리의 색깔에 따라 물사슴과 흰꼬리사슴으로 나뉜다. 여름에는 짙은 갈색, 겨울에는 연한 갈색으로 털이 변한다.

▲ 무스 Moose

사슴과 동물 가운데 덩치가 가장 크다. 수컷은 빗자루 모양의 큰 뿔을 가지고 있는데, 큰 것은 이 뿔의 무게가 10kg에 이른다고 한다. 이 뿔은 겨울에 떨어졌다가 봄부터 다시 나기 시작한다. 예전에는 캐나다 로키에서도 자주 목격됐지만 지금은 그 숫자가 많이 줄어 쉽게 볼 수 없다. 보우 밸리 파크웨이Bow Valley Parkway의 무스 메도우Moose Meadow에서 종종 목격된다.

▲ 큰뿔양 Bighorn Sheep

캐나다 로키를 대표하는 동물 가운데 하나다. 성장한 수컷의 머리에는 둥그렇게 말린 호른 모양의 큰 뿔이 달려 있다. 반면 암컷과 새끼의 뿔은 가늘고 작다. 사슴, 엘크와 더불어 쉽게 볼 수 있는 동물이다.

비버 Beaver

캐나다 국립공원의 상징이 된 동물이다. 강이나 늪 등 물가에 서식하는데 야행성이라 쉽게 목격되지 않는다. 비버는 튼튼하게 집을 짓는 것으로 유명하다. 날카로운 이빨로 잘라 만든 나무로 집을 짓는데, 어른이 올라가도 무너지지 않을 만큼 견고하다고 한다.

캐나다 로키의 사진가 존 메리어트가 추천하는 야생동물 관찰 명소

1) 미네완카 호수Minnewanka Lake **큰뿔양과 엘크**
2) 보우 밸리 파크웨이 밴프~캐슬 산Mt. Castle **사슴, 코요테, 뿔양, 엘크**
3) 보우 밸리 파크웨이의 캐슬산~레이크 루이스 **흑곰과 회색곰**
4) 버밀리언 호수Vermilion Lake **대머리독수리, 엘크, 코요테, 물새**
5) 아이스필드 파크웨이 워터폴 호수와 컬럼비아 아이스필드 **산양, 큰뿔양**

야생동물과의 접근거리
곰·코요테 🚌🚌🚌🚌🚌🚌🚌🚌🚌🚌 (100m)
엘크·사슴·산양·큰뿔양·무스 🚌🚌🚌 (30m)

캐나다 로키의 식물

캐나다 로키를 처음 방문하면 계곡을 따라 끝없이 펼쳐진 삼림에 놀란다. 이 침엽수림은 겨울에 눈이 내리면 수천만 개의 크리스마스 트리가 된다. 침엽수림지대에서 고도가 올라가면 수목한계선을 지나 초원지대가 펼쳐진다. 이곳에는 짧은 여름을 이용해 꽃을 틔우고 열매를 맺는 극지식물이 자란다.

삼림지대

해발 1,300~2,000m는 침엽수가 빼곡하게 우거져 있다. 이곳의 침엽수는 굽은 것이 하나도 없다. 하나같이 하늘로만 쭉쭉 올라갔다. 침엽수는 전나무와 소나무가 가장 많다. 캐나다 로키에 조성된 캠핑장의 대부분은 소나무 숲에 자리하고 있다. 호숫가와 산비탈을 따라서는 전나무도 많이 자란다. 낙엽송도 특별하다. 특히 황금낙엽송Golden Larch은 침엽수이면서도 가을이면 황금색으로 물들었다가 낙엽이 되어 떨어진다. 모레인 호수Moraine Lake에서 시작하는 트레킹 코스로 이름난 라치 밸리Larch Valley는 황금낙엽송 서식지로 사랑을 받고 있다.

아고산지대

해발 2,000~2,300m에 형성되어 서브 알파인Sub Alpine이라 불린다. 이 지대는 키 작은 관목과 침엽수가 자란다. 또 극지식물이 자라는 고산지대의 풍경도 함께 나타난다. 아고산지대의 야생화는 눈이 녹기 시작하는 6월 중순부터 피기 시작해 7~8월에 꽃 잔치를 벌인다. 초록이 짙은 침엽수림 사이에서 피어나는 야생화의 행렬이 눈부시다. 아고산지대에 자라는 주요 꽃들은 하얀색 꽃잎 속에 솜사탕처럼 부드러운 노란색 꽃술이 있는 웨스턴 아네모네Western Anemone, 붉은 꽃망울이 화사한 인디언 페인트 브러쉬Indian Paint Brush, 노란색 꽃잎이 우아한 글레이셔 릴리Glacier Lily 등이 있다. 아고산지대의 식생을 잘 볼 수 있는 곳은 보우 고개Bow Pass에서 페이토 호수Pyeto Lake 전망대로 가는 500m쯤의 짧은 트레일이다. 이곳은 6월 말부터 8월 말까지 꽃들이 숨바꼭질 하듯이 피어난다.

고산지대

해발 2,300m 이상의 지대로 나무는 자라지 못하는 수목한계선 위다. 이곳에 자라는 식물은 대부분 키가 작다. 지면에서 10cm 이상 올라오지 않는 것도 있다. 강한 바람 때문이다. 반면, 햇볕을 많이 받기 위해 넓게 군락을 이루며 자란다. 고산지대는 1년 중에 9개월은 눈이 쌓여 있다. 식물은 여름 한철을 이용해 꽃을 피우고, 수정을 하고, 열매를 맺는다. 어떤 꽃은 꽃을 피워서 열매를 맺기까지 채 한 달이 걸리지 않는 것도 있다. 고산지대의 식물을 볼 수 있는 곳은 선샤인 메도우Sunshine Medow가 대표적이다. 선샤인 빌리지 스키장에서 시작되는 이 초원은 여름이면 천상의 화원으로 변신한다.

캐나다 로키의 국립공원

▼밴프 국립공원 Banff National Park

캐나다 최초의 국립공원이자 오늘의 캐나다 로키를 만든 장본인이다. 1885년 처음 보전지구로 지정된 후 1930년 주변의 산을 포함해 정식 국립공원이 됐다. 밴프는 3,000m 높이의 산군 사이에 자리한 보우 밸리를 중심으로 남북으로 길게 펼쳐졌다. 재스퍼와 경계가 되는 선웝터 고개Sunwapta pass에서 밴프 남쪽 캔모어와의 경계까지 총 길이 240km이다. 면적은 6,641㎢. 국립공원을 따라 철도와 캐나다 횡단 고속도로가 지나간다. 캐나다 횡단 고속도로와 나란히 달리는 보우 밸리 파크웨이는 드라이브 코스로 사랑을 받는다. 또 레이크 루이스를 지나면 재스퍼까지 아이스필드 파크웨이Icefields Parkway가 이어진다. 밴프 국립공원은 캘거리에서 가까운 데다 밴프와 레이크 루이스 같은 관광지를 끼고 있어 캐나다 로키의 얼굴 역할을 하고 있다. 호수와 강, 숲, 온천, 산 등이 어울려 있으며 스키와 트레킹, 승마, 낚시, 카누 등의 아웃도어를 즐길 수 있다.

▶요호 국립공원
Yoho National Park

요호는 밴프 국립공원의 서쪽, 쿠트니 국립공원의 북쪽에 자리하고 있다. 국립공원의 면적(1,313㎢)은 작지만 3,000m가 넘는 고봉을 28개나 품고 있다. 특히, 대규모 고생대 화석의 발굴로 캐나다 로키가 바다에서 융기했다는 사실을 입증한 곳이기도 하다. 요호는 규모가 작은 국립공원이라 밴프나 레이크 루이스에서 당일여행으로도 충분하다. 물론, 트레킹을 즐기거나 일반 차량을 통제하는 오하라 호수Lake O'hara처럼 감춰진 곳을 찾아간다면 일주일도 모자란다. 특히, 에메랄드 호수Emerald Lake의 영롱한 물빛과 타카카우 폭포Takakkaw Falls의 장관은 놓칠 수 없는 비경이다.

◀ 쿠트니 국립공원
Kootenay National Park

밴프 국립공원의 서쪽에 펼쳐진 국립공원이다. 면적은 요호 국립공원과 비슷하다. 쿠트니는 원주민어로 '고개를 넘어온 사람들'이라는 뜻. 이곳의 원주민들은 캐나다 로키를 넘어 대평원까지 들소사냥을 다녔다고 한다. 이곳은 캐나다 로키에서 가장 호젓한 곳이자 물가도 가장 저렴하다. 외국 관광객 보다는 현지 관광객이 많이 찾는다. 특히, 래디움 온천Radium Hot springs은 캐나다 로키의 3대 온천으로 이름이 났다. 주요 볼거리는 마블 협곡Marble Canyon과 래디움 온천Radium Hot springs, 페인트 팟Paint Pot 등이다.

◀ 재스퍼 국립공원
Jasper National Park

캐나다 로키의 북쪽을 차지하고 있다. 캐나다 로키의 국립공원 가운데 면적이 가장 넓다. 전체 면적은 1만878㎢로 밴프 국립공원의 두 배 크기다. 북쪽은 아직도 미개발지로 남은 곳이 많다. 재스퍼는 동서로 옐로우헤드 하이웨이Yellowhead Highway와 제2 캐나다 대륙횡단철도가 가로지른다. 남북으로는 아이스필드 파크웨이를 따라 밴프와 연결된다. 특히, 밴프와 경계에 자리한 컬럼비아 아이스필드Columbia Icefield는 북미 최대의 빙원으로 빙하 위를 거닐 수 있는 관광지로 유명세를 날리고 있다. 이밖에도 멀린 호수Maligne Lake와 피라미드 호수Pyramid Lake 등 자연 속에 숨겨진 비경이 많다. 연간 200만명의 관광객이 찾고 있다.

캐나다 로키 주변의 공원

랍슨 산 주립공원 Mt. Robson Provincial Park 재스퍼 국립공원 서쪽에 있다. 캐나다 로키에서 가장 높은 랍슨 산(3,954m)이 상징이다. 재스퍼에서 1시간 거리로 가을에는 프레이저 강Fraser River를 거슬러온 치누크 연어를 볼 수 있다. **글레시어 국립공원**Glacier National Park 요호 국립공원에서 캐나다 횡단고속도로를 따라 서쪽으로 가면 만날 수 있다. 전체 공원 면적(1,304㎢) 가운데 14%가 빙하로 되어 있다. 글레시어(빙하)라는 이름도 여기서 비롯됐다. **어시니보인 산 주립공원**Mt. Assiniboine Provincial Park 밴프와 쿠트니 국립공원 남쪽에 자리했다. 산군 가운데 '캐나다 로키의 마터호른'으로 불리는 어시니보인 산(3,618m)이 장관이다. 등산을 좋아하는 트레커들이 즐겨 찾는다.

캐나다 로키의 주요 여행지

▼밴프

캐나다 로키의 심장이라 할 수 있다. 3,000m가 넘는 산들에 둘러싸여 있어 남성미가 느껴진다. 스위스의 산악마을을 연상케 하는 마을도 매력적이다. 보우 강Bow River과 110년 역사의 페어몬트 밴프 스프링스 호텔Fairmont Banff Springs Hotel, 캐나다 로키의 오늘을 있게 한 온천지구, 크루즈 투어를 즐기는 미네완카 호수Minnewanka Lake 등이 몰려 있어 이곳만 보고 와도 아쉬움이 없다. 겨울에도 스키장을 비롯한 대부분의 관광지가 정상적으로 운영된다.

▼컬럼비아 아이스필드

알래스카를 제외한 북미 대륙에서 가장 큰 빙하가 있는 곳이다. 바퀴가 어른 키보다 큰 설상차를 타고 애서배스카 빙하Athabasca Glacier 위를 올라가는 투어는 캐나다 로키에서 가장 인기가 높다. 지구온난화의 영향으로 매년 6m씩 녹아내리고 있는 빙하는 환경에 대한 성찰의 시간도 준다.

▲레이크 루이스

캐나다 로키를 찾은 관광객에게 가장 강한 인상을 심어주는 곳 가운데 하나다. 빅토리아 빙하Victoria Glacier와 빙하가 비친 호수, 그 곁에 우뚝 솟은 호화로운 호텔이 어울려 세계 10대 절경의 하나로 꼽힌다. 이웃한 모레인 호수Moraine Lake도 감탄사를 부른다. 호수에서 시작하는 다양한 트레킹 코스는 캐나다 로키의 진면목을 유감없이 보여준다. 겨울에 레이크 루이스 호수가 얼어붙으면 호수 위로 역마차가 오가고, 아이스하키장이 조성된다. 산타의 마을을 연상하면 틀리지 않는다.

◀ 아이스필드 파크웨이
레이크 루이스에서 재스퍼까지 이어진, 캐나다 로키를 남북으로 잇는 230km의 도로다. 알프스 마터호른을 초등한 영국인 산악인 에드워드 웜퍼가 스위스 50개를 합쳐 놓은 것 같다고 감탄한 그곳이다. 파크웨이의 정점에 빙하 위를 직접 올라갈 수 있는 컬럼비아 아이스필드가 있다. 이밖에도 파크웨이를 따라 가며 폭포와 협곡, 호수 등 볼거리가 즐비하다.

▼ 보우 밸리 파크웨이
밴프와 레이크 루이스를 잇는 드라이브 코스다. 밴프에서 야생동물을 만날 확률이 가장 높다. 파크웨이 중간에서 시작하는 존스턴 협곡 Johnston Canyon 트레킹은 여행자라면 반드시 들르는 명소. 빙하가 깎아서 만든 협곡과 바위를 부술 듯이 쏟아지는 폭포가 장관이다. 하이웨이 동쪽을 따라 병풍처럼 솟아 있는 캐슬 산 Mt. Castle의 풍경도 장관이다.

▲ 요호
레이크 루이스에서 고개를 넘어가면 만나는 별천지다. 밴프나 레이크 루이스처럼 화려하지는 않지만 숨은 보석 같은 여행지가 몇 곳 있다. 400m 높이에서 쏟아지는 타카카우 폭포와 옥빛으로 빛나는 에메랄드 호수가 대표적이다. 캐나다의 시골마을이 연상되는 조용한 필드 Field 다운타운을 거닐어 보는 것도 특별한 추억이다.

◀ 재스퍼
밴프와 함께 캐나다 로키의 양대 축이다. 밴프가 남성적인 화려함을 뽐낸다면 재스퍼는 여성적인 아름다움을 간직한 곳. 특히, 관광객보다 대자연을 찾아가려는 트레커와 아웃도어 마니아들의 사랑을 받는다. 도심에서 한걸음만 벗어나도 눈부시게 아름다운 호수가 기다리고 있는 것도 재스퍼만의 매력이다.

◀ 멀린 밸리
재스퍼에서 가장 사랑받는 여행지이다. 재스퍼에서 멀린 호수 Maligne Lake에 이르는 47km의 계곡에는 협곡과 호수, 깎아지른 산들이 어울려 절경이다. 캐나다 로키에서 가장 큰 자연 호수인 멀린 호수는 캐나다의 랜드마크 가운데 하나인 스피릿 아일랜드 Spirit Island 가 있다. 빙하가 병풍처럼 둘러친 호수에 떠 있는 작은 섬은 캐나다 로키의 백미다.

에메랄드 호수에서 풍경을 즐기는 여행자

Step 02
PLANNING

01 캐나다 로키 추천여행일정
02 캐나다 로키로 가는 항공
03 캐나다 로키 예산 짜기
04 여행 준비물
05 렌터카 대여하기
06 캘거리에서 캐나다 로키 여행준비하기
07 캐나다 로키 찾아가기
08 캐나다 운전 요령

PLANNING 01
캐나다 로키
추천여행일정

캐나다 로키를 여행하려면 며칠이 필요할까? 밴프 같은 주요 도시만 가자면 3일도 가능하다. 하지만 제대로 보려면 끝이 없다. 한 달을 있어도 다 돌아보지 못한다. 주요 여행지만 제대로 돌아보려고 해도 꼬박 일주일이 필요하다. 그러나 여행시간을 무한정 늘일 수는 없는 일. 자신에게 주어진 일정에 맞춰 최대한 많은 것을 보고, 경험할 수 있도록 일정을 짜보자

요호 국립공원의 타카카우 폭포 앞에서 피크닉을 하고 있는 여행자들

캐나다 로키의 진수
2박3일 밴프+레이크 루이스

캘거리를 중심으로 캐나다 로키의 핵심만 돌아보는 일정이다. 캐나다 로키는 아주 광활한 국립공원이지만 밴프와 레이크 루이스만 돌아봐도 얼추 진면목을 봤다 할 수 있다. 3일 일정이라면 1일은 밴프, 2일은 레이크 루이스, 3일은 컬럼비아 아이스필드 투어로 잡으면 된다. 첫날 밴프는 밴프 다운타운, 설퍼산 곤돌라, 미네완카 호수 드라이브, 보우 폭포, 어퍼 핫 스프링스 온천욕 등의 일정으로 진행한다. 2일째 레이크 루이스는 레이크 루이스 호수 산책, 샤또 레이크 루이스 호텔 에프터눈 티, 모레인 호수 카약 투어 등이 관광코스다. 3일째는 콜럼비아 아이스필드를 방문하면 하루가 빠듯하다. 아이스필드 파크웨이를 따라 오가는 길에 여러 곳의 전망대가 있다. 만약, 일정상 컬럼비아 아이스필드 방문이 힘들다면 그 대신 요호 국립공원을 방문하는 것으로 짜면 된다.

[1일] 밴프

캘거리-설퍼산 곤돌라 타기-밴프 다운타운 거닐기-화이트 박물관 관람-케이브&베이슨 관람-보우 폭포-페어몬트 밴프 스프링스 호텔 투어-미네완카 호수 드라이브-어퍼 핫 스프링스 온천욕-밴프 다운타운 레스토랑에서 저녁식사-숙박(밴프)

[2일] 레이크 루이스

존스턴 협곡 트레킹-보우 밸리 파크웨이 드라이브-레이크 루이스 호수 산책-페어몬트 샤또 레이크 루이스 호텔 에프터눈 티 마시기-모레인 호수 카누 타기와 트레킹-레이크 루이스 스테이션에서 저녁식사(레이크 루이스)

[3일] 아이스필드 파크웨이

아이스필드 파크웨이 드라이브-컬럼비아 대빙원-미스타야 협곡-보우 고개-보우 호수-밴프-캘거리

아이스필드 파크웨이를 따라 구석구석~
7박8일 캐나다 로키 일주

캐나다 로키를 거의 대부분 섭렵하는 일정이다. 밴프와 레이크 루이스, 아이스필드 파크웨이, 재스퍼까지 돌아볼 수 있다. 일반적인 관광상품이 아니라서 자신이 일정을 짜면서 여유있게 여행을 할 수 있다. 특히, 캠핑의 경험이 있다면 캐나다 로키 곳곳에 있는 캠핑장을 이용하면서 아주 특별한 여행을 할 수 있다. 일반적인 관광 외에 다양한 투어나 액티비티를 즐길 수도 있다. 추천하는 것은 트레킹! 밴프의 선샤인 메도우나 레이크 루이스의 라치 밸리 같은 평생에 남을 코스를 걸어볼 수 있다. 존스턴 캔년 트레킹은 여행자들이 가장 쉽게 찾는 곳이다. 또 밴프 미네완카 호수에서 낚시투어나 버밀리언 호숫가로 자전거 투어를 다녀올 수 있다. 레이크 루이스에서 재스퍼까지는 보통 1박2일 일정으로 진행한다.

[1일] 캘거리
오후 4시 캘거리 공항 도착
오후 5시 렌터카 대여
오후 6시 장보기
오후 8시 캐나다 로키로 출발
오후 10시 30분 밴프 도착

[2일] 밴프
오전 8시 설퍼 산 곤돌라
오전 11시 케이브 & 베이슨 관람
오전 12시 점심
오후 1시 밴프 다운타운 투어
오후 2시 보우 폭포 보기
오후 3시 버밀리언 호수 자전거 투어
오후 6시 어퍼 핫 스프링스 온천욕
오후 7시 페어몬트 밴프 스프링스 호텔 투어
오후 8시 저녁

[3일] 레이크 루이스 & 요호
오전 8시 미네완카 호수 드라이브
오전 10시 존스턴 협곡 트레킹
오전 11시 보우밸리 파크웨이 드라이브
오전 12시 페어몬트 샤또 레이크 루이스 호텔 투어와 애프터눈 티
오후 2시 레이크 루이스 호수 산책
오후 4시 모레인 호수 카누 타기
오후 6시 키킹 호스 패스
오후 7시 타카카우 폭포
오후 8시 에메랄드 호수 숙박(혹은 필드 숙박)

[4일] 아이스필드 파크웨이
오전 7시 아이스필드 파크웨이 드라이브
오전 8시 보우 호수와 놈티자 로지 관람
오전 9시 미스타야 협곡
오전 11시 컬럼비아 아이스필드 설상차 투어
오후 3시 선윕터 폭포
오후 4시 애서배스카 폭포
오후 5시 재스터 다운타운
오후 7시 저녁

[5일] 재스퍼
오전 8시 재스퍼 트램웨이
오전 11시 에네테 호수 자전거 투어(점심 피크닉)
오전 3시 피라미드 호수 드라이브
오전 4시 피라미드 호수 승마 투어
오후 7시 재스퍼 숙박

[6일] 재스퍼
오전 8시 멀린 협곡 트레킹
오전 11시 메디신 호수
오전 12 멀린 호수(점심)
오후 1시 스피릿 아일랜드 크루즈 투어
오후 6시 재스퍼

[7일] 에드먼튼 & 캘거리
오전 8시 재스퍼 출발
오전 12시 에드먼튼 도착
오후 1시 다운타운 투어 및 점심
오후 6시 캘거리 도착

[8일]
오전 10시 30분 캘거리 공항 출국

볼 것만 골라서 일주하자
3박4일 핵심일주

캐나다 로키가 넓다고 해도 핵심만 보자면 4일로도 가능하다. 단, 트레킹이나 카약 투어 같은 시간을 넉넉하게 투자해야 하는 액티비티는 생략하는 게 좋다. 그래도 캐나다 로키 전체를 볼 수 있다는데 만족하자. 특히, 여름철 캐나다 로키는 낮 시간이 아주 길기 때문에 체력만 문제없다면 얼마든지 4일에 핵심 일주가 가능하다. 이 경우 밴프에서 1일, 레이크 루이스+요호 국립공원 1일, 아이스필드 파크웨이 1일, 재스퍼 1일 코스로 짠다. 재스퍼에서 마무리할 때는 항공을 이용할 수 있는 최종 목적지까지 가는 시간도 배려해야 한다. 재스퍼에서 자동차로 애드먼튼은 4시간, 밴프는 7시간 거리다. 밴쿠버에서 출발할 경우에는 그 반대로 일정을 짤 수 있는데, 요호는 캐나다 횡단 고속도로를 따라 밴쿠버로 돌아오는 코스이기 때문에 가장 나중에 간다.

[1일] 밴프
설퍼산 곤돌라-페어몬트 밴프 스프링스 호텔-보우 폭포-밴프 다운타운-미네완카 호수 드라이브-어퍼 핫 스프링스 온천욕

[2일] 레이크 루이스&요호
존스턴 캐넌-레이크 루이스 호수-모레인 호수-키킹 호스 패스-타카카우 폭포-에메랄드 호수-필드

[3일] 아이스필드 파크웨이
보우 호수-보우 고개-마스타야 협곡-컬럼비아 대빙원 설상차 투어-선웝터 폭포-애서배스카 폭포-재스퍼 다운타운-피라미드 호수

[4일] 재스퍼
멀린 계곡-멀린 호수-에드먼튼-캘거리(혹은 밴쿠버)

여기는 자연주의 공화국
2박3일 재스퍼

재스퍼는 밴프와 함께 캐나다 로키 여행의 핵심이다. 하지만 두 곳의 분위기는 조금 다르다. 밴프가 여행지로 손때 묻었다면 재스퍼는 아직도 자연의 멋이 더 살아있는 곳이다. 특히, 캐러부와 같은 동물들을 만날 확률이 아주 높은 곳이며, 캐내다의 랜드마크 가운데 하나인 멀린 호수도 볼 수 있다. 재스퍼 트램웨이는 순식간에 수목한계선 위의 산정으로 안내한다. 이 밖에도 피라미드 호수는 피크닉을 떠나고 좋고, 에디스 카벨 마운틴은 산책하기 좋다. 에드먼튼으로 나가는 방향을 잡았다면 미엣 핫스프링스에서 온천욕을 즐길 수 있다. 또한 멀린 협곡의 장엄함은 여름철에도 좋지만 한겨울에 아이스 워킹을 하기에도 부족함이 없다. 아담한 다운타운을 거니는 것도 재미다.

[1일]
재스퍼 다운타운-옐로우 헤드 박물관-피라미드 호수 드라이브-밸리 오브 파이브 레이크스 트레킹 (혹은 카벨 메도우)

[2일]
재스퍼 트램웨이-에네테 호수 자전거 투어 (혹은 승마)-페어몬트 재스퍼 파크 로지 투어

[3일]
멀린 계곡-멀린 호수-스피릿 아일랜드-미에테 온천-에드먼튼

캐나다 로키
여행 일정 짜기

2박3일 VS 7박8일
캐나다 로키는 어떻게 여행을 하는가에 따라서 일정이 천차만별이다. 주요 관광지만 돌아보는 '관광 스타일'은 짧게는 3일이면 된다. 캐나다 일주나 밴쿠버와 연계된 여행 패키지는 대부분 캐나다 로키에 2~3일을 할애한다. 밴쿠버 현지에서 출발하는 여행상품도 3일과 4일 일정이 대부분이다. 하지만 이 일정으로 캐나다 로키를 제대로 볼 수는 없다. 이 정도의 일정은 전형적인 눈도장 찍고 이동하는 스타일의 여행이 되고 만다. 또, 캐나다 로키의 일부 여행지는 부득이하게 일정에서 빼놓게 된다. 반면, 트레킹도 하고, 카누도 타는 등 '아웃도어 스타일'로 여행하려면 최소 일주일은 잡아야 한다. 특히, 캐나다의 랜드마크 가운데 하나인 멀린 호수Maligne Lake를 비롯한 재스퍼의 여행지까지 섭렵하려면 최소 10일 일정은 필요하다. 물론, 일정을 타이트하게 짜면 일주일 만에 다 돌아볼 수는 있다. 특히, 해가 긴 여름은 오후 10시까지 환하기 때문에 상대적으로 여행할 시간이 많다. 밴쿠버를 여행 들머리로 할 경우 캐나다 로키에서 보내는 시간을 무한정 늘릴 수는 없다. 일반적인 여행자는 일주일 일정으로 여행을 하는데, 이 가운데 4일은 캐나다 로키, 나머지 2일은 밴쿠버 시내와 밴쿠버 아일랜드 등에 할애한다. 캐나다 로키에서 더 많은 시간을 보내지 못하는 것이 아쉽지만 밴쿠버 지역에서의 여행도 있어 전체적으로는 부족함이 없는 여행이라 할 수 있다.

캘거리 VS 밴쿠버
캐나다 로키 여행의 시작과 끝맺음을 어느 도시에서 할 것인가도 여행 일정에서 중요한 변수가 된다. 일반적으로 캐나다를 찾는 관광객은 캐나다 로키만 보러 가지 않는다. 캐나다 로키와 밴쿠버를 연계해 서부권을 여행하는 것이 일반적이다. 패키지 상품은 나이아가라 폭포가 있는 동부의 토론토까지 묶는 경우도 있다. 밴쿠버와 밴쿠버 아일랜드도 함께 돌아본다면 여행의 시작과 끝을 밴쿠버로 잡는 게 좋다. 밴쿠버는 캐나다 서부 최대 도시라 항공편이 좋다. 밴쿠버에서 캐나다 로키는 자동차와 항공편을 이용할 수 있다. 밴쿠버에서 캐나다 로키까지는 자동차로 꼬박 10시간쯤 걸린다. 오고가는데 2일은 투자해야 한다. 항공을 이용할 경우 캘거리와 에드먼튼을 이용할 수 있는데, 비행시간과 현지에서 캐나다 로키까지 가는 시간 등을 고려하면 자동차로 가는 것과 크게 차이가 없다. 따라서 밴쿠버에서는 렌터카를 이용해 처음부터 끝까지 여행하는 게 좋다. 밴쿠버에서 캐나다 로

키로 가는 길은 재스퍼와 요호, 두 갈래다. 요호는 캐나다 횡단 고속도로를 계속 타고 가는 길로 밴프 국립공원에 가장 빨리 갈 수 있는 길이다. 재스퍼는 캐나다 횡단 고속도로를 타고 가다 중간에서 갈라져 북쪽으로 빙 돌아서 간다. 이 경우 재스퍼부터 아이스필드 파크웨이를 따라 밴프로 갈 수 있어 캐나다 로키의 여행지 대부분을 섭렵할 수 있다. 따라서 밴쿠버에서 렌터카로 캐나다 로키를 여행할 때는 오가는 길을 달리해서 일정을 잡는 게 좋다. 만약 재스퍼로 들어가서 요호로 나올 경우 캐나다의 유명한 와인 산지인 켈로나Kelowna도 들를 수 있다. 만약 캐나다 로키만 여행할 것이라면 당연히 캘거리로 가야 한다. 캘거리에서 캐나다 로키의 심장부라 할 수 있는 밴프까지는 자동차로 2시간 거리다. 밴프와 레이크 루이스, 컬럼비아 아이스필드 등 캐나다 로키의 핵심 여행지를 돌아보는 데는 3일이면 충분하다. 물론 트레킹과 아웃도어를 즐긴다면 시간은 한참 늘어날 것이다. 캐나다 여행은 보통 일주일 이상 일정으로 찾는 경우가 대부분이라 캘거리를 기점으로 이 정도의 시간이면 캐나다 로키를 충분히 돌아본다.

에드먼튼 경유 VS 아이스필드 파크웨이 왕복

캘거리를 기점으로 캐나다 로키를 여행할 때 고려할 것이 있다. 밴프~레이크 루이스~재스퍼를 왕복할 것인가, 아니면 재스퍼에서 에드먼튼을 경유해 캘거리로 돌아올 것인가 하는 문제가 대두된다. 캘거리를 기점으로 캐나다 로키를 여행할 때 우선 밴프로 가는 것은 거의 불문율이다. 문제는 캐나다 로키에서 어디까지 여행할 것인가이다. 밴프와 레이크 루이스, 컬럼비아 아이스필드까지만 돌아본다면 돌아올 때는 왔던 길을 되짚어 캘거리로 가는 것이 현명하다. 하지만 재스퍼까지 갔다면 에드먼튼을 경유할 것인지, 아니면 왔던 길을 되짚어 갈 것인지를 결정해야 한다. 재스퍼에서 캘거리로 돌아가는 길은 에드먼튼을 경유하는 것이나 왔던 길을 되짚어 밴프를 경유해서 가는 것이 시간은 얼추 비슷하다. 따라서 어떤 길이 좋다고 꼬집어 말하기 어렵다. 다만, 재스퍼까지 왔다면 캐나다 로키를 대부분 섭렵하고 싶어하는 여행자일 것이고, 시간도 여유가 있을 것이다. 이런 경우라면 에드먼튼 가는 길에 있는 멀린 호수와 미에테 온천 등을 돌아보고 에드먼튼을 경유해서 캘거리로 돌아갈 것을 추천한다. 만약 시간이 허락된다면 에드먼튼에서 반나절쯤 시내관광을 할 수도 있다.

캐나다 로키
일정 짜기 노하우

자유여행은 일정을 짜는 순간부터 시작된다. 처음 자유여행을 떠나는 이들은 일정을 짜는 데 두려움을 느낀다. 어디부터 시작해야 하는지도 모르겠고, 과연 혼자서 잘 해낼 수 있을까 싶은 생각이 앞선다. 그러나 일단 한 번 자유여행을 해보고 나면 자신감은 물론, 자유여행의 매력에 푹 빠지게 된다. 특히, 일정을 짜는 즐거움이 자유여행의 가장 큰 매력이라는 것을 느끼게 된다. 즉 내가 주인공이 되어, 내 마음대로 연출하는 나만의 여행 드라마를 만드는 것이다.

날짜에 맞춘다
여행은 시작과 끝이 있다. 아무리 볼 것이 많아도 자신에게 허락된 일정을 무시할 수 없다. 따라서 나에게 주어진 시간이 얼마나 되는지를 염두에 두고 일정을 짠다. 즉, 아무리 좋은 곳도 거리가 멀거나 시간이 허락하지 않는다면 포기해야 한다. 또한, 반드시 봐야할 것이 있다면 작은 볼거리는 과감히 생략한다.

앞뒤로 여유를 둔다
여행에서 가장 중요한 것은 항공 스케줄을 맞추는 일이다. 비행기를 놓치면 아주 난처하다. 특히, 캐나다 로키의 여행지는 가장 가까운 곳도 캘거리 공항에서 최소 2시간 이상 떨어져 있다. 가장 먼 재스퍼에서는 꼬박 하루가 걸린다. 운전도 스스로 해야 한다. 따라서 공항 도착시간을 항공시간에 정확히 맞출 게 아니라 좀 더 여유를 주는 게 좋다. 보통 비행기 출발 2시간 전에 공항에 도착하는 게 관례지만 여기에 1~2시간 정도 더 여유 있게 잡는 게 좋다.

잠자리를 우선 정한다
잠자리는 일정을 짤 때 우선 고려해야할 대상이다. 어디서 묵을 것인지를 정해야 동선이 그려진다. 특히, 숙박은 사전 예약이 필수다. 캐나다 로키에서는 여름철 성수기는 두 달 전에도 객실을 구하지 못하는 경우가 많다. 캠핑장도 마찬가지. 예약 가능한 캠핑장을 중심으로 잠잘 곳을 명확히 해놓는다. 설령 캠핑장 예약을 하지 못했거나 예약이 불가능한 곳을 가서 현장에서 숙박 장소가 바뀔 수 있다고 해도 일단은 숙소를 정해놔야 동선이 그려진다.

만원시의 대책을 마련한다
캠핑장에서 숙박할 계획이라면 만원에 대비한 차선책을 마련해 두는 게 좋다. 관광객이 선호하는 밴프나 레이크 루이스의 캠핑장은 항상 붐빈다. 예약을 하지 않았다면 자리를 못 얻을 수 있다. 이 경우 그곳에서 가까운 차선의 캠핑장 1~2곳을 미리 염두에 두고 있어야 한다. 차선의 캠핑장은 이동거리 1시간 이내에 있는 곳으로 정해야 비상시 이용하기 편리하다.

시간대별 일정을 짠다
대략적인 여행의 동선이 나왔다면 다음은 하루의 일정을 짠다. 이때는 시간대별로 구체적으로 일정을 짜야 혼선이 생기지 않는다. 이를 테면 트레킹을 나선다면 출발 시각과 종료 시각을 구체적으로 명시해야 한다. 시간대별 일정이 나와야 점심에 대한 계획도 잡을 수 있다. 또 현지에서는 가급적 미리 정한 일정을 따르려고 노력한다.

예약상황을 미리 체크하자
현지에서 래프팅이나 트레킹, 낚시, 승마 등 가이드가 동반된 레포츠를 할 경우 예약상황을 미리 체크해 본다. 사전 예약이 가능한지, 현지에서의 예약은 어떻게 할 수 있는지를 미리 점검한다. 특히, 여름철 성수기는 레포츠 수요가 워낙 높기 때문에 하고 싶어도 할 수 없는 경우가 많다. 보통 가이드가 동반되는 투어 등은 사전에 예약을 하는 것이 안전하다.

자투리 시간도 배려하자
여행을 하다보면 미처 생각지 못했던 일에 시간을 소비할 때가 있다. 이를테면, 관광객이 많아 기다리는 시간이 있다거나 쇼핑이나 마트에서 물건을 살 때 등 예상치 않은 시간이 필요할 때가 있다. 이 시간도 배려해야 한다. 설퍼산 곤돌라와 컬럼비아 아이스필드 설상차 투어는 항상 최소 30분, 많으면 2시간도 기다려야 한다. 또 캠핑을 하는 경우 마트에서 장을 보는 시간도 고려하고, 텐트를 설치하거나 걷을 때도 시간이 필요하다. 이런 시간도 염두에 둬야 쫓기지 않는다.

> **Tip 캐나다 로키 여행시기**
> 캐나다 로키의 여행시즌은 누가 뭐래도 여름이다. 보통 6월부터 8월까지가 최고의 성수기다. 이때가 날씨도 가장 좋고, 낮도 가장 길다. 한여름에는 보통 10시가 훌쩍 넘어야 해가 진다. 9월도 나쁘지는 않다. 성수기를 피한 시기라 숙박료도 상대적으로 저렴하고 여행을 하기도 좋다. 10월은 가을에서 겨울로 급격히 옮겨간다. 단풍의 황홀함과 함께 첫눈의 기쁨을 누릴 수 있다. 다만, 여행지는 좀 쓸쓸해진다. 겨울은 또 다른 시즌이다. 스키여행과 더불어 밴프와 레이크루이스에서 설국의 진짜 맛을 느낄 수 있다. 밴프 스프링스와 샤또 레이크 루이스에서 숙박할 수 있는 기회를 잡을 수 있다. 반면 4~5월은 겨울의 막바지라 감동이 조금 덜 하다.

PLANNING 02
캐나다 로키로 가는 항공

캐나다 로키로 가는 관문은 캘거리와 밴쿠버, 에드먼튼 세 갈래다. 이 가운데 가장 가까운 곳은 캘거리다. 앨버타 주 최대 도시인 캘거리에서 캐나다 로키의 심장부라 할 수 있는 밴프까지는 2시간이면 충분하다. 캐나다 로키만 목적으로 하는 경우 대부분 캘거리를 이용한다. 최근에는 미국이 한국인에 대한 비자면제가 시행되면서 샌프란시스코와 시애틀을 경유하는 항공편도 주목을 받고 있다. 만약, 밴쿠버에 친척 등 연고가 있는 경우는 캘거리가 아닌 밴쿠버를 기점으로 캐나다 로키를 여행한다. 이 경우 밴쿠버에서 캐나다 로키까지는 자동차로 10시간을 가야 한다. 캘거리가 아닌 에드먼튼을 기점으로 할 경우도 밴쿠버를 경유해서 간다. 에드먼튼에서 재스퍼까지 거리는 370km. 결코 짧지 않다. 재스퍼에서 밴프와 레이크 루이스까지 가는 거리도 만만치 않기 때문에 에드먼튼을 이용하는 경우는 거의 드물다.

인천~밴쿠버~캘거리

캘거리로 가는 직항편은 없다. 가장 빠른 노선이 밴쿠버를 경유 하는 것이다. 코로나 이전에는 일본 나리타공항을 경유 해 캘거리로 가는 노선이 있었지만, 지금은 대부분 미국의 도시를 경유 해서 캘거리로 들어가게 되어 있다. 밴쿠버까지는 에어캐나다가 매일 운항한다. 아시아나항공도 같은 스타얼라이언스 소속인 에어캐나다와 코드쉐어를 통해 운항하고 있다. 대한항공은 델타항공 등 스카이팀 항공사와 공동 운항한다.

밴쿠버에서 캘거리까지는 에어캐나다 국내선을 이용한다. 밴쿠버에서 환승을 하는 데는 보통 2~3시간이 주어진다. 이때 이민국을 통과하고, 짐을 찾아 다시 캘거리로 가는 국내선으로 부치는 과정을 겪는다. 입국 절차가 정상적으로 진행되면 시간상으로 크게 무리가 없다. 그러나 이민국이나 세관 통과 시 문제가 발생하면 상황이 달라진다. 자칫 입국 수속이 길어져 국내선을 놓칠 수 있다. 이렇게 되면 낭패다. 따라서 입국 수속을 마칠 때까지는 긴장을 늦추지 말고 서둘러서 진행한다.

항공권을 구매할 때는 최종 목적지인 캘거리공항에 오후 4시 이전에 도착하는 것을 구매한다. 여름철은 해가 길다. 오후 10시까지 환하다. 따라서 이 시간에 캘거리에 도착해도 밴프까지 충분히 갈 수 있다.

여름철 성수기에는 대한항공이 인천공항에서 캘거리까지 전세기를 운영하기도 한다. 보통 여행사를 통한 패키지만 이용할 수 있는데, 캘거리까지 논스톱으로 가면 시간을 많이 절약할 수 있다. 다만, 패키지 상품이라 일정이 정해져 있어 자유여행은 어렵다.

미국 경유 노선

미국은 샌프란시스코와 시애틀을 경유하는 노선이 대표적이다. 이 가운데 시애틀을 경유하는 델타항공과 샌프란시스코를 경유해 캘거리로 가는 유나이트항공(UA)이 많이 이용된다. 미국을 경유할 때는 반드시 전자여권이 필요하다. 미국을 경유하면 입국 절차를 두 번 받는 번거로움이 있다. 미국은 경유하는 승객에 대해서도 똑같은 입국 심사를 한다. 입국 심사 후에 짐을 찾아서 세관신고를 한 후 다시 캘거리로 가는 항공편에 수화물을 부쳐야 한다. 캘거리 공항에 도착했을 때도 다시 한 번 캐나다 입국 심사를 받는다. 반면 캐나다에서 출국할 때는 캘거리 공항에서 미국 이민국의 입국심사를 받기 때문에 미국의 공항에서는 따로 받지 않아도 된다. 미국을 경유하는 항공권을 구입할 때는 캘거리 도착시간과 출발시간을 잘 따져봐야 한다. 캘거리 도착시간이 너무 늦으면 일정이 빠듯해진다. 최소한 오후 5시 이전에는 도착해야 밴프로 이동할 수 있다. 캘거리 출발 시간은 경유 항공편을 고려하면 오전 10시 내외가 적당하다.

항공사 연락처

에어캐나다
Web www.aircanada.com
대한항공
Web www.koreanair.com
아시아나항공
Web www.flyasiana.com

PLANNING 03
캐나다 로키
여행 예산 짜기

최소의 비용으로 최대의 즐거움!
여행을 떠날 때 누구나 다짐하는 것이다.
개별여행의 경우 본인이 예산을 직접 짜야 하기 때문에
정확한 비용 계산이 필수다. 경비는 여행 일정을 어떻게 짜느냐에
따라 달라진다. 또 항공권이나 렌터카는 정확한 지식을 바탕으로
다리품을 팔면 헛돈을 쓰지 않을 수도 있다. 따라서 비용이
발생하는 것을 하나씩 꼼꼼하게 따져서 예산을 세우자.

페어몬트 밴프 스프링스 호텔의 고풍스런 로비

항공

여행 경비 가운데 가장 많은 부분을 차지한다. 항공은 성수기와 비수기에 따라 가격 차이가 크다. 비수기와 성수기의 가격 차이는 때로 2배 이상 나기도 한다. 또한 항공요금은 국적기냐 외국항공기냐에 따라 다르다. 보통 국적기는 외국항공에 비해 비싼 편이다. 여기에 항공권의 조건 따라서 가격이 다르다. 따라서 자신이 필요로 하는 항공권을 구입하는 데 많은 신경을 써야 한다. 여행 일정이 확실하다면 조기구매로 구매하는 것이 가장 저렴하다.

렌터카

캐나다 로키 자유여행은 렌터카가 기본이다. 차량은 등급과 용도, 시기, 기간, 회사에 따라 다르다. 따라서 자신이 추구하는 여행 스타일에 맞는 차량을 먼저 선정하고 그에 따른 예산을 체크해야 한다. 차량은 등급에 따라 최대 5배, 용도(승용, SUV, RV)에 따라서는 10배 이상의 차이가 나기도 한다. 경우에 따라서는 항공료보다 더 많은 비용이 들기도 한다. 여기에 보험과 주행거리에 따른 연료비 등도 함께 계산해야 한다.

숙박

캐나다 로키의 호텔 숙박료는 생각 이상으로 비싸다. 성수기에는 5성급이 1,000달러 이상, 4성급은 400달러 이상, 3성급도 250달러 이상이다. 호텔에 머물 경우 사전 예약은 필수다. 적어도 2달 전에는 예약을 해야 한다. 샤또 레이크 루이스나 밴프 스프링스 호텔은 1년 전에 예약을 해도 안 되기도 한다. 반면, 비수기는 한결 여유가 있고 가격도 내려간다. 캠핑으로 여행한다면 비용은 크지 않다. 보통 캠핑장 이용료는 17~40달러 선이다. 가장 효율적이면서 경제적인 숙박이다.

아웃도어

서비스가 있는 곳에 비용도 있다! 이 말은 캐나다에서는 엄격하게 적용된다. 공짜로 진행하는 것은 거의 없다. 누군가의 노동력이 제공되는 것은 반드시 비용을 지불해야 한다. 특히, 캐나다는 인건비가 비싸다. 한국처럼 저렴하게 할 수 있는 아웃도어가 많지 않다. 따라서 예산을 짤 때는 현지에서 어떤 아웃도어를 즐길 것인지와 입장료를 미리 결정해서 그에 따른 비용을 산정해 두어야 오차가 발생하지 않는다. 자전거 대여는 1시

재스퍼 휘슬러 캠핑장의 캠퍼

간 15달러 내외, 승마는 1~3시간 80~200달러, 카누는 30분 기준 30~40달러, 가이드 낚시는 반나절에 270~300달러, 래프팅은 2시간에 50~100달러 정도 예상하면 된다.

기념품

밴프와 재스퍼 같은 관광지는 쇼핑의 천국이다. 거리를 거닐다보면 갖고 싶은 것들이 지천이다. 그러나 잠시의 유혹에 이끌려 쇼핑에 나서다보면 돈을 펑펑 쓰게 된다. 따라서 여행을 떠나기 전에 현지에서 살 기념품도 미리 정해본다. 기념품을 모르더라도 기념품을 구입하는 데 어느 정도를 쓸 것인가를 미리 정해놓는다. 그래야 예산과 결산에서 차이를 줄일 수 있다.

예비비

실제 여행경비는 예산을 짤 때보다 항상 더 들기 마련이다. 이는 예산 항목에서 누락된 비용이 추가되고, 현지에서 예상치 않았던 일이 발생하는 경우가 비일비재하기 때문이다. 따라서 예산을 짤 때는 예산 총액에서 항상 10~30%의 예비비를 더 해야 실질적인 비용이라 할 수 있다.

물가

캐나다의 물가는 한국에 비해 비싼 편이다. 1.5배 이상으로 보면 된다. 특히, 1~2달러로 할 수 있는 일이 거의 없다. 햄버거도 8달러(약 8,500원) 이상이 기본이다. 패스트푸드는 10~15달러, 중급 레스토랑은 30~40달러 내외, 고급은 60달러 이상이다. 허접한 박물관도 입장료가 4달러 이하인 경우는 드물다. 특히, 레스토랑은 10~20%의 팁이 있다는 것을 유념한다.

캐나다 전자관광비자 신청하기

캐나다는 2016년 3월부터 전자여행허가제(eTA)를 시행하고 있다. eTA는 캐나다로 여행을 가려는 이들이 사전에 캐나다 이민성에 개인정보와 여행계획 등을 온라인으로 신고하는 것을 말한다. 캐나다 이민성 사이트에서 작성해 온라인으로 신청하면 쉽게 발급받을 수 있다. eTA 작성은 영문으로 해야 하며, 신청서를 발급받을 이메일 주소와 eTA 발급 수수료 7달러를 납부할 신용카드가 꼭 필요하다. 신청서 작성 요령 등은 인터넷에서 쉽게 찾아볼 수 있다. 여행사 패키지 이용자는 여행사에 신청서 작성을 요청할 수 있다. eTA는 항공편으로 입국 시에만 해당되며 육로나 배편의 경우 신청하지 않아도 된다. 한 번 신청하면 5년간 유효하다. eTA는 사전에 신청해야 하는 번거로움이 있지만 캐나다 입국 시 수속절차가 간소화되는 장점도 있다.

전자여행허가제 신청 사이트
www.canada.ca/en/immigration-refugees-citizenship/services/visit-canada/eta/apply-ko.html

환전하기

캐나다에서의 결제 수단은 현금과 여행자수표, 신용카드 세 가지다. 가장 확실한 것은 현금이다. 그러나 현금을 많이 가지고 다니는 것은 위험하다. 따라서 현금과 카드를 적절히 분산해서 사용하는 것이 좋다.

현금

가장 확실한 결제 수단이다. 캐나다는 캐나다 달러를 쓴다. 1달러는 100센트. 1달러당 환율은 967원(2022년 12월 기준) 화폐 단위는 1센트·5센트·10센트·25센트(쿼터)·1달러·2달러·5달러·10달러·20달러·50달러·100달러. 이 가운데 동전은 1센트~2달러, 지폐는 5~100달러다. 특히, 1달러와 2달러가 동전이란 사실을 유념해야 한다. 현금 가운데 가장 활용도가 뛰어난 것은 5~20달러다. 50달러 이상의 고액권은 잘 사용하지 않는다. 1달러와 2달러 동전은 팁을 주거나 자판기를 이용할 때 편리하다. 캐나다는 1달러 이하의 센트도 정확히 계산하기 때문에 센트도 무시해서는 안 된다. 1센트가 부족해 1달러 동전을 더 써야 하는 일이 자주 발생한다. 현금은 현지에서 꼭 필요한 만큼만 가지고 있는 게 좋다. 비용이 큰 것은 사전에 신용카드로 결재한다. 또 비상금은 여행자수표로 환전해 두었다가 사용하는 게 바람직하다.

신용카드

캐나다에서는 어디를 가도 비자VISA와 마스터MASTER 카드를 받는다. 따라서 한국에서 발행된 신용카드를 이용해도 크게 불편이 없다. 거의 모든 가게와 식당에서 신용카드를 받는다. 심지어 직원이 상주하지 않는 국립공원의 셀프등록 캠핑장에서도 신용카드로 지불할 수 있다. 캐나다는 신용사회다. 신용카드는 그 사람의 신용을 재는 척도다. 따라서 호텔에 투숙하거나 렌터카를 빌릴 때도 신용카드를 기본으로 요구한다. 설령 현금으로 지불을 한다고 하더라도 신용카드를 제출해야 하는 경우도 있다. 따라서 1~2장의 신용카드는 필수다.

여행자수표

해외여행에서 현금 대신 사용할 수 있는 게 여행자수표다. 여행자수표는 현금의 분실과 도난 등의 위험을 예방하기 위해 고안됐다. 한국의 은행에서 발행한 여행자수표를 현지의 은행에서 여권과 함께 재출하면 캐나다 달러로 교환해준다. 여행자수표는 분실을 하더라도 일련번호와 발행 은행 등의 정보를 알고 있으면 보상을 받을 수 있다. 따라서 여행자수표를 구입하면 반드시 사인을 한 후 영수증은 별도로 보관한다. 일련번호를 수첩에 적어놓는 것도 방법이다. 장기간 배낭여행을 떠나는 이들에게는 현금보다 여행자수표가 안전하고, 편리하다. 그러나 단기 여행의 경우 여행자수표의 활용도는 적다. 현금이 부족할 경우 비상금으로 활용할 만큼만 여행자수표를 가지고 있으면 된다.

> **Tip 미국 달러는?**
> 캐나다는 미국과 마찬가지로 화폐 단위로 달러를 사용한다. 그러나 분명한 것은 캐나다 달러라는 것이다. 밴프나 재스퍼 등의 이름난 관광지에서는 미국 달러를 받는 곳도 있다. 그러나 환율이 낮다. 또 미국 달러를 받지 않는 곳도 있다. 따라서 미국 달러가 있다면 은행에서 환전을 해서 사용하는 게 바람직하다.

여행 준비물

복장

캐나다 로키는 산악형 국립공원이다. 낮은 곳도 해발 1,000m를 넘는다. 이 때문에 밤과 낮의 기온차가 심하다. 또한 계절에 따른 날씨의 변화도 잦다. 따라서 복장은 날씨와 계절에 따라 변화를 줘야 한다. 햇살이 좋은 여름날은 반소매와 반바지 차림도 충분하다. 아무리 날씨가 더워도 건조하기 때문에 그늘만 찾아 들어가면 시원하다. 그러나 비가 내리거나 날이 흐리면 상황이 급변한다. 체감온도가 영하 이하로 떨어질 만큼 춥다. 밴프에서는 9월에도 기온이 영하로 떨어지고 눈이 나리기도 한다. 따라서 여름철에도 여름 의류를 기본으로 하되 긴소매와 긴바지를 꼭 챙긴다. 또 방수방풍이 되는 재킷과 껴입을 수 있는 덧옷이나 기능성 점퍼도 기본으로 가져가야 한다. 캐나다 로키에서는 걷는 일이 다반사다. 신발은 운동화나 등산화처럼 편한 것을 신는다. 특히, 트레킹에 나설 요량이라면 등산화를 신고 가는 게 좋다. 여기에 햇살을 피할 수 있는 챙 넓은 모자와 선크림 등도 필수다.

음식물

캠핑을 할 요량이면 장과 반찬은 필수다. 현지에서 구입하려면 복잡하고, 가격도 높다. 따라서 꼭 필요한 장과 반찬은 한국에서 준비한다. 고추장과 된장, 고춧가루, 미역, 명태포, 다시마, 말린 버섯 등을 준비하면 간편하게 찌개를 끓일 수 있다. 장조림과 젓갈류, 장아찌도 훌륭한 반찬이다. 라면도 즉석식품으로 애용할 수 있다. 음식물을 준비할 때는 품질과 맛이 떨어지더라도 가급적 기성품을 사용하는 게 좋다. 현지 세관 통관 시 기성품은 특별한 경우가 아니면 허용된다. 그러나 집에서 직접 포장한 경우 운이 나쁘면 통관을 거부당할 수 있다. 특히, 음식물은 신고가 중요하다. 캐나다 세관 신고서에 가지고 가는 음식물에 대해 소상하게 기록하면 크게 문제되지 않는다. 만약, 문제가 되더라도 문제된 음식물을 주고 나오면 그만이다. 그러나 신고를 하지 않으면 상황이 달라진다. 의도성을 가지고 몰래 반입을 시도했다고 여길 수도 있다. 이 경우 입국이 불허될 수도 있다. 포장도 신경 써야 한다. 비행 도중에는 기내의 기압이 낮아 단단하게 포장해도 포장지가 풍선처럼 부풀어 오른다. 심하면 터질 수도 있다. 만약, 젓갈이나 장아찌 등의 국물이 넘쳤다고 가정해보라. 악몽이 따로 없다. 따라서 만일의 사태에 대비해 꼼꼼하게 포장해야 한다.

캠핑장비

만약 캠핑을 하려면 부피가 아주 큰 것을 제외하고 대부분은 국내에서 가져가는 게 좋다. 마트에서 저렴한 장비를 구매해서 사용할 수도 있지만 품질이 썩 좋지 않다. 반면, 좋은 품질의 장비는 한국에 비해 결코 싸지 않다. 텐트는 이동이 잦기 때문에 가능하면 부피가 작고, 가벼운 스타일로 준비한다. 캠핑에 들어가는 시간과 노력은 최소화시키고 여행에 집중할 수 있어야 한다.

준비물 체크리스트

⊙ = 아주 중요 ◎ = 중요 ▲ = 보통

품명	필요도	비고
여권	⊙	유효기간이 1년 이상 남았는지 확인한다. 복사본은 별도 보관한다.
국제운전면허증	⊙	운전면허 소지자는 모두 발급해 가는 게 좋다. 렌터카를 대여할 경우 국내 운전면허증도 가져간다.
신용카드	⊙	렌터카 대여 및 호텔 체크인 시 필수다. MASTER와 VISA 등 국제 카드여야 한다.
항공권	⊙	여권과 동일한 영문 이름인지와 목적지, 출발일시를 반드시 확인한다. 항공권 영수증과 e티켓은 별도로 보관한다.
여행자보험	⊙	반드시 가입한다. 보상한도가 높은 보험이 유리하다. 긴급 연락망도 기록해준다.
현금(외화)	⊙	필요한 만큼만 환전한다. 50달러 이하의 적은 단위의 돈이 활용도가 높다. 동전도 많이 필요하다.
여행자수표	▲	현금이 부족할 경우에 대비한 비상금 용도로만 활용한다.
재킷	⊙	산악지형이라 여름에도 밤에는 춥다. 악천후도 대비해 방수기능이 있는 것으로 준비한다. 봄가을은 겨울용 두툼한 점퍼가 필요하다.
스웨터	⊙	밤에 덧껴입을 수 있게 준비한다.
모자	⊙	햇볕 차단을 위해 꼭 필요하다.
기능성 의류	⊙	트레킹을 할 때 필요하다. 땀을 빨리 배출하고 빨리 마르는 소재의 옷이 좋다.
수영복	◎	온천욕을 할 때 필요하다. 현지에서 대여도 가능하다.
등산화	◎	트레킹을 할 때 필요하다.
샌들	⊙	캠핑장이나 다운타운 등의 관광지에서 활용도가 높다. 기내에서도 활용할 수 있다.
양말	◎	등산화를 신을 경우 필요하다.
선글라스	⊙	햇빛 차단 및 운전 시 꼭 필요하다.
선크림	⊙	자외선 및 햇빛 차단을 위해서 필요하다.
립밤	◎	건조한 날씨로 입술이 트는 것을 예방하기 위해 준비한다.
약품	⊙	지사제·변비약·감기약·밴드·반창고 등 의사의 처방 없이 사용할 수 있는 구급약을 가져간다.
필기도구	◎	신고서 작성 및 여행 기록을 위해 필요하다. 현지에서 구입할 수 있다.
반짇고리	▲	바늘과 실 등 현지에서 수선할 일이 있을 때 필요하다.
카메라	⊙	추억을 남기기 위한 기본 장비다. 휴대성이 편리한 제품이 좋다.
증명사진	⊙	여권 분실에 대비해 2~3매를 별도로 보관한다.
가이드북	⊙	캐나다 로키 홀리데이!!!
세면도구	⊙	주방용과 세탁용 세제는 적당량을 위탁수화물로 가져가면 유용하다. 현지에서 구입할 수도 있다.

CANADA ROCKY
플래닝

PLANNING 05
렌터카 대여하기

렌터카는 항공권과 함께 여행을 결정하는 가장 큰 요인이다.
비용도 항공권 다음으로 많이 든다. 차종에 따라서는
항공권 이상으로 비쌀 수도 있다. 렌터카의 가격과
산출방식 등은 회사마다 조금씩 다르다. 따라서 발품을
열심히 팔다보면 의외로 좋은 조건의 패키지를 발견할 수 있다.

밴프 터널 마운틴 드라이브에서 런들 산을 배경으로 서 있는 캠핑카

예약과 현지 대여

렌터카는 출발 전에 한국에서 예약할 수도 있고, 현지에서도 가능하다. 그러나 가능하면 한국에서 예약을 하고 가는 게 좋다. 사전에 예약하면 할인 혜택을 주기도 하고, 자신의 일정과 여행 스타일에 맞는 최적의 상품을 고를 수 있기 때문. 반면, 현지에서 예약을 하게 되면 언어의 차이로 인한 의사소통 과정에서 문제가 발생할 수 있다. 즉, 자신이 원하는 대로 대여를 할 수 없을 수도 있다. 또한, 성수기에는 자신이 원하는 차종이 있다는 보장이 없다. 그렇게 되면 클래스가 높은 차종을 선택해야 되고, 당연히 대여료가 비싸진다. 따라서 예약은 필수다.

차량 등급과 가격

렌터카는 차량의 크기와 모양, 종류에 따라 등급이 나눠져 있다. 물론 등급에 따라 대여료도 다르다. 등급은 회사마다 조금씩 다르다. 소형차는 대여료가 비교적 저렴하다. 그러나 SUV(싼타페급)와 럭셔리(그랜저), 미니 밴(카니발)은 가격이 비싸진다. 대여료는 계절과 차종에 따라 다르다. 비수기인 10월의 경우 콤팩트 차량의 1일 대여료는 50달러 내외다. 그러나 6월 성수기에는 80달러가 넘는다. 거의 1.5배 이상 차이가 난다. 또 콤팩트와 럭셔리 차량의 대여료도 많이 차이가 난다. 성수기에는 콤팩트 차량 대여료가 80달러 내외 인데 반해 럭셔리는 100달러다. 1.5배 가까이 비싸다. 대여료만 차이나는 게 아니다. 여기에 추가되는 보험료도 다르다. 또 차가 커질수록 연비 효율이 떨어진다. 따라서 대형 차종을 빌리고, 주행거리가 많아질수록 비용도 그만큼 커진다. 최근 테슬라 등 전기자동차도 렌터카로 각광을 받고 있다. 그러나 아직까지 캐나다 로키에는 충전소가 많이 보급되어 있지는 않다. 특히, 일정이 짧으면 충전 시간도 아깝고, 충전소를 찾아다니는 일도 피곤하다. 당분간은 전기 자동차보다 일반 차량을 이용하는 게 낫다.

차종선택 요령

어떤 차를 선택할 것인가는 여행 인원과 직결된다. 여행 인원이 많을수록 공간이 많이 필요하다. 여기에는 각자 가져온 짐을 무시할 수 없다. 승용차의 경우 트렁크 공간이 제한적이라 뒷자리도 짐에게 양보해야 한다. 따라서 비용만을 생각해 너

캘거리 공항의 렌터카 대여소

보우 밸리 파크웨이의 한적한 길

무 작은 차를 빌리게 되면 여행 내내 고생을 하게 된다. 1~2인까지는 소형차가 무방하다. 3인부터는 클래스를 달리해야 한다. 최소한 중형 이상은 돼야 한다. 4인의 경우 짐이 적다면 중형으로 가능하다. 그러나 짐이 많다면 중형으로는 곤란하다. 일행이 4인 이상이면 미니 밴을 빌리는 것이 쾌적한 여행을 보장한다. SUV도 있지만 가격도 비싸고, 미니 밴에 비해 수납공간도 적다. 특별히 험로를 주행하지 않을 것이라면 고려하지 않는 게 좋다.

마일리지 제한

렌터카를 빌릴 때 고려해야 할 것 가운데 하나다. 대부분의 렌터카는 무제한이다. 아무리 많은 거리를 주행해도 추가요금을 받지 않는다. 그러나 경우에 따라 마일리지 제한을 두는 차량이 있다. 특히, 캠핑카는 기본적으로 마일리지 제한이 있다. 따라서 예약을 하기 전에 마일리지 제한이 있는지 여부를 꼭 확인한다. 정해진 마일리지 이상을 주행하게 되면 추가요금을 내야한다.

기간과 반납 장소

캐나다의 경우 렌터카 대여일은 최저 1일로 되어 있다. 여기서 1일은 렌터카를 빌린 시간으로부터 24시간을 말한다. 즉, 오전 6시30분에 렌터카를 빌렸다면 다음 날 오전 6시30분까지가 1일이다. 인터넷으로 렌터카를 예약하는 경우 날짜를 먼저 지정해야 다음 과정으로 넘어가기 때문에 특별히 날짜를 일일이 따질 필요는 없다. 빌리는 날짜와 반납 날짜만 분명히 알고 있으면 알아서 계산을 해준다. 다만, 반납시간만큼은 분명히 지켜야 한다. 반납시간을 넘기면 추가요금이 발생하는데, 대여료에 비하면 상당히 높은 수준이다. 차량은 경우에 따라 다른 장소로 반납할 수 있다. 이 경우 예약을 할 때 옵션을 선택할 수 있다. 반납 장소가 다른 경우에는 보통 추가요금이 나온다.

보험

렌터카에서 많은 비중을 차지하는 게 보험이다. 보험은 여행 중 발생할 수 있는 예기치 않은 사고에 대처하기 위해 가입한다. 특히, 캐나다는 의료비를 비롯한 차량 정비 등의 비용이 아주 비싸다. 따라서 차량을 렌트할 때 보험을 제대로 가입해야 사고 시 손해를 줄일 수 있다. 대차 대인 등 기본적인 보험은 차량 렌트 시 기본적으로 가입되어 있다. 그러나 유리 파손이나 타이어 펑크, 긴급 출동 등은 포함되어 있지 않다. 이런 것들까지 모두 커버하는 슈퍼 커버리지(CDW)는 추가로 가입해야 한다. 보통 1일 10달러 내외를 추가로 내야 하는데, 가능하면 가입하는 게 좋다. 외국에서 운전할 때는 사고가 나지 않게 하는 게 가장 좋지만, 사고가 나더라도 피해를 최소화하는 게 현명하다.

추가 운전자

만약 운전을 여럿이 할 계획이면 추가 운전자에 대한 정보를 렌터카 회사에 알려줘야 한다. 이는 나중에 사고가 발생했을 경우 책임소재와 보험 등에 중대한 영향을 미칠 수 있다. 추가 운전자에 대한 정보는 캘거리 공항에서 차를 대여할 때 추가 운전자의 국제운전면허증과 함께 제시하면 된다.

내비게이션

차량 예약 시 선택사항이다. 만약, 조수석에서 누군가 지도를 보면서 길 안내(내비게이터)를 할 수 있다면 내비게이션은 불필요할 수 있다. 캘거리 시가지만 벗어나면 내비게이션을 쓸 일이 거의 없다. 물론, 여행을 마치고 캘거리 공항으로 돌아올 때가 조금 염려되지만 지도만 제대로 볼 줄 알면 쉽게 찾아갈 수 있다. 스마트폰에 캐나다 USIM을 교체해 사용하거나 도시락 같은 공용 와이파이를 사용한다면 구글맵을 이용하면 된다. 캐나다 로키는 와이파이가 터지지 않는 곳이 많다. 이 때는 와이파이가 꺼진 상태에서도 길 찾기가 가능한 맵스미 같은 앱을 설치하면 좋다.

어린이 안전의자

캐나다와 미국은 차량으로 이동하는 어린이의 안전을 위해 엄격한 법규를 가지고 있다. 몸무게 36kg 이하의 어린이는 보조의자나 베이비 시트에 앉혀야 한다. 유아는 말할 것도 없다. 이를 어기다 적발되면 벌금을 부과 받게 된다. 따라서 일행 중에 유아나 어린이가 있다면 렌터카를 대여할 때 보조의자도 함께 빌려야 한다. 보조 의자의 형태는 어린이의 나이와 체중에 맞게 3종이 있으며, 대여료는 1일 12~15달러다.

운전 연령제한

캐나다에서는 만 16세 이상이면 법적으로 차를 몰 수 있다. 그러나 렌터카는 아니다. 나이가 어린 경우 사고율이 높기 때문이다. 대부분의 렌터카 회사에서는 21세 이상이어야 차량을 대여해 주며 본인 이름의 신용카드를 소지하고 있어야 한다.

> **Tip 국제운전면허증**
>
> 캐나다에서 운전하려면 국제운전면허증이 필수다. 국제운전면허증은 전국의 운전면허시험장에서 쉽게 교부받을 수 있다. 운전면허증과 여권, 여권용 사진 1매를 첨부해 발급비용 8,500원을 내면 즉시 교부해 준다. 이때 반드시 확인해야 할 것이 여권에 기재된 영문 이름과 일치하는지 여부다. 만약, 담당자의 실수로 영문 이름이 잘못 기재되면 무용지물이 된다. 국제운전면허증은 가능하면 운전할 수 있는 모든 일행이 교부 받아 가는 게 좋다. 여행 중에 운전을 교대해야 하는 경우가 발생할 수 있기 때문이다. 국제운전면허증은 항상 차량 내에 꺼내기 쉬운 곳에 보관해둔다. 검문을 받거나 위법사항이 있을 때 즉시 보여줄 수 있도록 한다. 국제운전면허증은 항상 여권, 국내운전면허증과 함께 제시해야 한다. 따라서 여권, 항공권과 더불어 보관에 신경을 써야 한다. 최근에는 54개국에서 사용할 수 있는 국문영문운전면허증도 발급받을 수 있다. 캐나다도 허용된다. 단, 미국은 대부분 허용되지 않아 별도의 국제운전면허증을 준비해야 한다.

밴프 터널 마운틴 빌리지2 캠핑장

CANADA ROCKY
플래닝

PLANNING 06
캘거리에서 캐나다 로키
여행 준비 하기

캘거리 공항에 도착해서도 준비할 게 있다.
렌터카를 찾아야 하고, 캠핑을 할 경우 장도 봐야 한다.
또한 주유도 넉넉하게 해놓는다. 캐나다 로키로
가는 길도 몇 번씩 체크해 봐야 안심이 된다.
일단 심호흡을 크게 하고 천천히 준비하고 떠나자.

재스퍼 밸리 오브 더 파이브 레이크스를 찾은 트래커

렌터카 찾기

캘거리 공항을 나오면 편도 2차선 도로가 있고, 맞은편에 주차타워가 있다. 렌터카 사무실은 주차타워 2층에 있다. 허츠Hertz와 에이비스AVIS, 엔터프라이즈Enterprise, 내셔널National 등의 렌터카 회사가 한 곳에 붙어 있어 쉽게 찾을 수 있다. 짐이 많을 경우 1층에서 2층으로 올라가는 엘리베이터를 이용한다. 자신이 예약한 렌터카 회사에서 줄을 서서 기다린다. 자신의 차례가 되면 예약번호와 이름을 말하고, 국제운전면허증과 국내

운전면허증, 신용카드를 재출한다. 신용카드는 마스터MASTER와 비자VISA같은 국제 카드여야 한다. 렌터카 회사는 재출한 신용카드에서 보증금으로 300~500불을 결제한다. 이 비용은 나중에 렌터카를 반납할 시 돌려준다. 만약 신용카드를 소지하지 않았다면 렌터카를 이용하지 못할 수도 있다. 캐나다는 신용을 중시하는 사회로, 신용카드는 그 사람의 신용을 재는 척도가 되기 때문. 카드 없이 차량을 대여하려면 2명의 보증인과 500~700달러의 보증금, 그리고 자세한 신상정보를 알려줘야 하기 때문에 일이 복잡해진다. 꼭 신용카드를 지참한다. 계약서에 사인을 마치고 나면 차량의 열쇠를 건네준다. 만약 내비게이션을 추가했다면 여기서 받아야 한다. 혹시 렌터카 직원이 빠트릴 수 있으니 꼭 확인해서 받아가야 한다. 차량을 인도받는 장소는 렌터카 직원이 위치를 알려준다. 우리나라처럼 직원이 동행해서 차량이 있는 곳까지 안내하지는 않는다. 주차장에서 차를 찾았다고 무턱대고 출발해서는 안 된다. 차량점검이 우선이다. 렌터카 직원이 없어도 차량에 문제는 없는지 꼼꼼하게 살펴야 한다. 특히, 주차되어 있는 동안 누군가 접촉사고를 내고 도망갔을지도 모르는 일이다. 만약, 내외부에 조금이라도 이상한 부분이 있다면 사무실로 찾아가서 문제 제기를 한다. 그래야 나중에 반납할 때 책임을 묻지 않는다. 최악의 경우 차량을 바꿔달라고 요구할 수 있다. 기본적인 차량 체크 항목은 계약서에 적힌 주행거리와 거리계의 주행거리 일치 여부, 연료의 양, 헤드라이트와 와이퍼의 작동 여부 등이다. 또 외부의 눈에 띄는 손상과 타이어의 마모 상태도 체크한다. 엔진룸을 열어 엔진오일과 브레이크 오일, 펜 벨트 등도 한번쯤 들여다본다. 마지막으로 조작버튼의 위치와 기능에 대해서도 알아본다. 차량에 문제가 없다면 짐을 싣는다. 다음으로 내비게이션을 설치한 후 목적지를 설정한다. 내비게이션을 빌리지 않았다면 지도를 보면서 목적지까지 가는 경로를 충분히 익힌다. 여행 안내 지도는 차량 열쇠를 받을 때 얻어야 한다. 목적지를 설정했다면 이제 출발이다. 주차타워에서 출구EXIT를 따라 빙빙 돌아 나오면 주차구역을 벗어난다. 이제부터는 원하는 곳을 향해 달리기만 하면 된다.

장보기

공항에서 렌터카까지 빌렸다면 마음이 급해진다. 빨리 캐나다 로키로 달려가고 싶은 마음이 간절할 것이다. 그러나 그 전에 몇 가지 할 일이 있다. 여행기간 동안 먹고 자는 것에 대한 준비를 해야 한다. 어디나 마찬가지이지만 물가는 관광지로 갈수록 비싸진다. 캐나다 로키도 예외는 아니다. 캘거리와 비교하면 모든 것이 비싸다. 기름 값의 경우 최대 40% 이상 비싸기도 하다. 식료품이나 캠핑용품도 마찬가지다. 만약 캠핑으로 여행을 하

려면 캠핑에 필요한 장비와 먹을거리에 대한 1차적인 준비는 한국에서 끝내는 게 좋다. 현지에서 구입해야 하는 품목은 캐나다 로키로 출발하기 전 캘거리에서 장을 본다. 캐나다 로키에서는 준비과정에서 미처 생각하지 못했던 것이나 육류처럼 신선도가 중요한 것만 구입한다. 이렇게 단계별로 장비와 식재료를 준비하면 불필요한 지출을 최소화시킬 수 있다. 여행기간 내내 사용해도 상하지 않는 것들은 캘거리에서 한 번에 다 장을 본다. 캐나다의 대표적인 마트는 월마트Wall Mart, 슈퍼스토어Superstore, CO-OP, 캐내디언 타이어Canafian Tire 등이다. 캐나다의 대도시는 대형마트를 중심으로 다양한 시설이 몰려 있어 원스톱 쇼핑을 할 수 있다. 이를 테면 대형마트 주변에는 주유소와

약국, 레저용품점, 가정생활용품점, 전자제품점 등이 같이 있다. 따라서 한 곳만 찾아가도 필요한 물품 대부분을 살 수 있다. 캘거리에서 장을 보기가 여의치 않다면 밴프로 가기 20분 전에 있는 캔모어Canmore의 마트에서 장을 볼 수 있다. 밴프에도 마트가 있지만 이곳이 그나마 저렴한 편이다. 국립공원 안으로 들면 장을 볼만한 곳이 급격히 줄어든다. 밴프는 그나마 괜찮다. 밴프의 마트에서 필요로 하는 것을 대부분 구할 수 있다. 그러나 레이크 루이스의 경우 아주 제한적인 제품만 판다. 재스퍼의 경우 에드먼튼에서 많이 떨어져 있지만, 품목도 다양하고, 물가도 밴프와 비슷하다.

한식

한식은 기본적으로 한국에서 출발할 때 준비한다. 캘거리에 한인 마트가 있지만 일일이 찾아다니기가 번거롭다. 밴프에 아시안 마켓이 있어 라면 같은 유명 식품은 구입할 수 있다. 만약, 김치 없이는 밥을 못 먹는다면 캘거리 시내에 있는 한인 마트에서 장을 본다. 라면이나 쌀 등은 대형 마트에서 구입할 수 있다. 밴프에는 서울옥Seoul Country, 재스퍼에는 김치 하우스Kimchi House 2곳의 한식당이 있다.

주류

캐나다는 주류와 담배에 대해 아주 엄격한 법을 적용한다. 실내 흡연은 원칙적으로 불법이다. 또 지붕이 없는 곳에서 술을 마시는 것도 불법이다. 따라서 술을 마시며 담배를 피우는 것은 불가능하다. 단 한 곳. 캠핑장에서는 가능하다. 텐트도 지붕이 있는 공간, 하나의 주거공간으로 인정해서 음주를 허락한다. 캐나다에서는 주류 판매가 엄격하게 제한된다. 우리나라처럼 마트에서 술을 팔지 않는다. 모든 술은 주류전문점Liquor Store에서만 판매한다. 미국의 경우 맥주와 와인은 음료로 취급되어 일반 마트에서 파는 경우가 많다. 그러나 캐나다는 다르다. 알코올이 들어 있는 모든 음료는 주류전문점에서만 판다. 대도시는 주류전문점을 쉽게 찾을 수 있다. 대형 마트 곁에는 항상 주류전문점이 있다. 밴프에도 3~4곳의 주류전문점이 있다. 문제는 가격이다. 캘거리와 밴프의 주류 물가는 20~30% 차이를 보인다. 따라서 필요한 만큼의 술은 캘거리에서 사가는 게 바람직하다. 위스키는 인천공항을 출발할 때 면세점에서 사는 게 가장 저렴하다. 와인의 경우 일반적인 와인(750ml)보다 매그넘 사이즈(1.5리터)를 사는 게 가격이 저렴하다. 주류전문점의 운영시간은 도시와 주마다 다르다. 밴프의 경우 관광지라는 특수성으로 일주일 내내 개장한다.

캠핑장비

캠핑장비도 가급적 한국에서 준비해 가는 게 좋다. 장비에 따라 조금씩 다르지만 캐나다가 특별히 싸지 않다. 국내에서 고가에 판매되는 브랜드의 경우 가격이 조금 낮을 수 있지만 대부분은 크게 차이가 없다. 다만, 국내에서는 볼 수 없는 다양한 제품이 있어 구경삼아 돌아볼 수는 있다. 캠핑 장비 가운데 반드시 현지에서 구입해야 하는

것이 있다. 부탄(프로판)가스나 가솔린 같은 연료다. 레저용 프로판 가스는 대형 마트에서 팔기도 한다. 그러나 가솔린은 레저용품 전문점으로 가야 살 수 있다. 레저용품 전문점은 대형 마트와 함께 있는 경우가 많다. 밴프에도 부탄가스를 비롯한 캠핑용품을 파는 곳이 있다.

주유하기

캐나다는 대부분 셀프주유 방식으로 운영된다. 따라서 기름을 넣고, 계산을 하는 방법을 숙지하고 있어야 당황하지 않는다. 우선 주유를 하기 전에 렌터카가 어떤 종류의 기름을 넣는지 알아야 한다. 승용차와 SUV는 거의 100% 가솔린이다.

스포츠트럭도 마찬가지다. 디젤은 대형화물차나 버스에 사용된다. 프로판 가스를 사용하는 차량은 아예 없다. 가솔린의 경우 2가지로 나뉜다. 옥탄가가 높은 제품, 즉 고급 휘발유는 가격이 비싸다. 스포츠카나 개인이 소유한 고급 차종에 주로 넣는다. 렌터카는 옥탄가가 낮은 가솔린을 넣는 게 일반적이다. 주유를 하는 방법은 주유소마다 다르다. 캐나다의 주유소는 쉘Shell이나 페트로 캐나다Petro Canada, 허스키Husky처럼 정유회사가 체인점으로 운영하는 것과 개인이 운영하는 것 등이 혼재되어 있다. 따라서 가격도 다르고, 주유방법도 다르다. 현금으로 결재하는 방법은 크게 두 가지다. 보편적인 방법은 주유를 마친 후 매장에서 결재한다. 그러나 치안이 좋지 않은 지역에서는 무료 주유를 막기 위해 선 결재를 요구하기도 한다. 대부분의 주유소는 신용카드로 결재할 수 있다. 신용카드를 이용한 결재는 주유기에서 직접

하는 경우와 매장에서 하는 2가지 방법이 있다. 주유기에서 결재하는 방법이 까다롭다고 느끼면 주유 후 매장에서 결재해도 된다. 이때는 자신의 펌프 번호를 알려주면 점원이 체크해서 요금을 결재한다.

자동차 연료 가격

캐나다의 가솔린 가격은 지역과 주유소마다 다르다. 캘거리와 에드먼턴 같은 대도시가 가격이 저렴하다. 국립공원지역으로 들어갈수록 비싸진다. 특히 캐나다 로키 중심에 위치한 크로싱Crossing의 경우 캘거리에 비해 40% 가까이 비싸다. 따라서 아이스필드 파크웨이를 달리려면 밴프나 레이크 루이스, 재스퍼를 출발하기 전에 연료를 가득 채워가는 게 현명하다. 주유소 앞에는 연료의 가격을 명시해 놓는다. 이 가격에는 세금이 포함되어 있다. 그러나 결재를 하다보면 적어놓은 가격과 실재 주유한 가격이 틀릴 수가 있다. 이는 결재 수단과 연료의 종류의 차이에서 비롯된다. 즉, 주유소 앞에 명시해 놓은 가격은 가장 저렴한 언리디드Unleaded를 주유하고 신용카드로 결재할 때의 가격이다.

PLANNING 07
캐나다 로키 **찾아가기**

캘거리에서 캐나다 로키로 가는 길은 외길이다. 이 길은 트랜스 캐나다 하이웨이라 부른다. 캐나다의 동부와 서부를 잇는 고속도로로 우리나라로 치면 경부고속도로와 같다. 보통 1번 국도라고 불리며 단풍잎 가운데 1자가 새겨진 문양으로 표시된다. 트랜스 캐나다 하이웨이의 서쪽 방향만 따라가면 밴프까지 가게 된다. 내비게이션이 있다면 문제는 간단하다. 내비게이션에 밴프에 있는 호텔이나 레스토랑 가운데 아무 주소나 입력하면 자동으로 안내한다. 내비게이션을 빌리지 않고 구글 맵을 이용해도 충분하다. 또 고속도로만 접어들면 길이 단순해 지도를 보면서 찾아갈 수도 있다.

캘거리에서 밴프로 가는 트랜스 캐나다 하이웨이

캘거리 공항에서 트랜스 캐나다 하이웨이에 진입하는 방법은 간단하다. 공항을 빠져나오면 첫 번째 삼거리와 만난다. 이곳에서 좌회전, 에어포트 트레일Airport Tr을 따라 2km 가면 디어풋 트레일 Deerfoot Tr과 만난다. 에드먼턴에서 캘거리를 경유해 미국까지 남북으로 가로지르는 큰 길이다. 이 도로를 타고 남쪽South 방향으로 8km 내려가면 트랜스 캐나다 하이웨이 교차로가 나온다. 이 고속도로는 캘거리 시내를 동서로 가로지르는데, 시내구간에서는 16에비뉴16 Ave라 불린다. 교차로에서 서쪽West 방향으로 접어들면 고민 끝이다. 이제부터 이 길을 따라 128km를 가면 밴프에 닿는다. 캐나다의 고속도로는 무료다. 아무리 많이 달려도 통행료를 내지 않는다. 밴프에 도착하기 전 국립공원 매표소가 있다. 이곳은 국립공원을 여행하는 이들이 입장권을 구입하는 곳이다. 그러나 트랜스 캐나다 하이웨이를 따라 계속 서쪽으로 가려는 트럭이나 버스 등은 요금을 내지 않는다. 이들은 톨게이트 오른쪽의 차도를 이용해 그냥 통과한다. 여행자들은 톨게이트에 정차해 체류 일정과 인원을 말하고, 입장권을 구입해야 한다. 만약 이곳에서 입장권을 구입하는 게 번거롭다면 일단 밴프까지 간 다음은 여행자 안내소에서 구입해도 된다.

고속도로 교차로 번호와 거리

고속도로를 주행할 때 거리를 계산하는 방법을 알고 있으면 자신의 위치를 찾는 데 도움이 된다. 고속도로의 교차로는 번호로 매겨져 있는데 이것은 거리를 뜻한다. 이 거리는 다른 주나 미국과의 국경을 기준으로 산정된다. 이를테면 트랜스 캐나다 하이웨이에서 132라 적힌 이정표가 있다면 이것은 BC주와의 경계에서 132km 거리라는 뜻이다. 따라서 이정표만 확인해도 지금 어디쯤 주행하고 있는지를 알 수 있고, 목적지까지 남은 거리를 계산할 수 있다.

주유소는 휴게소?

캐나다와 미국의 경우 고속도로에 우리나라와 같은 휴게소가 없다. 휴게소 기능은 대부분 주유소가 대신한다. 주유소에는 작은 마트가 있다. 간단한 스낵과 음료, 차량용품, 잡지, 복권 등을 판다. 또 매장 안에 화장실이 있어 누구나 자유롭게 이용할 수 있다. 설령, 매장 내에서 아무 것도 구입하지 않거나 주유를 하지 않았다 하더라도 화장실을 거리낌 없이 사용해도 된다. 주유소에서는 장작과 프로판 가스를 팔기도 한다. 또 그곳의 여행지를 안내하는 지도와 다양한 할인혜택을 주는 쿠폰북을 비치해 놓기도 한다.

> **Tip 국립공원 입장료**
>
> 캐나다의 국립공원 입장료는 조건에 따라 가격이 다르다. 가족이나 단체, 연간 이용권 구입자에게는 특별한 혜택을 준다. 자신의 조건을 따져서 입장권을 사면 비용을 절약할 수 있다. 국립공원 입장료는 1일 기준 어른(18~64세) 10.5달러, 경로(65세 이상) 9달러, 17세 이하 무료, 가족(7인 이하의 가족이나 단체가 한 대의 차량을 이용 할 때) 21달러다. 따라서 3인 이상의 가족이나 단체의 경우는 가족권을 구입하는 게 훨씬 유리하다. 또 캐나다는 나이를 만으로 계산한다. 일주일 이상 국립공원을 여행하거나 타 국립공원도 함께 돌아보려면 연간이용권을 구입하는 게 경제적이다. 연간이용권은 어른 72.25달러, 경로 61.75달러, 가족 145.25달러다. 또 국립공원과 국립사적지National Historic Site를 모두 돌아볼 수 있는 연간이용권도 있으니 참조할 필요가 있다.

PLANNING 08
캐나다 운전 요령

낯선 길과 함께 여행자를 당혹스럽게 하는 것은 한국과는 다른 교통법규 때문일 것이다. 캐나다는 우리나라와 같이 운전석이 차량의 왼쪽에 있고, 오른쪽 차선으로 주행한다. 그러나 세밀한 부분에 들어가면 혼란스러운 법규도 있다. 이런 법규를 무시하면 자칫 사고로 이어질 수 있다. 또 경찰에게 잡히면 '딱지'를 끊어야 한다. 이 경우 벌금이 무서운 게 아니라 경찰과의 대화가 더 걱정이 될 수도 있다. 자칫, 잘못 응대를 할 경우 향후 재입국시 불이익을 받을 수도 있다는 점을 명심해야 한다. 따라서 여행자는 기본적으로 법규를 충실히 따라야 한다. 또한, 항상 방어운전의 자세를 갖고 운전해야 사고를 미연에 방지해야 한다. 설령, 자신이 손해를 보더라도 참고 양보해야 한다. 또한, 한국과는 다른 교통법규에 대해 충분히 숙지하고 있어야 순간적인 판단을 내릴 때 도움이 된다.

아이스필드 파크웨이 보우패스로 가는 길

주행속도

캐나다의 도로는 등급에 따라 주행 속도가 다르다. 보통 트랜스 캐나다 하이웨이와 같은 고속도로는 100km, 경우에 따라 110km가 최고속도다. 지방도의 경우 90km까지 달릴 수 있다. 그러나 고속도로와 지방도가 마을이나 도심을 통과할 때는 속도가 달라진다. 보통 마을을 진입할 때는 단계적으로 속도를 낮추게 되어 있다. 운전자는 표지판을 보면서 차량의 속도를 조절해야 한다. 대부분의 현지 운전자는 이 규정을 잘 지킨다. 물론, 여행자가 규정 속도를 지켜야하는 것은 두말할 필요가 없다. 도심의 다운타운을 제외하고 간선도로의 경우 속도 표시가 되어 있다. 도심의 경우에는 언제든지 정지할 수 있는 속도를 유지하면서 주행한다. 보통 50km 내외다. 학교 앞(School Zone)이나 놀이터·운동장 앞(Playground Zone) 등은 시속 30km로 제한되어 있다.

전조등

캐나다는 시동을 켜는 순간 전조등이 들어오게 되어 있다. 이는 낮에도 가시성을 좋게 해서 사고를 미연에 방지하기 위함이다. 따라서 낮에 전조등을 켜고 운전한다고 이상하게 여길 필요가 없다. 또한, 전조등을 일부러 켜려고 할 필요도 없다. 낮에도 전조등을 켜고 다니는 것이 처음에는 어색해 보이지만 뒤에 오는 차량의 가시성은 확실히 좋아진다.

보행자

캐나다는 보행자 중심의 사회다. 도로상에 보행자가 나타나면 모든 차량은 일단 정지해야 한다.

그곳이 횡단보도가 아니라도 관계없다. 무조건 차량이 보행자에게 양보해야 한다. 이 같은 법규 때문에 캐나다에서는 보행자들이 차를 무서워하지 않는다. 따라서 눈앞에 보행자가 나타나거나 누군가 도로를 건너려고 한다면 일단 정지해야 한다. 좀 더 구체적으로 정리하면 보행자가 차도에 한 발자국이라도 내려서면 반드시 선다. 보행자가 횡단보도 입구에 서 있을 때도 멈출 준비를 한다. 보행자가 중앙 분리대에 대기하고 있다면 서서히 진행하면서 보행자를 살핀다.

좌회전

캐나다는 차량의 왕래가 많은 곳을 제외하면 대부분 좌회전 신호가 없다. 우회전처럼 운전흐름에 방해를 주지 않으면 빨간 불에도 좌회전을 할 수 있다. 좌회전 표시가 없는 주행도로에서 좌회전을 해도 크게 문제되지 않는다. 다만, 사고가 발생하면 책임을 져야 한다. 좌회전 신호가 없는데도 앞차가 좌회전을 하려고 깜박이를 넣으면 뒤따르는 차량은 그 차가 좌회전을 할 때까지 멈추거나 다른 차선으로 피해 간다. 차량의 왕래가 많은 곳의 교차로에는 좌회전 신호등Left turn signal이 있다. 이런 곳은 비보호 좌회전을 해서는 안 된다. 파란색 화살표가 점등될 시에만 좌회전을 해야 한다. 이를 어기면 벌금을 물게 된다.

우회전

우회전은 한국과 똑같다. 보행자가 없고, 교통 흐름에 방해를 주지 않는 범위에서 언제든지 가능하다. 다만, 직진 차량의 흐름을 방해해서는 안 된다. 또 우회전 차로라고 해도 직진 대기 차량을 재촉해서는 안 된다. 만약 직진 대기 중인 차가 있다면 신호가 바뀔 때까지 무조건 기다려야 한다. 반대로 직진 대기 중에 뒤에 우측 깜빡이를 넣은 차가 있어도 신경 쓸 필요가 없다.

4WAY

한국 운전자들이 가장 당혹스러워하는 표지다. 4WAY는 4개의 길이 만나는 교차로, 3WAY는 3개의 길이 만나는 교차로다. 이곳은 별도의 신호

등 없이 운전자간에 주어진 약속에 따라 주행을 한다. 4WAY나 3WAY가 있는 곳은 모든 차량이 무조건 멈춰야 한다. 그 후 도착한 순서대로 먼저 진행을 한다. 이 규정을 지키지 않으면 딱지를 뗀다. 누가 먼저 도착했는지 아리송할 때가 있다. 이 때는 무조건 양보한다.

STOP

캐나다에서 운전 중 STOP 사인을 보면 무조건 정지해야 한다. 여기서 정지란 바퀴가 완전히 멈춘 뒤 하나, 둘, 셋을 셀 때까지의 시간을 의미한다. 속도를 적당히 줄였다가 그대로 출발하는 것은 멈춘 것이 아니다. 경찰이 있다면 바로 딱지를 뗀다. STOP 사인이 있으면 확실하게 멈추자. 4WAY와 3WAY는 STOP 사인이 있는 곳으로 확실히 멈췄다가 출발해야 한다. 반대로 진행방향에 STOP 사인이 없는데도 멈춰서는 것은 뒤따르는 차량에 위험을 초래하는 일이다. STOP 사인이 없으면 교차로라고 해도 그대로 진행한다.

일방통행

캐나다에서 가장 사고 빈도가 높은 것은 후진할 때다. 캐나다에서 운전의 기본은 전진이다. 특히, 도심이나 캠핑장 등에는 일방통행이 많다. 진입한 길을 따라 계속 진행하게 설계되어 있다. 따라서 길을 잘못 들었을 때나 일방통행에서는 반드시 진행방향을 보고 운전을 하면서 다음 진행상황을 생각해야 한다. U턴도 마찬가지다. 대부분의 도로에는 U턴이 허용되지 않는다. 몇 개 블록을 돌아서 가는, P턴 방식을 이용하는 게 현명하다.

주도로 진입

캐나다에서는 다른 운전자의 주행을 방해하는 것을 엄격하게 제한한다. 특히, 주도로에 진입하거나 회전을 할 때는 진행방향 차량이 항상 우선 돼야 하며 진행을 방해하는 일이 있어서는 안 된다. 주도로에 진입할 때 '일단 진입하면 상대방이 봐주겠지'하는 식의 생각은 곤란하다. 주도로에 진입할 때는 차량이 아예 없거나 있더라도 상대방이 속도를 늦춰야 하는 상황에서는 진입해서는 안된다.

스쿨버스

캐나다와 미국은 학생들의 안전을 위해 아주 엄격한 교통법규를 적용한다. 일단 앞에 스쿨버스가 있으면 항상 긴장해야 한다. 만약, 스쿨버스 옆면에서 STOP 사인이 켜지면 뒤따르는 차는 반드시 멈춰야 한다. 이것은 반대편 차선의 차량도 마찬가지다. 아이들이 버스에서 내려 길을 건널 수도 있기 때문이다. 또한 스쿨버스가 다시 출발할 때까지 추월을 해서도 안 된다.

차량 안전

캐나다 대도시의 다운타운은 좀도둑이 많다. 특히, 차량에 물건을 두고 내리면 차창을 깨고 훔쳐가는 일이 비일비재하다. 심지어 차를 훔쳐 달아나기도 한다. 이 때문에 현지인들은 길거리나 공원에 주차를 할 때는 운전대에 자물쇠가 있는 바 Bar를 채워놓기도 한다. 이 바는 운전대의 움직임을 막아 도난을 미연에 방지해 준다. 그러나 좀도둑을 피하는 가장 좋은 방법은 밤에 다운타운이나 도심의 주차장에 차를 세우지 않는 것이다. 또한, 귀중품은 반드시 가지고 다닌다. 차량에 있는 캠핑장비 등도 눈에 보이지 않도록 덮어둔다.

주차

캐나다는 대도시의 다운타운을 제외하면 대부분 주차가 무료다. 특히, 캐나다 로키에 있는 마을과 관광지는 모두 무료로 운영된다. 그러나 무료라고 해도 지켜야할 원칙이 있다. 밴프나 재스퍼의 경우 캠핑카 주차장은 별도로 마련되어 있다. 주차공간을 많이 차지하기 때문이다. 또 무료라고 해도 시간제한이 있다. 정해진 시간 이상을 주차하게 되면 딱지를 뗄 수 있다. 따라서 주차를 할 때는 그 주차공간의 조건을 반드시 숙지해야 한다. 도심의 경우 1달러와 쿼터(25센트)가 아주 많이 필요하다.

도로변의 주차공간은 대부분 동전을 넣어 작동시킨다. 예를 들어 1달러를 넣으면 30분간 주차할 수 있게 된다. 이때 요금을 내지 않거나 주차요금 이상을 주차하고 있으면 딱지를 뗀다. 분명한 것은 아무도 관리하지 않는 것처럼 보이지만 분명히 누군가가 관리를 하고 있다는 사실이다. 캐나다에서는 위법을 하면 그 대가를 치른다.

운전매너

캐나다는 세계 최고 수준의 운전매너를 자랑한다. 운전 중에 경적 소리를 듣는 일은 거의 없다. 느리게 간다고 해서 위협적인 운전을 하는 경우도 없다. 캐나다식 민주주의는 자기 할 일만 하면 된다. 다른 사람 일에 간섭하거나 방해하는 것을 인정하지 않는다. 따라서 정해진 법규대로만 운전을 하면 아무 문제될 것이 없다. 주행 중 최대의 항의표시는 양 손의 손바닥을 하늘로 향하는 것이다. 이것은 당신이 나의 주행을 방해했다는 표시다. 이것을 제외하고 욕을 하거나 경적을 울리는 등의 행위를 해서는 안 된다. 또한, 후미에 바짝 붙어서 상향등을 조작하거나 위협을 가하는 것도 범죄에 해당된다.

안전벨트

국내는 물론 캐나다에서도 안전벨트 착용은 의무다. 따라서 주행 중에는 탑승자 전원이 안전벨트를 맨다. 특히, 어린이의 경우 베이비 시트와 보조의자 사용이 의무화되어 있다.

사고 대처

가장 피하고 싶은 순간이지만 사고가 날 수도 있다. 이때는 신속한 구호조치가 우선이다. 자신은 물론, 상대방 차량 운전자의 안전을 확보하는 게 급선무다. 그 다음 경찰에 신고한다. 인사사고가 아닌 경우 서로의 신분을 확인한다. 운전면허증과 자동차등록증(렌터카 대여증) 등을 확보한다. 그 다음 렌터카 회사에 전화를 걸어 사고 내역을 알린다. 인사사고의 경우 경찰이 출동해 사고의 책임여부를 다룰 수가 있다. 이때는 경찰의 진행을 순순히 따르고 절대 복종해야 한다. 캐나다에서는 공권력에 대한 도전을 엄중하게 다룬다. 그러나 자신의 잘못이 아닌 경우 절대로 과오를 인정해서는 안 된다. 보통 언어적인 불편함을 피하기 위해 일단 자신의 잘못을 시인하고 보는 경우가 있는데, 나중에 이것을 번복하는 일은 아주 어렵다. 우선 자신의 잘못이 아니라는 점을 분명히 하고, 언어적인 불편이 따르면 한국어 통역을 요청한다.

버밀리언 호수

BANFF
밴프

천국이 여기쯤일까. 밴프의 여행자라면 누구라도 천국을 떠올리게 된다. 알프스보다 웅장한 산 속에 들어앉은 작은 마을. 너무 크지도, 그렇다고 너무 작지도 않은 적당한 크기의 이 마을은 누구라도 걸어서 한 바퀴 돌아보고 싶어진다.

이곳의 모든 것들은 혼자 따로 존재하는 것이 없다. 상점과 호텔, 레스토랑이 밴프라는 하나의 이름으로 뭉쳐진 유기체와 같다. 밴프의 모든 것들은 눈길이 닿으면 화사한 미소를 건넨다. 그 마을을 지키고 선 대자연은 또 어떤가. 이 때문에 여행자들은 거리를 거닐며 한없는 행복에 젖는다.

그러나 다운타운은 밴프의 아주 작은 부분에 지나지 않는다. 다운타운을 벗어나는 순간 대자연이 기다리고 있다. 캐나다 로키의 모든 것을 집약해 놓은 것과 같은 산과 호수와 강과 숲. 밴프가 캐나다 로키의 관문이자 전부라는 칭찬에 전적으로 동의하게 하는 완벽한 자연이 기다리고 있다.

누군가 말했다. 언젠가 캐나다 로키를 추억하게 된다면 그것은 밴프를 떠올리는 일이 될 것이라고. 그리고 또 우리는 꿈꿀 것이다. 언젠가 다시 이 아름다운 마을에서 우리 생애의 며칠을 보내고 싶다는 꿈 말이다.

밴프의 명소
Best Spot

보우 밸리 파크웨이 Bow Valley Parkway
캐나다 로키의 진정한 자연을 찾아가는 길이다. 밴프에서 레이크 루이스에 이르는 58km의 길을 달리다보면 엘크나 사슴 같은 야생동물과 만날 수 있다. 존스턴 캐년Johnston Canyon을 걷는 일도 빼먹어서는 안 된다.

버밀리언 호수 Vermilion Lakes
동틀 무렵이면 주홍빛으로 물드는 은밀한 호수다. 이 호수에 런들 산과 설퍼 산의 그림자가 비추는 모습을 보지 못하면 두고두고 후회한다. 자전거나 카약으로 찾아가면 가깝다.

설퍼 산 Mt. sulphur
밴프의 전경을 파노라마로 즐기는 전망대다. 곤돌라를 타고 8분이면 독수리 둥지처럼 우뚝 솟은 산의 정상에 설 수 있다. 이 산의 자락에 밴프의 오늘을 있게 한 온천이 솟는다. 페어몬트 밴프 스프링스 호텔도 이 산에 기대어 있다.

런들 산 Mt. Rundle
캐스캐이드 산과 함께 그림엽서 같은 밴프의 아름다움을 완성해주는 산이다. 버밀리언 호수에서 바라볼 때 가장 아름답다. 터널 마운틴 로드Tunnel Mountain Road를 따라가다 보면 이 산이 덮칠 듯이 위압적으로 솟아 있는 것을 볼 수 있다.

노퀘이 산 Mt. Norquay
평소에는 기척도 없다가 겨울에 빛을 발한다. 캐나다 로키의 스키장 빅3 가운데 하나다. 밴프에서 자동차로 10분이면 은빛 설원 위를 질주하는 쾌감을 맛볼 수 있다.

캐스캐이드 산 Mt. Cascade
밴프의 수호천사 같은 산이다. 보우 강에서 밴프 시가지를 바라보면 항상 이 산이 우뚝하다. 흰 눈을 머리에 이고 있는 겨울에도, 눈부신 초록의 숲을 허리춤에 이고 있는 여름에도 항상 존재감을 잃지 않는다.

미네완카 호수 Minnewanka Lake
인디언의 영혼을 떠올리게 하는 맑은 호수다. 밴프 다운타운에서 가까운 거리라 피크닉의 명소다. 묵직한 송어를 낚는 손맛을 보려면 낚시에 도전하라. 아득한 호수 건너까지 찾아가는 크루즈도 즐겁다.

터널 마운틴 Tunnel Mountain
밴프의 뒷동산이다. 시내에서 보면 별 볼일 없지만 이 산을 한 바퀴 도는 드라이브 코스를 따라가면 별세계가 펼쳐진다. 바위로 깎아지른 런들 산과 보우 강, 페어몬트 밴프 스프링스 호텔이 그림처럼 펼쳐진다.

보우 강 Bow River
밴프 다운타운 남쪽으로 흘러간다. 마릴리 먼로 주연의 영화 〈돌아오지 않는 강〉을 촬영한 보우 폭포 Bow Falls가 이 강에 있다. 버밀리언 호수와 연결되는 은밀한 개울을 카약을 타고 탐험하는 재미도 있다. 강을 따라 그저 거니는 것만으로도 휴식이 된다.

밴프 다운타운
Downtown

밴프 다운타운을 거닐지 않고 캐나다 로키를 말할 수는 없다. 밴프 다운타운은 밴프 여행의 출발점이자 꽃이다. 여행자들은 이 거리를 거닐며 산악마을의 아름다운 정취를 만끽한다. 또한 세계 각국의 요리를 맛볼 수 있는 레스토랑에서 근사한 식사를 하고, 소중한 사람에게 줄 선물도 마련한다.

밴프 다운타운은 사계절 내내 아름답다. 여름에는 눈부시게 빛나는 하늘 아래 깨끗하게 정비된 거리가 눈부시다. 가로등에 걸어놓은 화사한 꽃들은 여름날의 축복을 느끼게 해준다. 아름답기로는 겨울도 뒤지지 않는다. 밴프에 함박눈이 내린 날 이 거리를 거닐면 저절로 크리스마스 캐럴이 흥얼거려진다. 일부러 꾸미지 않아도 다운타운은 상상 속에 그려보던 산타의 마을로 변해 있다.

밴프는 인구가 8,900명에 불과한 작은 도시다. 중심거리는 밴프 에비뉴 Banff Ave. 남북으로 길게 뻗은 다운타운의 중심을 관통하는 도로다. 여행자들은 대부분 이 거리를 거닐어 본다. 밴프 에비뉴를 따라 다운타운을 돌아보는 데는 1시간 남짓이면 충분하다. 그러나 아기자기한 다운타운의 매력에 빠지면 시간은 한없이 흐른다. 특히, 쇼핑에 관심이 많은 사람이라면 반나절도 부족하게 느껴질 것이다.

다운타운에서 벗어나면 남쪽으로 보우 강이 있다. 그 강을 건너가면 페어몬트 밴프 스프링스 호텔과 노천온천탕 어퍼 핫 스프링스Upper Hot Springs, 밴프 전망대라 불리는 설퍼 산 곤돌라, 온천이 처음 발견됐던 캐이브&베이슨Cave&Basin 등이 있다. 시간이 넉넉한 여행자들은 보우 강을 따라 한가롭게 산책을 나서기도 한다. 또 자전거를 타고 버밀리언 호수나 선댄스 크릭Sundance Creek을 찾아가기도 한다.

밴프의 여름밤은 아주 천천히 다가온다. 위도가 높기 때문이다. 오후 10시를 넘겨도 거리는 환하다. 이 시각에 잠자리를 찾는 여행자는 바보다. 해질녘의 푸른 여명 아래 가로등이 불 밝히는 거리를 거닐어봐야 진정으로 밴프를 보았다고 말할 수 있다. 그 전에 은은한 촛불이 켜진 레스토랑에서 근사한 저녁을 먹으며 하루쯤 호사를 부리는 일도 잊지 말자.

1. 밴프의 중심 거리 밴프 에비뉴 2. 밴프 다운타운 마차 투어 3. 세일 중인 밴프의 숍 4. 밴프 에비뉴를 따라 거니는 관광객들 5. 밴프 다운타운의 겨울

밴프 다운타운의 형성

밴프의 역사는 1883년 철도 공사를 하던 3명의 인부가 온천을 발견하면서 시작된다. 이 온천 일대가 1887년 캐나다에서 처음이자 세계에서 3번째로 국립공원으로 지정되면서 밴프는 빠르게 발전했다. 당시 국립공원 감찰관이었던 조지 A 스튜어트는 마을을 정리하면서 보우 강을 기준으로 남쪽은 리조트 지역, 북쪽은 주거지역으로 명확하게 구분했다. 그 후 1888년 보우 강 남쪽에 페어몬트 밴프 스프링스 호텔이 개장했다. 그 후 보우 강 북쪽의 다운타운에도 통나무로 지은 호텔과 상가, 레스토랑이 들어서서 오늘에 이르고 있다. 이처럼 밴프는 초창기부터 철저한 계획과 관리 하에 마을을 형성해 난개발을 피할 수 있었다. 지금도 밴프는 인구가 일정 이상을 넘지 않게 하는 인구 쿼터제를 시행하고 있다. 이는 밴프의 난개발과 환경파괴를 막기 위해 주거 인원을 제한하는 프로그램이다.

화이트 박물관 Whyte Museum

건물 모양이 독특한 박물관으로 피터 화이트 부부가 설립했다. 이 부부는 밴프가 한창 주목받기 시작하던 1900년대 초반 이곳으로 들어와 일생을 보냈다. 특히, 미국 보스턴 봉제공장 사장의 딸인 캐서린이 밴프 출신의 시골내기 피터를 따라 이곳으로 온 이야기는 한편의 드라마다. 당시만 해도 밴프는 오지 중의 오지라서 시골뜨기가 번화한 도시의 여인과 결혼한다는 것은 쉽지 않은 일이다. 관내는 미술관과 박물관으로 나뉘어져 있다. 미술관에는 화가였던 피터 부부가 그린 그림을 비롯해 로키의 세계를 안내하는 그림이 상설 전시된다. 박물관에는 원주민의 생활상을 알려주는 민속품과 지난 120년 동안 카메라에 담은 로키의 사진이 전시되어 있다.

Data **Add** 111 Bear St. Banff
Tel (403)762-2291 **Open** 오전 10시~오후 5시
(화, 수 휴무) **Cost** 어른 9달러, 학생 4달러
Web www.whyte.org

캐스캐이드 가든 Cascade of Time Garden

밴프 에비뉴에서 보우 강을 건너면 정면으로 보이는 공원이다. 1935년에 지어진 벽돌 건물에 밴프 국립공원 관리사무소와 전시공간인 캐나다 플레이스 Canada Place가 있다. 이 건물 앞의 작은 연못이 있는 곳이 사진촬영의 명소. 이 공원 이름에서 알 수 있듯이 다운타운 뒤로 우뚝 솟은 캐스캐이드 산의 자태가 아름답다. 특히, 꽃이 만발한 여름에 이곳에서 캐스캐이드 산을 배경으로 자리한 밴프 다운타운을 카메라에 담는 일은 빼놓을 수 없다. 공원 안에는 여름 내내 꽃의 잔치가 벌어진다. 작은 폭포와 연못, 정자 등을 아기자기하게 배치하고, 주변을 온통 꽃으로 채웠다. 다운타운을 거닐면서 지친 여행자들은 이곳의 벤치에 앉아 휴식을 취한다.

Data **Tel** (403)762-1550
Open 매일 오전 8시~오후 11시
Cost 무료

숫자로 보는 밴프

50 늑대 마릿수 51 호텔 수 60 흑곰 마릿수 80 회색곰 마릿수 1,000 엘크 마릿수, 빙하 수
1,397 밴프의 해발 높이 1,882 탐 윌슨이 레이크 루이스 발견한 년도 1,884 밴프 지명 탄생 연도
1,885 밴프가 캐나다 최초의 국립공원이 된 년도 1,900 여름철 레이크 루이스의 인구(겨울은 1,500명)
1,909 스위스 & 오스트리아 가이드북에 소개된 캐나다 로키 스키의 횟수
1,990 밴프 특별 자치권 획득한 해 2,600 큰뿔양 마릿수
3,612 밴프에서 가장 높은 퍼브스 산의 높이 5,349 밴프의 호텔 객실 수
6,600 밴프 국립공원의 면적 8,900 밴프의 인구
11,000 인간이 밴프에 거주하기 시작한 기원전 년도 3,200,000 연간 관광객 수
120,000,000 캐나다 로키가 형성된 시기

밴프 공원 박물관 Banff Park Museum

다운타운에서 보우 강을 건너기 전 오른편에 있다. 아담한 크기의 박물관이지만 전시물은 알차다. 이 박물관은 1903년에 지어진 건물을 사용하고 있다. 캐나다 서부에서는 가장 오래된 목조 건물이다. 박물관은 2층으로 되어 있다. 전시실에는 캐나다 로키의 야생동물이 박제로 전시되어 있는데, 박물관이 너무 비좁다는 느낌이 들만큼 많다. 특히, 엘크나 큰뿔양, 회색곰 등을 가까이서 세밀하게 관찰할 수 있다.

Data Add 91 Banff Ave Banff Tel (403)762-1588
Open 오전 9시30분~오후 5시(화, 수 휴무)
Cost 어른 3.90달러, 경로 3.40달러, 어린이 1.90달러

보우 폭포 Bow Falls

페어몬트 밴프 스프링스 호텔 앞으로 흘러가는 보우 강에 있다. 마릴린 먼로와 로버트 미첨이 주연한 영화 〈돌아오지 않는 강〉의 촬영 장소로 유명하다. 북미에 불어 닥친 골드러시를 배경으로 한 이 영화에서 폭포는 원주민들이 '돌아오지 않는 강'The River of No Return이라 이름 붙였을 만큼 무시무시한(?) 폭포로 묘사된다. 그러나 영화 속에 묘사된 것처럼 높고 웅장한 폭포를 생각했다가는 실망할 수도 있다. 강이 이곳에서 푹 꺼지면서 강물이 급하게 흘러내리는 정도다. 여름에는 눈 녹은 물이 흘러들면서 폭포가 좀 더 박력 있게 변한다. 보우 폭포까지는 다운타운에서도 산책 삼아 걸어갈 수 있다. 강변을 따라 거니는 느낌이 좋다. 또 폭포 바로 앞에 주차장이 있어 쉽게 찾아갈 수 있다.

로엄 버스

밴프는 여름철의 경우 차를 타고 다니기 힘들 만큼 관광객이 몰린다. 주차공간을 찾기도 어렵다. 이때는 밴프 외곽이나 캠핑장에 차를 두고 셔틀버스를 이용하는 것도 방법이다. 회색곰이 풀밭을 거니는 대형 사진이 래핑 된 이 버스는 밴프 다운타운을 오가며 여행자의 발이 된다. 로엄버스는 설파산 곤돌라, 터널 마운틴 캠핑장, 미네완카 호수, 케이브앤 베이슨 등 밴프 시내권과 레이크루이스, 캔모어 등을 운행한다. 밴프 시내권은 1회 2달러(종일권 5달러) 등 다양한 조건이 있다. 가격과 운행시간 등은 홈페이지 참조(https://roamtransit.com)

캐이브&베이슨 Cave&basin

밴프의 역사를 상징하는 곳이다. 1883년 캐나다 횡단 철도를 건설하기 위해 왔던 인부들이 우연히 발견한 온천이다. 이 온천으로 인해 1885년 일대가 보호구역으로 지정되었다가 2년 뒤에 캐나다 최초의 국립공원이 됐다. 이곳은 1887년 만들어진 동굴 온천과 전시장, 영화상영관으로 되어 있다. 좁은 통로를 따라 안으로 들어가면 동굴 속 온천장이 나온다. 지금도 따뜻한 물이 쉼 없이 흘러나온다. 그곳을 나와 계단을 올라가면 온천의 발견과 철도 부설, 국립공원의 역사 등을 디오라마로 보여준다. 온천 앞에는 수영장처럼 생긴 온천장이 있다. 예전에는 이곳에서 온천욕을 했지만 지금은 국가사적지로 지정되어 입욕금지다. 다만, 벽에 걸린 1900년대 초반의 사진을 통해 당시를 유추해볼 수 있다. 특히, 캐이브&베이슨에는 세계에서 유일하게 이곳에만 서식하는 달팽이가 있어 온천수에 손을 담그는 것도 금지되어 있다. 온천장에서 계단을 따라 올라가면 습지대 사이로 산책로가 나 있다. 이곳은 야생동물들의 쉼터가 되고 있다.

Data Add 311 Cave Ave, Banff
Tel (403)762-1566 Open 10월1일~5월 14일 오전 12시~오후 4시, 5월15일~9월 30일 오전 9시~오후 6시(연중무휴)
Cost 어른 4.25달러, 경로 3.75달러

밴프 여행자 안내소

밴프의 중심이자 가장 번화한 거리인 밴프에비뉴 복판에 자리했다. 입구에는 세계의 주요 도시에서 밴프까지의 거리와 방향을 적어놓은 마일포스트가 서 있다. 평평한 돌로 석축을 쌓고, 그 위에 나무를 다듬어 삼각형 모양으로 만든 안내판도 눈에 띈다. 밴프 여행자 안내소에는 두 개의 창구가 있다. 하나는 밴프의 일반적인 여행정보를 제공한다. 다른 하나는 트레킹만을 별도로 소개한다. 또 책과 지도, 간단한 선물을 파는 기념품점과 등고선이 그려진 대형지도를 전시해 밴프 지역의 트레킹 코스를 한 눈에 알 수 있게 한 코너도 있다. 2층은 밴프의 자연과 문화를 소개하는 상영관이다.

Data Add 224 Banff Ave Banff
Tel (403)762-1550
Open 1월1일~5월 중순 오전 9시~오후 5시, 5월 중순~9월 초순 오전 8시~오후 8시, 9월 초순~12월말 오전 9시~오후 5시(연중무휴)

현지인들이 추천하는 밴프 여행 톱10

1. 설퍼 산 곤돌라 타기
2. 어퍼 핫 스프링스 온천욕
3. 캐이브&베이슨 투어
4. 터널 마운틴 트레킹
5. 레이크 루이스와 모레인 호수 산책
6. 아이스필드 파크웨이 드라이브
7. 보우 폭포 즐기기
8. 페어몬트 밴프 스프링스 호텔 투어
9. 화이트 뮤지엄 관람
10. 밴프 다운타운 돌아보기

밴프 안내도

설퍼 산 곤돌라
Mt. Sulphur Gondola

설퍼 산은 밴프의 여행자들이 반드시 거쳐 가는 곳 가운데 하나다. 곤돌라를 이용하면 발품을 팔지 않고도 캐나다 로키와 밴프의 절경을 즐길 수 있다. 설퍼 산 정상에 서면 산과 계곡의 파노라마가 360도로 펼쳐진다. 특히, 동서남북에 솟은 3,000m급의 산들과 그 안에 포근하게 안겨 있는 밴프, 캐나다 로키를 남북으로 관통하는 캐나다 횡단 고속도로와 보우 강, 미네완카 호수Minnewanka Lake 등이 온전한 모습을 드러낸다. 이 완벽한 조망을 발품 팔지 않고 즐길 수 있기 때문에 설퍼 산 곤돌라는 언제나 관광객으로 넘쳐난다.

설퍼 산은 밴프를 둘러싸고 있는 고트 산맥Goat Range의 일부다. 곤돌라는 산 정상(2,285m)까지 운행한다. 곤돌라에서 내리면 정상에 서 있는 밴프 기상대가 보인다. 이곳은 1903년부터 학자들이 상주하며 밴프의 날씨를 관측하던 곳이다. 기상대는 설퍼 산에서도 가장 높은 곳이자 최고의 조망을 선사하는 곳에 자리했다. 곤돌라 정상에서 기상대까지의 거리는 300m 거리로 10분쯤 걸린다.

설퍼 산 곤돌라는 1958년부터 운행을 시작했다. 베이스에서 정상까지의 표고차는 698m다. 하단 탑승장(1,583m)에서 정상(2,281m)까지의 거리는 1,560m. 평균 경사는 51도. 곤돌라는 초당 3m의 속력으로 40명의 승객을 실어 나른다. 하단에서 정상까지 걸리는 시간은 8분이다.

곤돌라 정상에서 기상대로 가는 길은 데크로 이어졌다. 데크는 조금씩 방향을 틀면서 이어진다. 중간에 휴식할 수 있는 벤치도 있다. 데크가 360도 돌아서 기상대를 향하는 지점이 첫 번째 전망 포인트. 이곳은 북쪽으로 뻗은 캐나다 로키의 전망을 즐기기 좋다. 이곳에서 곧장 기상대로 오르면 남쪽의 조망이 펼쳐진다. 밴프 시가지와 터널 산, 런들 산, 그것을 감싼 캐나다 로키의 산군이 감동적으로 펼쳐진다.

설퍼 산 정상에 있는 오두막집은 밴프 지역의 날씨를 측정하기 위해 만든 기상대다. 이 건물은 설퍼 산을 처음 오른 기상학자이자 박물관 큐레이터인 노먼 샌손이 1903년에 지은 것이다. 기상대 실내에는 작은 난로와 2층 침대를 비롯한 여러가지 생활도구들이 전시되어 있어 당시의 생활모습을 알게 해 준다. 노먼 샌손은 1896년 처음 설퍼 산을 오른 후 평생 동안 1,000회가 넘게 이 산을 올랐다. 그가 마지막으로 설퍼 산을 오른 해는 1945년으로 그의 나이 84세였다.

1. 설퍼산 전망대에서 보는 계곡의 전망을 즐기는 관광객들 2. 설퍼산 전망대 데크 3. 곤돌라에서 전망대로 이어진 데크 길

Tip 설퍼 산 곤돌라는 계절에 따라 운행시간이 많이 다르다. 관광객이 몰려드는 여름철은 상당히 혼잡하다. 특히, 오전 10시부터 오후 3시까지가 아주 혼잡하다. 보통 2시간씩 줄을 서서 기다리곤 한다. 따라서 이른 아침이나 늦은 저녁을 이용하는 게 현명하다. 설퍼 산 정상까지는 곤돌라를 타지 않고 등산로를 따라 걸어서 갈 수도 있다. 곤돌라 베이스에서 정상까지 거리는 5.6km, 1시간 30분 이상 걸린다. 정상은 기상변화가 심하다. 날이 흐린 경우 생각보다 춥다. 따라서 여벌의 옷을 가지고 가는 게 좋다.

Data Tel (403)762-2523 **Open** 1월 1일~4월 16일 오전 10시~오후 5시, 4월 17일~5월 14일 오전 8시~오후 7시, 5월 15일~9월 6일 오전 8시~오후 9시, 9월 7일~10월 12일 오전 8시~오후 8시, 10월 13일~12월 31일 오전 10시~오후 5시
Cost 어른 54~64달러, 어린이(6~15세) 35~40달러
Web www.explorerockies.com

어퍼 핫 스프링스 온천
Upper Hot Springs

설퍼 산 곤돌라와 함께 패키지처럼 찾는 게 어퍼 핫 스프링스 온천이다. 설퍼 산 곤돌라 하단 탑승장 곁에 있는 이곳은 캐나다 로키의 온천 가운데 가장 인기가 높다. 수질도 좋지만 캐나다 로키 최대의 관광도시 밴프의 후광 덕택이다. 밴프를 찾는 아시아권 관광객은 이곳에서 온천욕을 하는 것이 거의 불문율이다. 최근에는 캐나다인과 백인들도 온천욕을 즐긴다. 어퍼 핫 스프링스 온천은 1883년 철도 노동자들이 캐이브&베이슨Cave&Basin의 동굴온천을 발견한 그 다음 해 발견됐다. 이곳에 최초로 온천장이 지어진 것은 1886년의 일이다. 그 후 온천장은 몇 번의 화재로 소실되었으며, 그 때마다 재건축되어 오늘에 이르고 있다. 특히, 캐이브&베이슨이 국가사적지로 지정되어 온천욕이 금지되면서 밴프에서는 유일한 온천으로 남게 됐다. 어퍼 핫 스프링스 온천의 온도는 23~40도. 유황 성분이 많이 함유된 온천으로 류머티즘과 관절염에 효험이 있는 것으로 알려졌다. 설퍼 산이란 이름도 온천에 함유된 유황Sulphur에서 비롯됐다. 이 온천은 특히, 겨울철에는 '에프터 스키'로 각광을 받고 있다. 밴프 인근의 스키장에서 온종일 스키를 탄 후 저녁에는 이곳에서 온천욕을 하며 피로를 푸는 것이다. 어퍼 핫 스프링스 온천은 다양한 탕과 시설이 있는 한국의 온천과는 다르다. 수영장처럼 만든 야외풀장이 전부다. 그러나 온천수가 좋은 데다 이곳에서 바라보는 전망이 뛰어나 인기가 많다. 특히, 삼나무에 눈이 소복하게 내린 날 온천에 몸을 담그는 기분이 그만이다. 어퍼 핫 스프링스 온천에서 온천욕을 하려면 반드시 수영복을 착용해야 한다. 수영복을 준비하지 않았다면 온천장에서 대여할 수도 있다.

Data
Tel (403)762-1515
Open 오전 12시~오후 8시 (마지막 입장 7시30분), 연중 오픈
Cost 어른 9.25달러, 경로와 청소년 8달러, 가족(4인 기준) 29달러, 수영복 2달러, 타월 2달러
Web www.parkscanada.gc.ca/hotsprings

1. 어퍼 핫 스프링스 온천에서 온천욕을 즐기는 여행자들 2. 어퍼 핫 스프링스 온천의 겨울 풍경

페어몬트 밴프 스프링스 호텔
Fairmont Banff Springs Hotel

밴프를 찾는 여행객들은 한 가지 소망을 품는다. 언젠가 한 번은 페어몬트 밴프 스프링스 호텔(이하 밴프 스프링스 호텔)에서 하룻밤을 보내겠다는 소망이다. 이 호텔은 사람들의 그런 동경을 받을 만한 자격이 있다.
벽돌로 지은 고풍스런 빅토리아풍의 이 호텔은 120년 밴프 역사의 상징과도 같은 존재다. 이 호텔을 터널 마운틴에서 내려다본 모습은 캐나다 로키를 소개하는 몇 장의 그림엽서 가운데 단골로 등장할 정도다.
밴프 스프링스 호텔은 캐나다 횡단 철도와 역사를 함께 한다. 1883년 밴프에서 온천이 발견되고, 이 일대가 국립공원으로 지정되자 캐나다 횡단 철도의 책임자였던 윌리엄 코넬리우스는 캐나다 로키에 관광 붐이 일 것을 예견하고 호텔을 짓기로 했다. 그의 결심에 따라 1887년 공사를 시작해 1888년 1월에 호텔이 첫 개장했다.
초기 밴프 스프링스 호텔은 목조로 지어졌다. 그러나 1926년 화재가 발생, 호텔이 전소된 후 벽돌로 다시 지어져 오늘에 이르고 있다. 그 후 1930년대 후반에 골프코스가 개장하면서 북미에서 가장 손꼽는 산악형 호텔로 명

Data Add 405 Spray Ave, Banff
Tel (403)762-2211
Free (1-833)762-6866
Cost ★★★★★
Room 764실
restaurant 11개
Web www.fairmont.com

성을 날렸다. 2차 세계대전으로 유럽과 북미의 관광객이 줄어들면서 한 때 위기를 맞기도 했지만 지금은 세계적인 호텔 체인 페어몬트 그룹이 운영을 맡아 여전히 높은 인기를 누리고 있다.

밴프 스프링스 호텔은 밖에서 보는 것도 아름답지만 내부는 더 화려하고 고풍스럽다. 따라서 호텔을 돌아보는 것만으로도 한 두 시간쯤은 우습게 지나간다. 호텔에서 잠을 자지는 못하더라도 주요시설을 꼼꼼히 돌아보는 것만으로도 적당한 호사를 누린다.

이 호텔은 메인 로비가 독특하다. 아치형의 천장과 벽면은 돌로 지었다. 중세의 성에 들어와 있는 느낌을 준다. 그 안으로 들어가면 명품을 파는 13개의 고급스런 매장이 자리하고 있다. 다양한 레스토랑도 볼거리다. 호텔 내에는 11개의 레스토랑이 있다. 에프터 눈 티를 마실 수 있는 가벼운 곳부터 풀코스 요리를 먹을 수 있는 호화로운 레스토랑까지 다양한 선택을 할 수 있다. 특히, 1927년에 지어진 목조건물에서 스테이크를 비롯한 풀코스 요리를 먹을 수 있는 월드하우스Waldhous는 건물도 아름답기 그지없지만, 요리 또한 아주 특별하다. 호텔에 있는 이런 레스토랑을 순례하는 것만으로도 대접을 받은 느낌이 든다.

밴프 스프링스 호텔을 찾은 여성들이 가장 부러워하는 곳은 윌리엄 스트림 스파William Stream Spa다. 보우 강이 바라보이는 곳에 자리한 이 스파는 어퍼 핫 스프링스 온천의 온천수를 이용한다. 스파는 이용객이 적어 언제나 조용하다. 마치 로마 황실의 욕실을 전세 낸 것처럼 특별함이 있다.

온천욕을 한 뒤에는 마사지나 지압 등을 받을 수 있다. 물론, 풀코스로 즐기려면 주머니가 두둑해야 한다. 한국의 관광객에게는 크게 해당사항이 없지만 서양인에게는 피트니스 센터도 인기다. 마사지 200~300달러다.

1. 페어몬트 밴프 스프링스 호텔의 야경 2. 벽돌을 이용해 지어 고풍스런 페어몬트 밴프 스프링스 호텔의 로비 3. 월드하우스의 코스 요리 4. 고급스런 분위기의 페어몬트 밴프 스프링스 호텔의 객실

터널 마운틴 트레킹
Tunnel Mountain

난이도 ★
시간 1시간 30분(왕복)
거리 4.6km(왕복)
최고 높이 1,690m
표고차 300m
코스와 거리 생 줄리엥 로드(1,400m)-0.4km-터널 마운틴 드라이브 주차장-1.5km-밴프 스프링스 호텔 전망대-0.4km-정상(1,690m)

밴프가 궁금하다면 터널 마운틴을 올라야 한다. 터널 마운틴은 밴프 다운타운 뒤에 자리한 아담한 산이다. 밑에서 보면 그저 그런 마을 뒷산처럼 보인다. 그러나 막상 정상에 서고 나면 환상적인 전경을 선사한다. 밴프 다운타운은 물론 밴프를 감싼 캐나다 로키의 아름다운 풍경이 남김없이 드러난다. 특히, 걸어서 40분이면 정상에 설 수 있는데다 지그재그로 난 등산로도 편해서 '강추'다.

터널 마운틴 트레킹 출발점은 생 줄리엥 로드St. Julien Rd의 주차장이다. 이곳에서 300m를 오르면 터널 마운틴 드라이브Tunnel Mountain Dr 도로와 만난다. 주차장에서 터널 마운틴 드라이브 도로까지는 특별한 게 없다. 이 때문에 이 곳 주차장에 차를 세우고 트레킹을 나서는 사람들도 있다. 터널 마운틴 드라이브 도로에서 터널 마운틴 정상까지는 1.8km 거리. 등산로는 말을 타고 가도 좋을 만큼 부드럽다. 경사가 심한 곳은 지그재그로 길을 만들어 놓아, 호흡이 가쁠 이유가 없다.

터널 마운틴 드라이브 도로를 지나면 보우 강과 밴프 스프링스 호텔이 보이기 시작한다. 보우 강에 접한 밴프 다운타운의 서쪽 끝도 발밑에 펼쳐진다. 밴프 스프링스 호텔의 전경은 등산로가 북쪽을 향해 360도 방향을 틀 때 절정에 이른다. 아늑한 숲 가운데 자리한 120년 역사의 중후한 호텔이 인상적이다. 이곳을 지나면 이제 남쪽으로 흘러가는 보우 강과 밴프 스프링스 호텔의 골프장이 반겨준다. 햇살에 부서지는 연초록의 골프장이 아름답다. 또 보우 강이 몇 갈래로 나뉘었다가 다시 합쳐지면서 흘러가는 모습도 시원하다.

해발 1,690m의 터널 마운틴 정상에 서면 밴프 다운타운과 북쪽으로 장막

Tip 터널 마운틴은 밴프 시민들의 산책 코스로도 사랑을 받는다. 트레킹을 하다보면 현지인들이 가벼운 차림으로 나선 모습을 쉽게 볼 수 있다. 그래도 트레킹에 나서 려면 물은 필수다. 또 햇살이 강렬하기 때문에 선글라스와 챙이 있는 모자도 챙겨가면 좋다.

1. 터널 마운틴의 트래커 2. 터널 마운틴 정상부의 암벽 지대 3. 터널 마운틴 정상에서 페어몬트 밴프 스프링스 호텔의 전망을 즐기는 여행자 4. 터널 마운틴 트레킹 안내도 5. 터널 마운틴 정상에서 본 밴프 다운타운과 보우 계곡

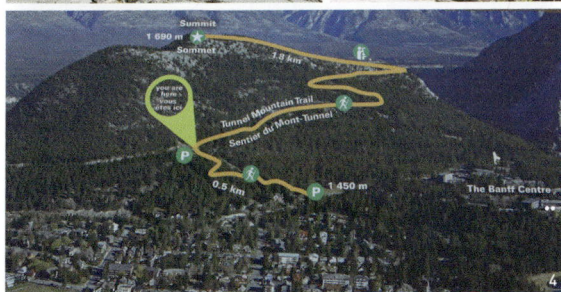

을 친 캐나다 로키의 숨 막히는 장관이 펼쳐진다. 여행자들이 가슴 설레며 거니는 밴프 다운타운 너머로 몇 개의 호수가 연이어 있는 버밀리언 호수 Vermilion Lake의 그림 같은 자태도 보인다. 캐나다를 동서로 횡단하는 철도와 고속도로도 펼쳐진다. 터널 마운틴의 조망은 밴프가 캐나다 로키의 관문이 된 이유를 말해준다.

선샤인 메도우 트레킹
Sunshine Meadow

난이도 ★★
시간 3시간 내외
거리 8.5km(왕복)
최고 높이 2,305m
표고차 105m(오르막), 85m(내리막)
코스와 거리 선샤인 빌리지 스키 리조트(2,200m)-1.2km-대륙분수령(2,305m)-0.6km-록 아일 호수 전망대-0.7km-록 아일 호수 하단-0.5km-그리즐리 호수와 라릭스 호수 순환로 시작점-0.6km-그리즐리 호수 전망대(2,225m)-1.3km-심슨 밸리 전망대-0.1km- 라릭스 호수-0.5km-그리즐리 호수와 라릭스 호수 순환로 시작점

캐나다 로키는 해발 3,000m를 넘나드는 산들로 이뤄졌다. 이 산들은 대부분 밑에서 올려다봐야 한다. 밴프나 재스퍼, 아이스필드 파크웨이 등 차량이 오가거나 사람이 사는 마을은 이 험준한 산에 갇혀 있을 뿐이다. 그래서 사람들은 산 위의 세상을 궁금해 한다. 산 위에는 무엇이 있을까. 산에서 바라보는 세상은 또 어떨까 하는 궁금증을 가지게 된다.

선샤인 메도우는 캐나다 로키의 산정을 거닐고 싶어 하는 사람들의 갈증을 풀어주는 곳이다. 이곳은 선샤인 빌리지 스키 리조트 Sunshine Village Ski Resort가 자리한 산정의 고원지대다. 해발 2,000m가 넘는 고원으로 겨울에는 밴프 최고의 스키장으로 인기몰이를 한다.

그러나 트래커들은 겨울보다 여름의 선샤인 메도우를 더 사랑한다. 1년에 9개월은 눈이 쌓여 있는 이곳은 여름이면 야생화 천국으로 변한다. 산정에 펼쳐진 드넓은 고원이 '꽃바다'가 된다. 선샤인 메도우는 또 대륙분수령 Continental Divided가 지나는 곳으로도 유명하다. 선샤인 메도우에서 동쪽으로 흘러가는 물줄기는 대서양, 서쪽으로 흘러가는 물은 태평양으로 향한다. 선샤인 메도우 트레킹을 하려면 우선 선샤인 빌리지 스키 리조트까지 가야 한다. 이곳은 산정에 스키장의 베이스가 있는 독특한 구조다. 산 아래 주차장에서 스키장 베이스까지는 곤돌라를 타고 가야 하는데, 여름철에 한해 셔틀버스가 운행된다. 트래커들은 셔틀버스를 타고 단숨에 해발 2,200m까지 올라가 트레킹을 시작한다. 물론, 두 발이 튼튼하고 시간이 남는 트래

Tip 선샤인 메도우에 있는 3개의 호수를 돌아보는 거리는 8.5km. 여유 있게 돌아도 3시간이면 충분하다. 점심을 포함해도 3시간 30분이면 넉넉하다. 트레킹을 할 때는 밴프와 스키장을 오가는 셔틀버스와 곤돌라 승차 시간에 신경을 써야 한다. 밴프에서 선샤인 메도우 곤돌라 승강장을 오가는 셔틀버스는 6월 30일부터 9월 말까지 매일 8회 운행된다. 운행시간과 요일은 매년 바뀌어 홈페이지를 참조하는 게 좋다. 요금은 셔틀버스+곤돌라 35달러, 셔틀버스 왕복 12달러다.
Web www.sunshinemeadowsbanff.com

커들은 셔틀버스 대신 걸어서 올라가는 수고를 하기도 한다.
셔틀버스를 타고 가면 스키장의 베이스캠프에 닿는다. 해발 2,000m에 스키장의 베이스캠프가 있고, 로지가 있다. 이곳에서 트레킹 코스가 여러 갈래로 나뉜다. 머리 위까지 오는 배낭을 맨 트래커들은 산 위에서 캠핑을 하며 아주 먼 길을 가는 이들이다. 특히, 캐나다의 마터호른이라 불리는 어시니보인 산Mt. Assiniboine으로 가는 코스는 트래커들 사이에 정평이 나 있다. 그러나 여행자들의 목적지는 대부분 선샤인 메도우 고원에 있는 3개의 호수다. 짙푸른 초원에 보석처럼 박혀 있는 록 아일Rock Isle, 그리즐리Grizzly, 라릭스Larix 등 3개의 호수를 돌아보며 산정의 정취를 마음껏 누린다. 이 코스는 점심을 포함해도 반나절이면 충분히 돌아볼 수 있어 누구나 부담 없이 트레킹에 나설 수 있는 게 매력이다. 물론 호수에 비치는 캐나다 로키의 장관은 두말할 필요가 없.

스키장 베이스에서 대륙분수령까지는 1km 거리. 20분이 채 안 걸린다. 꾸준한 오르막이지만 누구나 쉽게 갈 수 있다. 대륙분수령을 지나면 길은 부드러운 내리막길로 변한다. 처음 마중을 나오는 것은 록 아일 호수다. 호수 가운데 길쭉한 모양의 작은 섬이 떠 있다. 이 섬에는 삼나무가 자라고 있다. 호수는 요정이 사는 것처럼 비밀스럽고도 고요하다. 마치 하늘과 주변 풍경을 담는 거울처럼 잔잔하다. 록 아일 호수 너머로는 청년기의 캐나다 로키가 우람하게 솟아 있다.

록 아일 호수를 지나면 길은 두 갈래로 갈린다. 하나는 록 아일 호수를 제외한 두 개의 호수를 돌아보는 길이다. 다른 하나는 스키장의 전경을 볼 수

1. 록 아일 호숫가를 산책하는 트래커 2. 두 발로 서 있는 땅다람쥐 3. 비밀스럽고 고요한 록 아일 호수

있는 스탠디시 전망대Standish Viewpoint로 간다. 호수를 찾아가는 길은 왼쪽이다.

록 아일 호수를 지나면 길은 내리막이다. 호수에서 흘러내린 물이 작은 폭포를 이룬다. 그곳을 지나면 다시 길이 두 갈래로 나뉜다. 어느 쪽을 택해도 상관없다. 두 갈래 길은 그리즐리 호수와 라릭스 호수를 한 바퀴 돌게 되어 있다. 두 호수의 정취는 록 아일 호수만큼은 못하다. 다만, 두 호수 사이에 자리한 심슨 밸리 전망대Simpson Valley Viewpoint에서 내려다보는 모습이 장관이다. U자 모양으로 깊게 패인 계곡에는 '삼림의 바다'가 끝도 없이 펼쳐진다.

1. 산 중턱에 있는 스키장 베이스에서 트레킹을 시작한 트래커들 2. 그리즐리 호숫가에서 쉬는 트래커들 3. 대륙분수령을 넘어가고 있는 트래커들 4. 선샤인 메도우에서 트레킹을 즐기는 트래커들과 캐나다 로키

존스턴 캐년 트레킹
Johnston Canyon

난이도 어퍼 폭포(★★), 잉크 팟(★★★)
시간 어퍼 폭포 2시간, 잉크 팟 4시간(왕복)
거리 어퍼 폭포 5.4km, 잉크 팟 11.6km(왕복)
최고 높이 1,645m(잉크 팟)
표고차 어퍼 폭포 135m, 잉크 팟 215m
코스와 거리 존스턴 캐년 롯지(1,430m)-1.1km-로우 폭포-1.6km-어퍼 폭포-0.5km-잉크 팟 트레일 분기점-2.6km-잉크 팟(1,645m)

캐나다 로키에서 가장 유명한 트레일을 꼽으라면 당연히 존스턴 캐년일 것이다. 보우 밸리 파크웨이Bow Valley Parkway에 있는 이 계곡은 비좁은 협곡으로 되어 있다. 빙하에 깎이고 물에 의한 침식으로 만들어진 이 은밀한 협곡은 크고 작은 폭포가 어울려 특별한 아름다움을 연출한다.

존스턴 캐년은 사계절 내내 아름답다. 계곡의 수량이 풍부한 여름철에는 폭포의 위용이 한층 더하다. 짙은 이끼가 깔린 숲에는 생을 다한 나무들이 널브러져 있다. 더러는 계곡에 걸쳐 있기도 한다. 도로에서 계곡으로 불과 몇 걸음 밖에 떼지 않았는데도 원시의 깊은 숲에 들어온 것 같은 느낌을 준다.

존스턴 캐년은 겨울에도 특별한 아름다움을 선사한다. 겨울이 오면 숲은 초록이 지워지고 온통 새하얀 눈의 세상이 된다. 깎아지른 벼랑에는 가느다란 물줄기가 흘러내리다가 얼어붙어 푸른 빙폭을 이룬다. 다만 계곡물은 물살이 워낙 세차 어는 법 없이 흘러가 설국의 풍경과 좋은 대조를 보인다. 이 때문에 겨울에도 트래커들의 발길이 끊이질 않는다.

존스턴 캐년 트레킹은 목적지가 세 곳이다. 가벼운 산책을 하려면 로우 폭포Lower Falls까지만 간다. 왕복 1시간이면 충분하다. 협곡의 아름다움을 좀 더 느끼려면 어퍼 폭포Upper Falls까지 간다. 편도 2.7km로 1시간 30분쯤 걸린다. 마지막은 잉크 팟Ink Pot으로 편도 5.8km 거리다. 왕복 3시간은 잡아야 한다.

존스턴 캐년 롯지 주차장을 출발하면 등산로는 금방 협곡 속으로 든다. 계곡의 폭은 30m를 넘지 않는다. 어느 곳은 계곡의 양쪽 면이 거의 닿을 듯이 가깝다. 그 협곡 아래로 계곡물이 쏜살같이 흘러내려간다. 등산로는 협

곡에 막히면 허공에 뜨게 만들어 놨다. 관광객들은 협곡의 정취에 이끌려 정신없이 사진을 찍는다. 그러나 아직은 아니다. 로우 폭포를 봐야 존스턴 캐년의 진짜 절경을 보게 된다.

주차장에서 1.1km 거리에 있는 로우 폭포는 협곡이 한껏 비좁아지면서 폭포가 되어 떨어지는 곳이다. 이곳에 놓인 다리를 건너가면 사람 하나 겨우 빠져나갈 수 있는 동굴이 있다. 그 굴을 빠져나오면 장쾌한 폭포 물살이 쏟아진다. 물살은 마치 구경하는 사람을 덮칠 것처럼 위협적이다.

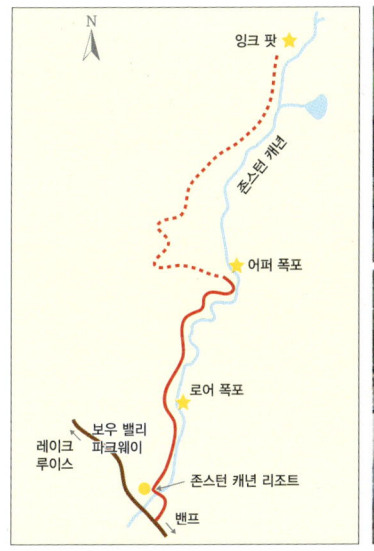

1. 존스턴 계곡 초입에 세워진 이정표 2. 어퍼 폭포의 상단 3. 존스턴 계곡 초입에 있는 곰 동상 4. 협곡을 따라 놓인 데크

절반쯤의 관광객은 로우 폭포를 보고 돌아선다. 그러나 걷는 것을 좋아하고, 존스턴 캐년의 진면목을 조금 더 즐기고 싶은 이들은 어퍼 폭포까지 향한다. 로우 폭포를 지나서도 협곡의 운치는 지워지지 않는다. 때로는 짙은 숲 그늘로 길이 이어지기도 한다. 로우 폭포에서 어퍼 폭포까지는 1.6km. 30분이면 충분하다.

어퍼 폭포를 앞에 두고 길이 두 갈래로 나뉜다. 오른쪽은 밑에서 폭포를 바라보는 전망대에 이른다. 어퍼 폭포는 폭이 어른 키만큼 좁고 깊은 협곡으로 물줄기가 쏟아져 만든 폭포다. 물살이 바위를 가르며 쏟아진다는 표현이 정확할 만큼 깊다. 폭포의 높이는 약 30m를 헤아린다. 전망대 앞으로는 황금색의 매끈한 바위가 있다. 그 바위 위로 기름을 뿌린 것처럼 물줄기가 타고 내린다.

갈림길로 돌아와서 왼쪽 길을 따라 가면 폭포 위에 서게 된다. 이곳의 전망대가 압권이다. 전망대는 협곡 위의 허공에 뜨게 만들어졌다. 전망대에 서면 발밑으로 폭포가 쏟아진다. 진짜로 폭포 위에 서 있는 것이다. 그 광경은 등골을 오싹하게 한다. 금방이라도 전망대가 폭포 아래로 떨어져 내릴 것처럼 아찔하다.

> **Tip** 존스턴 캐년은 낮에도 그늘이 지는 곳이 많다. 여름철에도 생각보다 기온이 낮다. 따라서 덧껴입을 점퍼를 준비한다. 가는 길에 물을 구할 수도 없어 물도 넉넉하게 챙겨간다. 계곡 입구에 존스턴 캐넌 롯지가 있다. 이곳에서 식사를 할 수 있다. 이곳에서 파는 아이스크림도 별미다. 존스턴 캐년은 겨울에도 개방한다. 이때는 미끄러지는 일이 없도록 아이젠을 착용하거나 걸을 때 조심해야 한다. 스틱이 있으면 아주 좋다. 잉크팟을 목적지로 한다면 점심과 간식을 준비한다.

1. 로우 폭포와 동굴로 가는 다리 2. 동굴 속에서 로우 폭포를 보는 관광객 3. 꽁꽁 얼어붙은 로우 폭포의 겨울

캐나다 로키 트레킹 요령

캐나다 로키를 제대로 보는 방법은? 정답은 트레킹이다. 캐나다 로키는 산악형 국립공원이다.
남북으로 길게 뻗어나간 해발 2,000~3,000m 높이의 장쾌한 봉우리들이 모여서 만들어졌다.
이 거대한 산들의 향연을 제대로 보고 느끼려면 당연히 높은 곳을 찾아가야 한다.
그렇다고 반드시 정상을 향할 필요는 없다. 그것은 산악인이나 전문가들의 몫이다.
일반 여행자를 위한 트레킹 코스는 따로 있다. 정상을 오르지 않고도 산과 호수, 숲과
빙하가 어울린 캐나다 로키의 장관을 만끽할 수 있는 길들이 수두룩하다. 그 길을 걷다보면
캐나다 로키가 지상 최고의 국립공원이란 사실에 동의하지 않을 수 없게 된다.

보이는 대로 믿지 마라

과연 내가 갈 수 있을까? 트레킹 경험이 적은 여행자는 자신의 능력을 과소평가한다. 그러나 캐나다 로키의 트레킹 코스는 눈에 보이는 것만큼 어렵지 않다. 멀리서 보면 까마득하게 높은 고개처럼 보이지만 막상 걸음을 옮겨보면 큰 힘 들이지 않고 갈 수 있다. 가파른 구간은 등산로를 지그재그로 만들어 놓아 호흡이 가쁠 틈을 주지 않는다. 북미에서는 트레킹 코스를 설계할 때 말을 타고 가도 괜찮을 정도의 난이도에 맞춘다. 실제로 트레킹에 나서는 이들 가운데는 백발의 노인도 어렵지 않게 만날 수 있다. 따라서 지레짐작으로 미리 겁먹을 필요가 없다.

정보는 여행자 안내소에 있다

트레킹은 정보다. 어느 곳을 가는 게 좋을까? 나의 체력과 일정에 맞는 코스는? 그에 대한 답은 여행자 안내소에 있다. 밴프나 레이크 루이스, 재스퍼 등의 여행자 안내소에 가면 자신에 맞는 트레킹 코스를 알려 준다. 트레킹 코스를 문의할 때 자신의 일정과 체력, 특별히 보고 싶은 것을 미리 말해주면 그에 맞는 코스를 추천해 준다. 또한, 트레킹과 연관된 최신 정보도 이곳에서 알 수 있다.

트레킹 조건을 확인하라

캐나다 로키의 트레킹 상황은 수시로 변한다. 이를 테면 산불이 발생해 트레킹이 통제될 수도 있다. 갑자기 산사태가 일어나 길이 끊길 수도 있다. 곰이 자주 출몰해 사고가 빈번할 경우 탐방원칙을 바꿀 수도 있다. 때 이른 폭설로 예정보다 일찍 트레킹 코스를 폐쇄할 수도 있다. 이처럼 트레킹 조건이 수시로 변하기 때문에 자신이 가려는 트레킹 대상지의 상황을 미리 확인해야 한다.

날이 흐리면 가지 마라
캐나다 로키는 낮은 곳도 해발 1,000m가 넘는 산악지대다. 날이 흐리면 기온이 급격히 떨어진다. 또한, 천둥번개를 동반한 돌풍이 불기도 한다. 만약, 트레킹 도중에 이런 날씨를 만나면 두려움을 느끼게 된다. 현실적인 위험도 있다. 나무가 부러지거나 산사태가 날 확률도 있다. 무엇보다도 날이 흐리면 캐나다 로키의 아름다운 모습이 구름과 흐린 날씨에 묻혀 볼품없게 된다. 캐나다 로키가 아름다울 때는 햇살이 쨍한 날이다.

여벌옷과 먹을 것, 물을 준비하라
초짜의 경우 손에 물병 하나 달랑 들고 트레킹을 나서는 경우가 있다. 이는 위험한 일이다. 갑작스럽게 변할 수 있는 기상에 대비해야 한다. 또한 체력이 떨어질 것에 대비해 초코바나 과일, 샌드위치 등의 간식거리를 항상 지니고 있어야 한다. 여름철 캐나다 로키는 많이 건조하다. 생각보다 많은 물을 마시게 된다. 따라서 물도 넉넉하게 가지고 간다. 이런 것들을 넣어가려면 작더라도 배낭은 필수다. 또 배낭을 메고 나서야 트레킹 폼도 산다. 스틱이 있다면 금상첨화다.

햇볕에 신경 써라
캐나다 로키의 햇살은 아주 강렬하다. 산정에 눈이 쌓여 있는 경우에는 반사광까지 더해져 피부나 눈을 자극한다. 또한, 극도로 건조하기 때문에 수분이 빨리 증발된다. 따라서 햇볕과 자외선 피해를 막으려면 선크림을 발라야 한다. 또 입술이 바싹바싹 마르기 때문에 립밤Lip Balm을 자주 발라줘야 한다. 강렬한 태양으로 인한 눈부심과 눈의 피로를 막기 위해선 선글라스도 필수다. 챙이 넓은 모자를 쓰고 가는 것도 좋다.

체력에 맞는 코스를 골라라
트레킹 코스는 항상 자신의 체력에 맞는 것을 골라야 한다. 아무리 좋은 코스가 있더라도 체력이 뒷받침 안 되면 그림의 떡이다. 자칫 무리를 했다가는 여행 전체를 망칠 수 있다는 것을 명심해야 한다. 캐나다 로키의 트레킹 코스는 정확한 거리와 소요시간, 난이도 등이 통계로 나와 있다. 따라서 자신에게 맞는 트레킹 코스를 선택하는 데 큰 도움이 된다. 이 정보는 트레킹 가이드북이나 여행자 안내소에서 쉽게 얻을 수 있다.

여럿이 함께 가라

트레킹을 홀로 나서는 것은 고독하다. 여럿이 어울려 가야 재미가 있다. 사실 캐나다 로키의 이름난 코스는 트래커들로 북적거린다. 어떤 코스는 주말의 북한산처럼 많이 몰리기도 한다. 그러나 같은 코스를 누군가 함께 걷고 있다는 것은 서로에게 감사해야할 일이다. 자신에게 무슨 일이 생긴다면 그들의 도움이 절대적이다. 또한 곰과 같은 야생동물의 위협이 상존하는 곳에서는 여럿이 있다는 것이 큰 힘이 된다.

예절을 지켜라

트레킹을 하다보면 많은 트래커를 만나게 된다. 이때는 항상 예절을 지켜야 한다. 마주 오는 트래커가 있으면 반갑게 인사하는 것을 잊지 말자. 앞서 걷는 트래커를 추월할 때도 예절이 있다. 상대방이 자신을 확인하고 길을 비켜줄 때까지 최대한 인내한다. 그 전에 서둘러 추월하는 것은 예의에 어긋나는 것이다. 그 반대의 경우, 누군가 자신을 추월하려 한다면 빨리 길을 비켜주는 게 예의다. 분명한 것은 대부분의 트래커가 예절을 잘 지킨다는 것이다. 그 중에 한 명이 되면 된다.

코스 난이도

이 책은 반나절 정도 소요되는 트레킹 코스를 위주로 소개했다. 먼 곳도 5시간을 넘지 않는다. 코스 난이도는 초보자를 기준으로 나눴다.

★ 아주 쉽다. 소요시간 1시간 이내.
등반높이 100m 이내, 거리 2~3km.
★★ 쉽다. 소요시간 2~3시간. 등반높이 400~500m, 거리 7~8km.
★★★ 조금 어렵다. 소요시간 4시간 이내.
등반높이 600m 내외, 거리 10km 내외.
★★★★ 어렵다. 소요시간 5시간 내외.
등반높이 600~900m, 거리 10~14km.

트레킹 시 금지행위와 규칙

- 정해진 등산로를 벗어나지 않는다.
- 동물에게 먹이를 주지 않는다.
- 식물채집이나 반출은 절대 금지다.
- 엘크나 사슴을 비롯한 덩치 큰 동물에게 접근하지 않는다.
- 곰이 자주 출몰하는 지역에는 반드시 여럿이 무리를 지어 간다.
- 1박 이상의 캠핑을 하며 산행을 할 때는 반드시 여행자 안내소에 신고한다.
- 취사와 야영은 허락된 캠핑장에서만 한다.
- 쓰레기는 반드시 되가져온다.
- 고성방가 및 음주행위는 하지 않는다.

1. 트레일에 서 있는 이정표
2. 라치 밸리 센티널 고개에서 내려오는 트래커들
3. 곰 출몰의 위험을 경고하는 안내판
4. 선샤인 메도우의 트래커들
5. 재스퍼 밸리 오브 파이브 레이크스의 트레일 번호
6. 사람과 말이 이용하는 트레일을 알려주는 이정표

버밀리언 호수 자전거 여행
Vermilion Lake

밴프 다운타운 안에서는 걸어서 다녀도 충분하다. 하지만, 다운타운을 벗어나는 순간 자전거의 고마움에 눈 뜨게 된다. 자전거는 짧은 시간에 밴프를 둘러싼 아름다운 자연을 찾아갈 수 있게 도와준다. 자전거를 타고 밴프의 구석구석을 돌아다니다 보면 살아있는 자연의 숨결을 느낄 수 있다.
자전거 여행 고수들은 하루가 꼬박 걸리는 험한 길도 찾아 나선다. 그러나 고수가 아니라면 자전거 투어는 한두 시간이면 족하다. 그 정도만으로도 밴프를 감싼 자연을 느끼기에 충분하다.
버밀리언 호수도 자전거 여행지로 제격이다. 밀림처럼 깊은 숲과 한적한 개울, 밴프를 감싼 산들이 그림처럼 들어앉은 호수를 두루 돌아볼 수 있다. 특히, 밀림을 지날 때는 좁은 트레일을 지나는 묘미가 있고, 버밀리언 호수 곁의 도로는 탁 트인 해방감을 선사해 다양한 표정의 자전거 여행을 즐길 수 있다.
밴프 다운타운에서 보우 강을 따라가면 철길을 건넌다. 버밀리언 호수로 가는 펜랜드Fenland 트레일은 철길 건널목을 건너자마자 시작된다. 트레일은 초입부터 숲으로 빠져든다. 다운타운에서 몇 걸음 옮겨왔을 뿐인데도 숲은 아주 깊다. 그 사이로 아늑한 트레일이 나 있다. 여행자들은 그 길을 걷기

도 하고, 자전거를 타고 지나기도 한다.

숲을 거슬러 들어가면 갑자기 개울이 나타난다. 개울의 폭은 10m를 넘지 않는다. 이 개울은 버밀리언 호수에서 흘러나온 물이다. 보우 강에서 카누를 즐기는 이들은 이 개울을 따라 버밀리언 호수까지 가기도 한다. 개울의 물살은 잔잔하고, 물빛은 유리알처럼 투명하다. 개울의 속내가 훤히 들여다보일 정도다. 그 위에 생을 마친 나무들이 쓰러져 징검다리처럼 걸쳐 있다. 사람의 손때를 전혀 타지 않은 것 같은, 원시의 모습 그대로다.

펜랜드 트레일 입구에서 1.8km쯤 들어가면 왼편으로 나무다리가 나온다. 버밀리언 호수로 가는 길이다. 나무다리를 건너지 않고 계속 직진하면 펜랜드 트레일을 계속 따라 돌아가게 되고, 나중에는 밴프로 돌아가는 큰 길과 만난다. 나무다리를 건너면 곱게 포장된 도로가 기다리고 있다. 그 위로는 캐나다 횡단 고속도로가 지나간다. 버밀리언 호수로 가는 길은 1차선 외길이다. 이 길은 차와 자전거가 함께 오간다. 그렇다고 뒤쫓아 오는 차량에 겁먹을 필요는 없다. 차량의 최고 속도는 시속 30km로 한정되어 있다. 또 캐나다 사람들의 운전 매너는 둘째가라면 서러워할 정도로 좋다.

버밀리언 호수를 끼고 달리는 길은 야호 소리가 절로 날만큼 환상적이다.

밴프의 자전거 여행 코스

밴프에서 초보도 쉽게 자전거 여행을 할 수 있는 곳은 크게 세 갈래다. 펜랜드와 버밀리언 호수를 연결하는 트레일, 케이브&베이슨과 선댄스 크릭Sundance Creek을 잇는 트레일, 보우 폭포에서 밴프 스프링스 호텔 골프장을 돌아보는 코스가 그것이다. 위의 3개 코스는 어디를 가도 1시간 30분 이내면 다운타운으로 돌아올 수 있다. 이 외에 밴프의 뒷동산 격인 터널 마운틴을 한 바퀴 도는 코스도 찾는 이가 많다. 하지만 이 코스의 오르막은 초보에게는 무리가 있다. 당일 일정이라면 미네완카 호수, 버밀리언 호수를 한 바퀴 돌아서 오는 코스를 선택하는 것도 좋다. 이때는 점심을 비롯한 물 등을 넉넉하게 준비해 호숫가에서의 피크닉도 덤으로 즐긴다.

1. 캐나다 로키의 오늘을 있게 만든 캐나다 횡단 철도 2. 버밀리언 호수를 따라 난 도로를 달리는 자전거 하이커들 3,4. 버밀리언 호수로 가는 깊은 숲과 계곡 5. 버밀리언 호수에서 바라본 런들 산

수초가 우거진 호수 너머로 런들 산의 우람한 자태가 한 폭의 그림처럼 서 있다. 저녁이면 석양에 물든 런들 산이 다시 호수를 붉게 물들인다. 버밀리언(주홍색)이란 호수이름도 여기서 비롯됐다고 한다. 호수에는 물새들이 떼를 지어 한가롭게 노닌다.
버밀리언 호수는 3개의 호수가 연이어져 있다. 길은 세 번째 호수까지 포장되어 있다. 그러나 두 번째 호수를 지나면 풍경이 시들해진다. 밴프에서 이렇게 시간을 허비하고 있을 수는 없는 일이다. 밴프에는 보고, 즐길 것들이 널려 있다. 두 번째 호수에서 자전거를 돌릴 것을 권한다.

자전거 대여

밴프에는 자전거를 대여해주는 가게가 많다. 대여료는 자전거와 가게에 따라 가격이 다르다.
스키스탑(https://snowtips-bactrax.com)의 경우 1시간에 10~16달러 한다. 좀 더 깊이 자전거 여행을 즐기고 싶어 하는 이들을 위해서는 당일 패키지 투어를 운영하기도 하다. 패키지 투어는 가이드가 동반하며, 셔틀서비스도 제공한다. 어린아이를 위해서는 자전거와 연결해 끌고 갈 수 있는 유모차도 있다. 3일간 내내 탈 수 있는 것은 100~210달러다.

보우 강에서 카누 타기

캐나다 로키에서는 어디서나 카누를 즐길 수 있다. 그러나 대부분 호수에서 즐기는 것이다. 하지만 밴프에서는 보우 강에서 카누를 즐길 수 있다. 버밀리언 호수에서 흘러드는 개울을 따라 패들을 젓는 기분은 특별하다. 이 개울을 따라가면 버밀리언 호수 속으로 들어갈 수도 있다. 이 경우 30분 이상 걸리기 때문에 최소 2시간은 대여를 해야 한다. 보우 강 하류에서는 카누를 탈 수 없다. 자칫 보우 폭포로 흘러갈 수 있기 때문. 가격은 1시간에 50달러, 추가 1시간은 30달러다. 보우강에 블루 카누Blue Canue라는 랜탈숍이 있다. 밴프카누클럽(banffcanoeclub.com)

1. 버멀리언 호수를 따라 난 도로 위를 달리는 자전거 하이커들 2. 밴프의 자전거 대여점 3. 보우 강에 있는 카누 선착장

미네완카 호수 송어 낚시
Minnewanka Lake

미네완카 호수를 찾은 것은 이른 아침이었다. 햇살이 뜨거워지기 전에 낚시를 하려는 욕심에 새벽부터 서둘렀다. 브루스터 투어 소속의 가이드는 벌써 선착장에 도착해 떠날 준비를 하고 있었다. 우리가 보트에 오르자마자 가이드는 모터보트의 시동을 걸었다. 보트는 잔잔한 수면을 가르며 호수의 깊은 곳을 향해 달리기 시작했다.

미네완카는 원주민어로 '영혼의 호수'라는 뜻. 본래는 규모가 작았지만 1941년 댐을 건설하면서 지금처럼 커졌다. 이 호수는 밴프 국립공원에서는 유일하게 모터보트 운항을 허락하는 곳이다. 이와 함께 낚시의 메카로도 유명세를 떨치고 있다. 미네완카 호수에서는 다양한 종류의 송어가 낚인다. 그중에 최대어는 무려 40파운드(약 18kg)에 이른다. 민물고기 가운데는 결코 작지 않은 크기다.

문제는 이런 송어가 자주 낚이느냐는 것이다. 초보들의 걱정은 늘 거기에 있다. 이 물음에 27년간 미네완카 호수에서 낚시 가이드를 했다는 브루어

1. 미네완카 호수에서 낚시를 하는 여행자

는 '노 프라블럼'No Problem이라는 말로 단언했다. 그는 이 배를 타는 사람이면 누구나 손맛을 볼 수 있다고 자신 있게 말했다.

미네완카 호수는 생각보다 컸다. 산이 절벽처럼 막아서 호수가 끝이 났을 것이라는 생각이 들 때쯤, 호수는 다시 방향을 틀어 길게 이어졌다. 그 호수를 따라가다 물목이 좁아진 곳에 이르자 가이드는 보트의 엔진을 껐다. 그는 채비를 내리라는 사인을 보냈다.

호수에 낚싯대를 드리웠다. 낚시 방법은 간단했다. 루어를 바닥까지 내린 후 가볍게 챔질을 두 번 하고 바로 릴을 감는 방식이었다. 수학공식을 외듯 가이드의 말을 따라 낚싯대를 놀렸다. 처음은 빈 루어만 올라왔다.

릴 감는 일이 어느 정도 익숙해지자 입질이 오기 시작했다. 입질은 기대했던 것보다 약했다. 처음에는 송어가 루어를 물었는지 아닌지도 긴가민가할 정도였다. 그러나 어느 정도 릴을 감고 나자 송어는 세차게 저항하기 시작했다. 도망치기 위해 사력을 다하는 송어의 모습이 낚싯대로 전해졌다. 짧은 사투 끝에 송어가 모습을 드러냈다. 가이드는 '작은 녀석'이라고 짧게 말했다.

다시 장소를 옮겼다. 몇 번의 릴링 끝에 입질이 왔다. 이번에는 묵직했다. 낚싯대가 곧 부러질 것처럼 휘었다. 가이드가 급하게 달려와 릴의 압력을 줄여줬다. 그러자 줄이 사정없이 풀려나가기 시작했다. 줄이 어느 정도 풀려나갔을 무렵 다시 릴을 감기 시작했다. 녀석이 어렴풋이 모습을 드러냈다. "빅 원!" 가이드가 흥분해서 소리쳤다. 얼핏 모습을 드러낸 녀석은 거대했다. 상어라고 해도 믿을 만한 크기였다.

하지만 녀석은 쉽게 달려 나오지 않았다. 수면까지 끌려나왔던 녀석은 다시 마지막 힘을 내어 물속으로 파고들었다. 덕분에 애써 감았던 줄이 다시 풀려 나갔다. 그러나 저항은 거기까지였다. 마지막으로 온힘을 다해 릴을 감자 녀석이 순순히 물 밖으로 머리를 내밀었다.

가이드가 계측한 송어의 무게는 무려 20파운드. 약 9.2kg이나 나갔다. 가이드에 따르면 올 시즌에 자신이 가이드를 나서 잡은 것 가운데 최대어라고 했다. 그의 말이 아니어도 송어를 들고 있던 손이 부르르 떨릴 만큼 녀석의 몸집은 대단했다.

기념사진을 찍은 후 송어를 다시 호수로 보내줬다. 장시간의 혈투로 체력을 다 소비한 녀석은 가이드가 꼬리를 잡은 채 오랜 시간 몸을 풀어준 후에야 자신의 힘으로 호수 속으로 사라질 수 있었다.

그 후로 몇 마리의 송어를 더 낚았다. 그러나 10kg에 육박하는 대어를 잡은 뒤라 반응은 시큰둥했다. 머릿속에서는 낚싯대가 부러질 정도로 강력하게 저항했던 녀석이 아른거렸다. 생애 다시 그렇게 큰 고기를 잡을 수 있을까 싶었다.

1. 미네완카 호수에서 진행하는 보트를 이용한 가이드 투어 2. 미네완카 호수에 떠 있는 요트 3.4. 미네완카 호수에서 잡은 거대한 송어 5. 밴프 국립공원 낚시 안내문

Tip 미네완카 호수의 가이드 보트 낚시 투어는 반나절(4.5시간)에 364.38달러(2인 기준 1인 요금)이다. 이 금액에는 장비와 낚시 면허가 다 포함됐다. 100달러를 추가하면 낚시를 하지 않는 동승인도 탈 수 있다. 추가요금을 내면 호텔에서 픽업 서비스도 제공한다. 밴프 낚시 가이드 투어(www.Banff-fishing.com) 가이드 없이 보트만 대여해서 낚시를 할 수도 있다. 낚시면허는 별도로 구매해야 한다. 국립공원의 낚시면허는 1일 10.25달러, 1년은 35.75달러이다. 여행자 안내소와 미네완카 호수 크루즈 선착장(www.banfflakecruise.com)에서 구입할 수 있다. 미네완카 호수의 낚시 시즌은 5월부터 9월 말까지다. 이 가운데 송어낚시 베스트 시즌은 7~8월. 잡은 송어는 1인당 1마리까지 가져갈 수 있다. 낚시를 나설 때는 물과 음료, 간단한 먹을거리를 챙겨 간다. 날씨가 바뀔 수 있으므로 점퍼와 덧껴입을 옷도 준비한다. 이밖에 밴프 국립공원에서는 보우 강과 스프레이 호수Spray Lake 등에서 낚시를 할 수 있다. 강과 호수에 따라 낚시 시즌과 허용되는 낚시도구, 대상어종이 다르다. 자세한 정보는 여행자 안내소에서 얻을 수 있다.

미네완카 호수 드라이브
Minnewanka Lake

미네완카 호수는 캐나다 로키 패키지 투어의 필수코스다. 밴프 다운타운에서 10분이면 닿을 수 있는 가까운 거리에 있는데다 경치도 뛰어나기 때문이다. 특히, 미네완카 호수와 투 잭 호수Two Jack Lake를 거쳐서 한 바퀴 돌아오는 순환도로는 최고의 드라이브 코스로 손색이 없다.
밴프에서 미네완카 호수를 향해 가다보면 뱅크헤드Bankhead가 있다. 이곳은 20세기 초까지만 해도 밴프에 버금가는 호황을 누렸던 광산마을이다. 이곳에서 밴프를 잇는 철길도 있었다. 그러나 폐광이 된 후 유령도시로 변했다. 지금은 무너진 주춧돌의 기초만이 남아 있다. 뱅크헤드를 지나면 미네완카 호수다. 호수의 선착장에는 크고 작은 요트가 정박해 있다. 여기서 크루즈가 출발한다. 송어낚시에 도전하는 사람들도 이 선착장에서 배를 타고 나간다. 호숫가의 산책로에는 피크닉을 나온 이들이 한가롭게 쉬고 있다. 이 산책로는 호숫가를 따라 끝없이 이어져 있다.
미네완카 호수에서 투 잭 호수로 가는 길은 다이빙 포인트다. 바다가 없는 이곳 사람들은 이곳에서 스킨 스쿠버 다이빙을 즐긴다. 수온이 차기 때문이 일반인을 대상으로 하는 투어는 없다. 마니아들만이 바다를 찾지 못하는 아쉬움을 달랠 뿐이다. 미네완카 호수에서 댐을 지나면 조그만 언덕을 넘어간다. 여기서 바라보는 투 잭 호수가 백미다. 호수를 향해 여우 꼬리처럼 튀어나온 뭍에는 나무 몇 그루가 서 있다. 곁에 피크닉 테이블도 있다. 사람들은 이곳에서 피크닉을 즐기며 쉰다. 카약을 타는 이들이 호수 위로 미끄러지듯 오가는 모습도 그냥 흘려보내기 아까운 풍경이다. 꼭 자신이 피크닉을 하지 않아도, 카약을 타고 있지 않아도, 그저 바라보는 것만으로도 행복하다. 투 잭 호수를 지나면 투 잭 메인Two Jack Main과 투 잭 레이크 사이드 Two Jack Lake Side 2개의 캠핑장이 연이어 나타난다. 이곳을 지나면 숲은 솔숲으로 묻힌다. 가슴을 뛰게 했던 풍경은 여기까지다. 이곳을 지나면 밴프로 돌아갈 일만 남는다.

1. 보트를 빌려 타는 가족 2. 투 잭 호수에서 카약을 타는 여행자 3. 미네완카 호수의 크루즈 4. 미네완카 호수에서 고개를 넘어가다 본 투 잭 호수의 그림 같은 풍경

미네완카 호수 크루즈 투어

미네완카 호수는 재스퍼의 멀린 호수Maligne Lake와 함께 캐나다 로키에서 크루즈 투어를 할 수 있는 두 곳 가운데 한 곳이다. 현지 여행사인 브루스터Brewster가 운영하는 크루즈는 5월 중순부터 10월 중순까지 1일 6회 운영된다. 오후 6시에 출발하는 마지막 투어는 이브닝 와일드 라이프 크루즈Evening Wild Life Cruise라 불린다. 이때 야생동물을 볼 확률이 높다. 투어시간은 약 1시간 30분. 가격은 어른 60달러, 어린이 30달러, 6세 이하는 무료다. 브루스터 크루즈(www.banfflakecruise.com)

보우 밸리 파크웨이 드라이브
Bow Valley Parkway

밴프에서 레이크 루이스로 갈 때 가장 쉬운 길은 캐나다 횡단 고속도로Trans Canada Highway를 타는 것이다. 그러나 캐나다 로키를 찾은 관광객들은 그 길을 외면한다. 관광객들은 보우 밸리 파크웨이를 따라 간다. 이 길은 캐나다 횡단 고속도로가 열리기 전에 다니던 길로 지금은 한적한 드라이브 코스가 됐다.

보우 밸리 파크웨이는 볼 것 많은 길이다. 캐나다 로키에서 트레킹 코스로 가장 유명한 존스턴 캐년이 이곳에 있다. 또 보우 강을 가운데 두고 서로 마주보는 산들도 마음껏 감상할 수 있다. 사슴이나 엘크, 운이 좋으면 무스를 볼 수 있는 것도 보우 밸리 파크웨이에서 누릴 수 있는 특별한 기쁨이다.

밴프에서 캐나다 횡단 고속도로를 타고 레이크 루이스 방면으로 5km 가면 보우 밸리 파크웨이로 내려서는 길이 있다. 이곳에서 17km 가면 존스턴 캐년 입구다. 대부분의 관광객은 이곳에서 협곡을 돌아본다. 존스턴 캐년을 지나면 오른쪽으로 캐슬 산Mt. Castle이 병풍처럼 솟아 있다. 이름 그래도 거대한 성처럼 우뚝하다. 캐슬 산은 드라이브를 하는 내내 감상할 수 있다. 캐슬 산 캠핑장을 지나면 보우 밸리 파크웨이는 깊은 삼림 속으로 든다. 길의 끝에 만년설을 이고 있는 산이 보일 뿐 사위는 숲뿐이다. 숲 사이로 곧게 뻗은 길을 달리는 기분이 특별하다. 이곳을 지나면 보우 밸리 파크웨이 최고의 전망대로 불리는 모랜츠 커브Morant's Curve가 나타난다. 모랜츠 커브는 보우 강이 크게 휘돌아 흘러가는 언덕에 자리한 전망대다. 전망대에 서면 발아래 에메랄드 빛의 강이 펼쳐진다. 기찻길도 강을 따라 돈다. 강 너머로는 나무가 빼곡하게 우거진 숲이다. 다시 그 너머로는 빅토리아 산Mt. Victoria부터 남쪽으로 솟구쳐 내려간 캐나다 로키가 장관이다. 뒤를 돌아보면 캐슬 산이 쏟아질 듯이 솟아 있다. 모랜츠 커브를 지나 10분쯤 가면 레이크 루이스와 레이크 루이스 마운틴 스키장을 잇는 길과 만난다. 캐나다 로키의 아름다운 세계로 안내했던 보우 밸리 파크웨이는 여기서 끝이 난다.

1. 모랜츠 커브 전망대에서 쉬고 있는 여행자들 2. 삼나무숲길을 달리는 재미가 있는 보우 밸리 파크웨이 3. 자전거를 타고 보우 밸리 파크웨이를 여행하고 있는 여행자 4. 보우 강과 캐나다 횡단 철도가 크게 휘어져 돌아가는 모랜츠 커브의 조망

Tip 밴프에서 레이크 루이스까지 이어진 보우 밸리 파크웨이의 거리는 58km, 최고시속은 동물과 자전거 여행자를 보호하기 위해 60km로 제한됐다. 동물 관찰을 위해 갓길에 정차하는 관광객이 많아 과속은 금지다. 겨울철에는 제설 작업을 하지 않기 때문에 도로 상태를 확인한 후 들어가야 한다. 또 3월 1일~6월 25일은 야생동물 보호를 위해 오후 6시부터 오전 9시까지 자발적인 주행금지를 시행하고 있다. 보우 밸리 파크웨이는 최근 자전거 라이딩 코스로 각광받고 있다. 밴프~존스턴 캐년~레이크 루이스 코스로 반나절이면 달릴 수 있다. 돌아올 때는 밴프~레이크 루이스 구간을 운행하는 로엄버스를 이용한다.

밴프의 스키장
Ski Resort

겨울 캐나다 로키에서 손꼽는 것은 역시 스키다. 1988년 캘거리 동계 올림픽이 이곳에서 열린 것에서 알 수 있듯이 캐나다 로키는 북미 대륙에서 첫손에 꼽는 스키의 명소다. 이곳은 파우더 스노우Powder Snow로 유명하다. 이곳의 눈은 습기가 없어 뭉쳐지지도 않고, 입으로 후~ 불면 떡가루처럼 가볍게 날린다.

캐나다 로키를 대표하는 스키장은 레이크 루이스 마운틴 리조트Lake Louise Mountain Resort와 선샤인 빌리지 스키 리조트Sunshine Village Ski Resort, 마운틴 노퀘이Mt. Norquay다. 이들을 빅3라 부른다. 이들 빅3는 하나의 리프트권으로 3곳의 스키장을 모두 이용할 수 있고, 마케팅도 공동으로 벌인다. 따라서 스키어들은 밴프를 베이스 삼아 빅3의 스키장을 모두 섭렵하는 즐거움이 있다.

그러나 며칠 일정으로 빅3를 구석구석 돌아보겠다는 욕심은 버리는 게 좋다. 한국의 스키장을 잣대로 이 곳 스키장의 규모를 어림잡았다가는 큰 코 다친다. 스키장 하나가 한국의 스키장 4~5개를 합쳐놓은 것과 같다. 이를테면 북미에서 규모가 가장 큰 레이크 루이스 마운틴 리조트의 경우 슬로프가 140개에 이른다. 슬로프의 넓이가 무려 1,700만m²이다. 정상이 3개나 되는 선샤인 빌리지 스키 리조트도 슬로프 수가 107개가 된다.

빅3는 저마다 개성이 넘친다. 스키장의 위치나 슬로프의 조건이 제각각이라 전혀 다른 느낌을 준다. 캐나다 로키의 심장이라 할 수 있는 밴프를 중심으로 했을 때 거리는 마운틴 노퀘이가 가장 가깝다. 밴프 시내에서 불과 5km 거리다. 선샤인 빌리지 스키 리조트는 16km, 레이크 루이스 마운틴 리조트는 56km 떨어져 있다.

1. 레이크 루이스 마운틴 리조트의 스키어 2. 선샤인 리조트에서 점프를 하고 있는 보더 3. 레이크 루이스 마운틴 리조트의 베이스 4. 레이크 루이스 호수와 빅토리아 빙하를 보며 스키를 타는 레이크 루이스 마운틴 리조트

레이크 루이스 마운틴 리조트
Lake Louise Mountain Resort

레이크 루이스 마운틴 리조트는 북미에서 가장 큰 스키장이다. 이 스키장은 정상에서 보는 레이크 루이스 호수와 페어몬트 샤또 레이크 루이스 호텔Fairmont Chateau Lake Louise Hotel, 빅토리아 산Mt. Victoria의 경치가 그야말로 백만 불짜리다. 해발 3,000m를 넘나들며 스카이라인을 그리는 빅토리아 산에서 흘러내린 빙하와 새하얀 설원으로 변한 호수, 그리고 멋스런 호텔이 완벽한 하모니를 연출한다. 이 숨 막히게 아름다운 경치는 스키장 정상(2,672m)에서 남쪽으로 흘러내린 능선 어디서나 볼 수 있다. 레이크 루이스 마운틴 리조트는 보이는 것보다 감추어진 것이 많은 스키장이다. 스키장 정면보다 뒷면에 더 많은 슬로프가 있다. 또 스키장 뒷면에는 전혀 다른 느낌의 정상과 슬로프가 있는 라치 에리어Larch Area가 별도로 있다. 따라서 스키장을 입체적으로 볼 줄 알아야 이 스키장을 제대로 이해할 수 있다. 베이스를 바라보고 있는 남쪽 사면은 온종일 햇볕이 든다. 무엇보다 '백만불짜리 풍경'을 원 없이 감상할 수 있다. 슬로프는 초보부터 상급까지 함께 즐길 수 있게 다양하다. 반면, 정상을 중심으로 뒤에 형성되는 북쪽 사면은 대부분 최상급자 위주다. 수목한계선 너머에 둥글게 파인 드넓은 볼Bowl이 있어 파우더와 모글 스키를 만끽할 수 있다. 반면, 라치 에리어는 전나무 숲 사이로 슬로프가 만들어졌다. 대부분의 코스가 중급 위주로 설계되어 있어 중상급자에게는 완벽한 라이딩의 기회를 준다.

선샤인 빌리지 스키 리조트
Sunshine Village Ski Resort

선샤인 빌리지 스키 리조트는 베이스가 산 중턱에 있다. 주차장에서 베이스까지는 곤돌라를 타고 가야 한다. 고츠 아이Goat's Eye와 룩아웃Lookout, 스탠디시Standish 등 3개의 정상으로 이뤄졌다. 고츠 아이와 룩 아웃 사이에는 적설량이 충분할 때 헬리콥터를 이용한 헬리스키를 타는 디 이글스The Eagles도 있다. 특히, 선샤인 빌리지 스키 리조트는 베이스의 높이가 2,130m나 된다. 웬만한 산의 정상과 맞먹는 높이라 설질이 당연히 좋을 수밖에 없다. 여기에 스키장이 북쪽을 향해 있으면서도 베이스를 중심으로 광활한 설원이 펼쳐져 온종일 햇볕이 드는 것도 이 스키장만의 매력이다. '선샤인'이란 이름도 여기서 나왔다. 선샤인 빌리지 스키 리조트는 초보들도 마음 놓고 탈 수 있는 코스가 다양해 가족단위로 찾아도 부담 없이 즐길 수 있다. 특히, 실력에 따라 선택할 수 있게 3개의 정상을 중심으로 코스를 설계한 게 눈에 띈다. 초보자나 이곳이 처음인 스키어는 우선 스탠디시부터 오른다. 이곳은 초보도 쉽게 탈 수 있는 코스가 여럿 있다. 룩아웃은 정상부에서 중상급도 파우더 스키를 즐길 수 있다. 대체로 상급 이상의 코스가 많지만 중급도 도전할 수 있는 코스가 여럿 있다. 반면, 정상이 가장 높은 고츠 아이(2,803m)는 2개 코스를 제외하고는 모두 최상급이다. 대부분의 코스는 적설량이 충분해야 개장한다. 따라서 고수들이 즐겨 찾는다. 중급 코스인 선샤인 코스트Sunshine Coast는 바람이 많은 정상부의 슬로프가 얼어 있어 아찔하지만 하단으로 내려오면 전나무 숲으로 난 드넓은 슬로프를 혼자 독차지하며 달리는 낭만을 누릴 수 있다. 선샤인 빌리지 스키 리조트는 또 베이스에 역사 깊은 로지가 있다. 이곳에서 숙박을 하며 스키를 타는 호사를 누릴 수도 있다. 150여개의 객실과 스파, 당구대 등의 휴게시설, 스키장이 창밖으로 펼쳐지는 레스토랑 등의 편의시설도 갖추고 있다.

마운틴 노퀘이 Mt. Norquay

마운틴 노퀘이는 캐나다 로키의 심장 밴프에서 가장 가까운 곳에 위치한 스키장이다. 밴프 시가지에서 불과 5km 거리에 있다. 밴프 시가지에서 동쪽을 바라보면 정면으로 보이는 산의 남쪽 사면에 스키장이 있다. 마운틴 노퀘이는 빅3 가운데 가장 작다. 그러나 밴프와 가깝다는 이점이 있다. 또 빅3 가운데는 유일하게 주말에 나이트 스키도 운영한다. 마운틴 노퀘이는 정상을 중심으로 좌우의 슬로프가 판이하게 다르다. 왼쪽의 정상부 일대는 최상급자를 위한 코스가 몰려 있다. 하단부로 내려가면 나이트 스키로 개장하는 슬로프를 비롯해 초보들이 노는 코스가 대부분이다. 슬로프는 폭이 200m를 넘을 만큼 넓다. 반면, 전나무 숲 사이로 슬로프를 조성한 오른쪽은 대부분의 코스가 중급자용이다. 따라서 자신의 실력에 맞게 지역을 선택해 타는 게 요령이다.

1. 선샤인 빌리지 스키 리조트의 곤돌라 승강장 2. 고츠 아이에서 시작하는 슬로프를 질주하는 보더들 3. 마운틴 노퀘이 스키장 4. 심설에 드러누워 휴식을 취하는 스키어 5. 초보자를 위한 코스가 많은 선샤인 빌리지 스키 리조트의 스탠디시 슬로프

캐나다 로키에서 스키 타기
Ski ABC

빅3는 규모 면에서 우리나라의 스키장과 엄청난 차이가 있다. 우리나라의 경우 스키장에서 길을 잃을 염려는 없다. 그러나 이곳에서는 얼마든지 가능하다. 자칫 스키장 경계를 빠져 나가면 전혀 엉뚱한 곳으로 나오게 된다. 이때부터 모든 안전은 자신의 책임 아래에 놓이게 된다. 따라서 스키장의 경계를 벗어나는 일이 없도록 해야 한다.

캐나다에서는 슬로프의 난이도를 색으로 표시한다. 초급은 초록색 네모, 중급은 파랑색 네모, 상급은 검은색 다이아몬드다. 여기에 같은 색의 모양을 두 번 겹쳐 놓는 식으로 조금 세분화해 표기하고도 한다. 이를테면 파랑색 네모가 두 개 겹쳐 있으면 중상급, 검은색 다이아몬드가 두 개 겹쳐 있으면 최상급이다.

슬로프의 경사와 난이도도 우리나라와 많은 차이를 보인다. 초록색으로 표시된 초급 코스도 우리나라 스키장으로 치면 중급 이상이다. 검은색 다이아몬드가 표시된 상급은 아예 절벽처럼 가파르다. 여기에 대부분의 슬로프는 정설을 하지 않아 자연적인 모굴Mogul이 형성돼 있다. 따라서 충분한 적응을 거친 후 자신의 실력에 맞는 슬로프를 찾아가는 게 좋다.

특히, 파우더 코스의 경우 제아무리 실력이 출중하다 하더라도 경험이 없으면 타기가 만만치 않다. 다만 설질이 워낙 좋기 때문에 기본기를 제대로 갖추고 슬로프에 적응만 되면 오히려 국내보다 편안하게 스키를 탈 수 있다.

캐나다의 스키장에 이유 없는 표지판은 없다. 어떤 표지든 표지가 있다면 반드시 합당한 이유가 있다. 이를 테면 슬로우Slow라 표시된 곳은 두 개의 슬로

4

프가 합쳐지거나 빙판지대다. 따라서 표지를 발견하면 충실히 따르는 자세가 필요하다. 또한, 당장 눈에 보이는 것만을 기준으로 판단해서도 안 된다. 이를테면 검정색 다이아몬드로 표시된 코스임에도 초입이 아주 쉽게 보이는 경우가 있다. 그러나 검정색 다이아몬드로 표시되어 있다면 반드시 험악한 코스가 기다리고 있다는 것을 명심해야 한다. 따라서 정해진 규칙을 준수하고 지침을 따르는 게 안전으로 가는 지름길이다.

선샤인 빌리지 스키 리조트와 레이크 루이스 마운틴 리조트는 가이드 투어를 무료로 운영한다. 이는 스키장의 규모가 워낙 크기 때문에 스키어들이 충분히 스키장을 익힐 수 있게 하기 위해서다. 선샤인 빌리지 스키 리조트는 오전 12시부터 마운틴 가이드가 투어를 진행한다. 이 투어는 실력에 맞춰 팀을 나눠서 진행하기 때문에 자신의 실력에 맞는 팀을 따라 나서면 최상의 코스를 소개받을 수 있다. 레이크 루이스 마운틴 리조트는 오전 10시에 자원봉사자를 중심으로 가이드 투어를 진행한다.

고글과 선크림, 립 밤, 방한복장은 스키장에서 꼭 필요한 것들이다. 캐나다 로키는 햇살이 워낙 강렬하기 때문에 고글이 없으면 설맹에 걸릴 위험이 높다. 또 강풍이 몰아치는 경우에도 고글이 필수다. 여기에 피부 보호를 위해서는 선크림도 발라야 한다. 또 눈이 내리면서도 날씨가 건조하기 때문에 입술이 갈라지거나 터질 수 있어 립 밤을 휴대하면서 수시로 발라줘야 한다.

나무 사이로 질주하는 트리 런Tree Run에 도전할 요량이라면 헬멧도 필수다. 만일의 사고에 대비해 여행자보험은 반드시 들어야 한다. 캐나다의 의료비는 상상을 초월한다. 따라서 자칫 보험도 들지 않은 채 사고가 발생하면 엄청난 의료비를 부담해야 한다.

1. 선샤인 빌리지 스키 리조트에서 파우더 스키를 즐기는 스키어 2. 선샤인 빌리지 스키 리조트 룩아웃으로 가는 리프트와 얼어붙은 이정표 3. 레이크 루이스 마운틴 리조트에서 트리런을 하는 보더 4. 스키를 타다 슬로프에서 쉬고 있는 스키어들

쿠트니 국립공원
Kootenay National Park

쿠트니는 밴프와 등을 맞대고 있는 국립공원이다. 캐나다 로키의 동쪽이 밴프라면 서쪽이 쿠트니다. 밴프가 워낙 유명세를 타고, 캘거리를 기점으로 가장 쉽게 닿을 수 있는 곳이라 상대적으로 쿠트니가 덜 알려져 있다. 하지만 풍경은 결코 뒤지지 않는다. 특히, 쿠트니 국립공원의 오늘을 있게 한 레디움 핫 스프링스 온천은 느긋한 휴식을 보장한다. 브리티시 컬럼비아주(BC주)에서 캐나다 로키를 간다면 이곳을 거쳐서 가는 것도 좋은 방법이다.

다운타운

쿠트니 국립공원의 다운타운은 작다. 밴프처럼 이름난 관광지가 아닌 탓에 레스토랑과 호텔 등 꼭 필요한 것들만 있다. 거리를 걸어보는 재미도 기대하기 어렵다. 대부분 하룻밤 머물거나 필요한 여행정보를 얻기 위해 들른다. 여행정보는 여행자 안내소에서 얻을 수 있다. 여행자 안내소 곁에 작은 마트가 있다. 식료품과 캠핑용품 등을 팔지만 부실하다. 가격도 비싼 편이다. 필요한 용품이나 먹거리는 미리 사 가는 게 좋다. 피자나 아이스크림, 카페 등 가벼운 식사류를 파는 휴식처가 있다. 또 주류를 구입할 수 있는 숍도 두 곳 있다. 호텔은 다운타운에서 온천으로 가는 길 주변에 많다. 다운타운 내에도 베스트 웨스턴 호텔 등이 있다. 또 레드스트릭 캠핑장이 다운타운과 이웃해 있어 사전에 예약만하면 숙소는 문제될 게 없다.

1. 쿠트니 국립공원 여행자 안내소에 세워진 뿔양 동상. 2. 레디움 핫 스프링스 다운타운의 레스토랑. 3. 레디움 핫 스프링스 다운타운의 상점과 거리.

쿠트니 국립공원 안내도

레디움 핫 스프링스 온천 Radium Hot Springs

레디움 핫 스프링스 온천은 쿠트니 국립공원의 메인 여행지다. 다운타운에서 밴프로 가는 93번 하이웨이를 따라 가면 만난다. 다운타운에서 온천까지는 3km 거리다. 온천으로 가는 길에 커다란 석문을 지난다. 까마득한 계곡 옆으로 바위를 뚫어 도로를 냈다. 이곳에서 바라보는 협곡이 장관이다. 레드스트릭 캠핑장에서 온천까지는 트레일로 연결되어 있다. 가벼운 트레킹을 하며 온천욕을 즐길 수 있다. 레디움 핫 스프링스 온천은 캐나다 로키의 3대 온천 중 하나다. 캐나다 로키의 온천 가운데 규모도 가장 크다. 이 온천은 본래 원주민들이 치유를 위해 사용했다고 한다. 온천을 처음 발견한 이는 허드슨 베이 컴퍼니의 조지 심슨이다. 그는 1841년 이 온천을 발견했는데, 당시에는 한 사람이 이용할 수 있는 작은 탕이었다고 한다. 그 후 1800년대 후반 백인들이 이곳에 정착하면서 상업적인 온천으로 개발되었다. 1922년 쿠트니 국립공원으로 지정되면서 정부에서 이 온천을 사들여 관리하고 있다. 온천은 수영장과 온천탕으로 나뉘어져 있다. 온천은 도로 곁에 있다. 차를 타고 가면서도 한눈에 내려다볼 수 있는데, 파란색으로 칠한 온천탕과 유리알처럼 투명한 물빛은 누구라도 온천욕을 하고 싶게 만든다. 아쉬운 것은 수온이 충분히 뜨겁지 않다는 것! 온천 수온은 37~40도 사이다. 그래도 피로를 풀고 가기에 충분하다. 온천 내에서 스파 프로그램도 별도로 운영한다.

Data Tel 250-347-9485 Open 09:00~23:00(성수기) Cost 성인 9.10달러, 청소년 8.10달러, 가족(성인 2명+청소년 2명) 26.60달러 Web www.hotsprings.ca

1. 레디움 핫 스프링스 온천 수영장. 2. 레디움 핫 스프링스 온천으로 가는 길의 석문. 3. 레디움 핫 스프링스 온천 온천탕.

레드스트릭 캠핑장 Redstreak Camping Ground

쿠트니 국립공원에는 3개의 캠핑장이 있다. 이 가운데 레드 스트릭 캠핑장이 가장 규모도 크고 편의시설도 잘 갖춰져 있다. 캠핑장이 다운타운과 붙어 있어 장을 보거나 여행정보를 얻는 등 여러 가지 면에서 편리하다. 레드스트릭은 다운타운 여행자 안내소에서 작은 언덕을 올라가면 바로 나온다. 솔숲에 자리한 캠핑장의 사이트는 모두 232개. 이 가운데 전기를 사용할 수 있는 사이트는 38개, 캠핑용 트레일러 사이트는 50개가 있다. 또한 고정식 텐트와 캠핑 장비를 대여해주는 오텐틱 사이트도 10개가 있다. 예약제로 운영되어 성수기에도 미리 예약만 하면 안정적으로 사용할 수 있다. 캠핑장에서 레디움 핫 스프링스 온천까지는 2.8km의 트레일로 연결되어 있다. 트레일을 따라 가볍게 산책을 하며 온천욕을 즐길 수 있다. 다만, 규모에 비해 편의시설은 부족한 편이다. 무더운 한여름에는 모기가 많아 이에 대비해야 한다.

1. 레드스트릭 캠핑장 내 산책로. 2. 솔숲에 자리한 레드스트릭 캠핑장의 사이트.

Data **Open** 5월 6일~10월 10일 **Cost** 사이트 이용료 29.25~40.75달러, 오텐틱 128달러, 장작 9.25달러
Web https://reservation.pc.gc.ca/Kootenay/RedstreakCampground

Tip 쿠트니 국립공원 여행 팁

쿠트니 국립공원은 밴프 방면에서 여행을 시작하면 찾아가기가 쉽지 않다. 갔던 길을 되돌아 와야 하기 때문이다. 또한, 쿠트니에 있는 대부분의 여행지나 트레일은 밴프나 레이크 루이스에도 지천이다. 따라서 밴쿠버를 기점으로 한 넉넉한 자동차 여행으로 찾는 게 좋다. 밴쿠버에서 캐나다 하이웨이를 따라 와 골든(Golden)-쿠트니-밴프-레이크루이스-골든으로 여행하거나 그 반대의 경로를 따라 여행한다. 캐나다 로키 완전일주를 하고 싶다면 레이크루이스에서 골든으로 가지 말고 아이스필드 파크웨이를 따라 재스퍼로 가는 것도 방법이다.

싱클레어 협곡 Sinclair Canyon

레디움 온천 다운타운에서 밴프로 향하는 길목에 있다. 싱클레어 협곡을 지나면 레디움 온천이 있다. 이곳은 일부러 바위를 뚫어 길을 낸 것처럼 협곡으로 되어 있다. 〈알리바바와 40인의 도둑〉에 나오는 비밀스러운 협곡처럼 생겼다. 협곡 아래로는 웅장한 폭포가 있다. 협곡 좌우로 주차장이 있어 쉽게 접근할 수 있다. 도로를 따라 트레일도 있어 이쪽저쪽을 왔다갔다 할 수 있다.

레드스트릭 캠핑장과 레디움 온천 주변의 트레일

레드스트릭 캠핑장과 레디움 온천 주변에는 짧은 트레일이 많다. 이 트레일은 온천과 다운타운, 캠핑장을 연결해준다. 만약 레드스트릭 캠핑장에 머문다면 도보로 다운타운과 온천을 다녀올 수 있다. 캠핑장에서 레디움 온천은 20분, 다운타운은 15분쯤 걸린다. 특히, 이곳은 뿔양 서식지다. 이른 아침이나 해질녘에 트레일을 산책하다보면 뿔양을 만날 확률이 높다.

고요한 물빛을 감상하는
올리브 호수 Olive Lake

레디움 온천에서 싱클레어 협곡을 따라 얼마 가지 않으면 해발 1500m 가까이 되는 고개를 넘는다. 그 고개에 올라서면 오른쪽으로 올리브 호수가 보인다. 올리브 호수는 규모가 작다. 도로와 접해 있어 쉽게 볼 수 있다. 그러나 주차장에 차를 세우고 조금만 걸어가면 훨씬 더 아름다운 모습을 볼 수 있다. 침엽수림이 비친 호수의 모습이 아주 아름답다. 물 속에는 쓰러진 고목들이 잠들어 있다. 주차장에서 호수 좌우로 짧은 거리의 산책로가 있다. 주차장에 테이블도 있어 점심 먹기도 좋다. 레디움 온천에서 13km.

장쾌한 조망이 일품
쿠트니 밸리 전망대 Kootenay Vally Viewpoint

올리브 호수를 지나면 도로는 급하게 내려간다. 내리막 도로가 왼쪽으로 꺾이는 곳에 닿으면 사방으로 시원한 조망이 펼쳐진다. 이곳이 쿠트니 밸리 전망대다. 북에서 남으로 펼쳐진 로키 산맥의 웅장한 산세 아래 드넓게 펼쳐진 계곡이 가슴을 탁 틔워준다. 레디움 온천에서 16km.

누마 폭포 Numa Falls

캐나다 로키에 있는 4개의 국립공원에는 모두 협곡 속에 감춰진 폭포가 있다. 쿠트니에는 누마 폭포가 그 주인공이다. 레디움 온천 다운타운에서 80km 거리에 있는 이 폭포는 빙하에서 녹은 물이 모아져 협곡을 부술 듯이 흘러간다. 다른 곳에 비하면 규모가 조금 적은 편이지만, 잠시 쉬어가기 좋다.

> **Tip 쿠트니 피크닉 장소**
> 쿠트니에서 밴프로 가는 93s 도로를 따라 명소가 많다. 이 가운데 많은 곳은 피크닉을 하기 좋게 테이블이 설치되어 있다. 올리브 호수나 누마 폭포, 페인트 팟, 마블 캐니언, 대륙분수령 등에 테이블과 화장실이 있다. 이 가운데 페인트 팟은 차량도 접근할 수 있게 설계되어 있어 이용하기 편리하다. 다른 곳도 쉽게 접근할 수 있다.

마블스 캐니언 캠핑장
Marble's Canyon Camping Ground

페인트 팟에서 93번 하이웨이 밴프 방면으로 5분 거리에 있는 캠핑장이다. 밴프로 넘어가기 전 하룻밤 묵어가기 좋다. 큰 길에서 조금 떨어져 있어 차량 소음이 거의 없다. 또한 극성수기를 제외하고는 사이트에 여유가 있는 편이다. 사전에 캠핑장을 예약하지 못했다면 적극적으로 고려할 만하다. 이곳에서 캐나다 하이웨이와 만나는 캐슬 정션까지는 24km 거리다. 사이트 수는 61개. 캠핑장은 자율등록제로 운영된다. 편의시설은 많이 부족하다. 샤워장과 전기시설이 없다. 그러나 사이트는 넓은 편이다.

Data **Open** 6월 24일~9월 5일 **Cost** 사이트 이용료 23달러, 장작 9.25달러 **Web** www.pc.gc.ca/eng/pn-np/bc/kootenay/activ/camping.aspx

페인트 팟 The Paint Pots

페인트 팟은 레디움 핫 스프링스 온천에서 밴프 방면으로 84km 지점에 있다. 이곳은 철분 성분이 많이 함유된 물이 샘솟는 곳이다. 이 때문에 작은 연못과 계곡이 붉은색 천지다. 이곳에서 나는 붉은 흙은 원주민들에게는 아주 신성한 것이었다고 한다. 이 흙을 이용해 그림을 그리거나 몸에 발랐으며 타 부족과 거래도 했다고 한다. 1850년대 후반 페인트 팟이 백인들에게 알려진 뒤에도 물감재료로 널리 사용되었다. 1900년대 초까지도 이곳에서 얻은 천연염료를 24km 떨어진 캐슬 마운틴까지 옮겨간 뒤 기차에 실어 캘거리로 보냈다고 한다. 페인트 팟까지는 주차장에서 15분 거리. 주차장에서 버밀리언 강을 건너가면 습지가 나온다. 그 습지를 지나 계곡을 따라 올라가면 바닥이 온통 붉은 색으로 물든 모습을 볼 수 있다. 트레일 주변에 천연염료를 채취하던 도구들이 군데군데 남아 있다.

스탠리 크릭 Stanley Creek

마블스 캐니언 캠핑장에서 밴프 방면으로 3km 거리에 있다. 스탠리 빙하에서 흘러내린 이 계곡은 빙하는 물론, 빙하가 어떻게 계곡을 만들었는지를 유감없이 보여주는 트레킹 코스다. 주차장에서 지그재그로 난 길을 따라 가면 왼쪽으로 빙하 녹은 물이 폭포처럼 쏟아지는 계곡이 나온다. 뒤로는 쿠트니와 밴프를 잇는 도로가 끝도 없이 뻗어 있다. 이곳을 지나면 등산로의 기울기가 완만해지면서 부드러운 계곡으로 이어진다. 그 길을 따라가면 어느새 수목한계선을 지난다. 앞으로는 U자 모양으로 깊게 패인 계곡을 수직에 가까운 암봉이 빙 둘러쳐 있다. 그 중심에 스탠리 빙하가 있다. 트레일은 수목한계선이 있는 지점까지 있다. 하지만 빙하를 제대로 보려면 조금 더 올라가야 한다. 트레일 종점에서 스탠리 빙하를 보러 가는 길은 계곡 좌우로 나 있는데, 어느 길로 가더라도 다시 만난다. 그러나 두 코스 모두 등산로가 가파르고 험한 편이다. 초보자는 무리다. 맑은 날 트레킹화 등 장비를 갖추고 가는 게 좋다. 트레킹 종점까지는 반나절 일정으로 가면 좋다.

대륙분수령 Continental Divided

밴프 국립공원과 쿠트니 국립공원을 나누는 경계다. 스탠리 크릭에서 밴프 방면으로 3km 거리다. 대륙분수령은 물줄기가 나뉘는 경계를 말한다. 대륙분수령을 가운데 두고 동쪽으로 흘러내린 물은 대서양, 서쪽으로 흘러내린 물은 태평양으로 흘러든다. 대륙분수령에는 기념비와 주차장이 있다. 지나는 길에 기념사진 촬영을 하거나 잠쉬 쉬어가는 곳으로 들르면 좋다.

밴프의 캠핑장
Camping Ground

터널 마운틴 빌리지 1
Tunnel Mountain Village 1

밴프에서 가장 규모가 큰 캠핑장이다. 캠핑장은 터널 마운틴 정상에서 수평으로 길게 뻗은 능선 위에 자리하고 있다. 캠핑 사이트는 모두 618개. 사이트가 많아도 여름 성수기와 특별한 날에는 꽉 찬다. 캠핑장까지는 밴프 시내에서 10분 거리. 다운타운으로 오가는 버스도 있어 접근성이 탁월하다. 이 때문에 배낭 여행자에게도 인기다. 캠핑장은 A~K까지 11구역으로 나뉘어져 있다. 각 구역은 일방통행으로 들어가고 나오게 설계됐다. 사이트는 큰 텐트를 설치해도 충분할 만큼 공간이 넓다. 사이트마다 테이블과 화로도 기본으로 갖춰졌다. 사이트와 사이트 사이에는 충분한 거리가 있어 프라이버시를 보장해준다.
구역별로 온수가 나오는 샤워장과 화장실이 있다. 화장실에 콘센트가 있어 전기용품의 충전이 가능하다. 국제전화가 가능한 전화기도 설치되어 있으며 개수대도 있다. 개수대는 수도가 하나이지만 서양인의 식사 습관상 식기 사용이 많지 않기 때문에 크게 붐비지는 않는다. 가로등도 설치되어 있어 밤에도 마음이 편안하다.
캠핑장은 텐트 전용이지만 캠핑카도 많다. 터널 마운틴 빌리지 2에서는 모닥불을 피울 수 있는 사이트가 한정되어 있어 일부러 이 캠핑장을 이용하기도 한다. 덤프스테이션은 매표소 왼편에 자리한다. 장작은 사용료를 내면 거의 원하는 만큼 사용할 수 있다. 여름철에는 오후 9시부터 야외극장에서 국립공원의 역사와 자연 등을 동영상과 사진으로 보여주는 프로그램도 운영한다. 이 캠핑장은 또 사슴을 볼 확률이 아주 높은 곳 가운데 하나다. 이른 아침이면 캠핑 사이트 주변에서 풀을 뜯는 사슴을 쉽게 발견할 수 있다. 단점은 캠퍼들이 워낙 많이 찾기 때문에 조금 번잡하다는 것이다.

Data Site 618개 Access 밴프 다운타운에서 4km 거리 Open 5월 14일~10월 5일(직원 상주) Cost 29.25달러, 장작 9.25달러 Web www.pccamping.ca

터널 마운틴 빌리지 2
Tunnel Mountain Village 2

터널 마운틴 빌리지 1과 함께 밴프를 대표하는 캠핑장이다. 이곳은 배낭 여행자를 위한 텐트 사이트에서 상하수도와 전기를 연결할 수 있는 캠핑카 전용 캠핑장까지 골고루 갖추고 있다. 다운타운을 경유해 설퍼 산 곤돌라 승강장까지 가는 로엄 버스가 이곳까지 운행된다.

이 캠핑장은 전기와 상수도, 하수도가 설치된 캠핑카 전용 사이트와 전기만 가능한 캠핑카 사이트, 백팩 캠퍼를 위한 텐트 사이트로 구분되어 있다. 전기만 사용할 수 있는 사이트(A~C)는 런들 산을 마주보고 있어 전망이 가장 좋다. 마치 병풍을 세워놓은 것처럼 산이 우뚝 솟아 있다. 이른 아침에는 이 산의 정수리에 붉은 노을이 물든다. 구역마다 화장실과 샤워장, 전화기, 재활용 수거함이 배치되어 있다. 아쉬운 것은 모닥불을 피울 화로가 없다는 점이다. 또 그늘도 적다.

텐트 사이트는 D구역의 숲에 만들어졌다. 차량은 진입할 수 없는 워크 인Walk in으로 설계되어 있다. 차량이 없거나 조용한 곳을 좋아한다면 가장 안쪽의 사이트를 잡는 게 독립성을 보장받는다. 텐트 사이트마다 불을 피울 수 있는 화로가 설치되어 있다. 또 쉘터가 있어 궂은 날이나 추운 계절에는 이곳에서 식사를 할 수 있다.

캠핑카 전용 사이트인 터널 마운틴 트레일러 Tunnel Mountain Trailer는 매표소를 지나 오른쪽이다. 캠핑장은 3개의 구역으로 나뉘어 있으며 사이트 진입로는 8열로 되어 있다. 하나의 열마다 8~10개의 사이트가 있다. 화장실과 샤워장, 재활용 수거함이 요소 마다 있다. 사이트는 트레일러도 쉽게 설치할 수 있도록 도로가에 일자로 주차할 수 있게 설계했다. 사이트마다 전기와 상수도, 오폐수를 연결할 수 있는 풀 훅 업Full Hook Up 서비스를 제공한다. 트레일러 이용자에게는 편리하지만 아늑한 맛은 떨어진다. 모닥불을 피울 화덕이 없는 것도 흠이다.

정리하면, 캠핑카는 전용 사이트가 편리하다. 조망은 B지역이 가장 좋다. 입구 근처에 덤프스테이션이 있어 오물을 버릴 수 있다. 배낭여행자들은 무조건 워크 인 사이트(D)를 이용한다.

Data Site 509개(트레일러 321개, 전기 188개)
Access 밴프 다운타운에서 2.5km 거리
Open 연중, 트레일러 사이트 5월1일~10월1일(직원 상주)
Cost 워크인 29.25달러, 전기 34.50달러, 풀 훅업 40.75달러
Web www.pccamping.ca

투 잭 메인 Two Jack Main

투 잭 호수 근처에 자리한 두 개의 캠핑장 가운데 하나다. 밴프에서는 15분쯤 떨어져 있다. 캠핑장은 소나무가 빼곡하게 자라 있어 깊은 숲에 든 느낌을 준다. 시설은 조금 떨어지는 편이지만 자연적인 느낌이 살아 있다. 화장실과 쉘터가 붙어 있다. 텐트 이용자가 많이 찾지만 때로 트레일러나 캠핑카를 몰고 오는 캠퍼들도 있다. 사이트 진입로는 조금 비좁은 편. 대형 트레일러는 주차 시에 어려움을 겪을 수 있다. 캠핑 사이트는 구역별로 원형으로 설계되어 있다. 한 구역에 7~8개의 사이트가 있다. 장작은 사용료를 내면 지정된 장소에서 원하는 만큼 가져다 사용할 수 있다. 매표소 옆에 덤프스테이션이 있다. 화장실에 110볼트 콘센트가 있다.

투 잭 레이크 사이드 Two Jack Lake Side

투 잭 호수에 자리한 또 하나의 캠핑장이다. 사이트에서 호수가 지척이라 여름에 특히 인기가 많다. 캠핑장은 3개의 구역으로 나뉘어져 있다. 이 가운데 절반은 호숫가에 자리하고, 나머지 절반은 미네완카 호수 순환도로를 따라 자리했다. 당연히 호숫가에 자리한 사이트가 인기가 높다. 캠핑카를 위한 최고의 사이트는 순환도로를 따라 자리한다. 덤프스테이션은 매표소 옆에 있다. 이 캠핑장은 시설도 완벽하다. 화장실에는 온수가 나오는 샤워장이 설치되어 있다. 장애인 전용 화장실도 별도로 있다. 화장실 앞에는 쉘터가 있다. 쉘터 옆에 음식물 보관함이 설치되어 있다. 이 캠핑장에는 최근 방갈로 스타일의 텐트가 설치된 오텐틱oTENTik 사이트가 생겼다.

Data Site 380개, 고정식 텐트 사이트 22개
Access 밴프 다운타운에서 미네완카 호수 순환도로를 따라 12km 거리 **Open** 6월 25일~9월 8일 (직원 상주, 고정식 텐트 사이트 예약제)
Cost 23달러, 고정식 텐트 사이트 74.75달러

Data Site 74개, 오텐틱 10개 **Access** 밴프 다운타운에서 미네완카 호수 순환로를 따라 12km 거리
Open 5월15일~9월14일(직원 상주, 오텐틱 예약제)
Cost 29.25달러, 오텐틱 128달러

존스턴 캐년 Johnston Canyon

터널 마운틴 빌리지, 투 잭과 함께 밴프의 빅3 캠핑장이다. 캐나다 로키에서 가장 유명한 계곡 트레킹 코스인 존스턴 캐년 입구에 있다. 캠핑장을 감싸고 존스턴 캐년을 빠져 나온 계곡물이 흐른다. 캠핑장 뒤로는 기찻길이 있다. 캠핑장은 1~26, 27~63, 64~132 등 모두 3개 구역으로 나뉘어져 있다. 각 구역마다 일방통행으로 진입할 수 있으며, 쉘터와 화장실, 장작 보관소, 재활용수거함, 수도가 설치되어 있다. 샤워장은 1~26의 가운데, 64~132의 왼쪽 끝에 설치되어 있다. 덤프스테이션은 캠핑장 매표소 곁에 있다. 소나무가 우거진 숲에는 짙은 이끼가 자란다. 캠핑장에 난 오솔길을 따라 걷는 것만으로도 삼림욕을 하고 있는 기분이 든다. 다만 기찻길이 가까워 취침 시 귀마개는 필수다. 밴프에서 20분 거리라 성수기에는 터널 마운틴 빌리지를 고집할 게 아니라 곧장 이곳을 향하는 것도 방법이다.

Data Site 132개 Access 밴프에서 보우 밸리 파크웨이를 따라 26km 거리
Open 5월 28일~9월 28일(직원 상주, 예약 불가) Cost 29.25달러, 장작 9.25달러

캐슬 마운틴 Castle Mountain

병풍처럼 펼쳐진 캐슬 산을 배경으로 자리한 캠핑장이다. 캐나다 횡단 고속도로와 연결되는 캐슬 정션Castle Junction에서 가까워 찾아가기 편리하다. 규모는 밴프의 캠핑장 가운데 가장 작다. 시설도 가장 떨어진다. 그러나 텐트를 이용하는 캠퍼에게는 부족함이 없어 보인다. 캠핑장은 원형으로 설계됐다. 캠핑장에는 쉘터가 1곳, 화장실 2곳, 음수대 3곳이 있다. 베스트 사이트는 캠핑장 가장 위쪽, 개울이 시작되는 곳이다. 이곳이 화장실과 가깝고, 도로와는 가장 멀다.

Data Site 43개 Access 밴프에서 보우 밸리 파크웨이를 따라 34km, 레이크 루이스에서 28km 거리
Open 5월28일~9월14일(셀프등록, 예약 불가)
Cost 23달러, 장작 9.25달러

프로텍션 마운틴 Protection Mountain

보우 밸리 파크웨이에서 가장 끝에 위치한 캠핑장이다. 여름철에도 찾는 이가 적어 호젓한 곳을 좋아하는 캠퍼들에게 인기다. 시설은 조금 떨어지지만 규모는 작지 않다. 특히, 캠핑카나 트레일러에게 좋은 캠핑 환경을 제공한다. 캠핑장은 트레일러와 텐트를 위한 캠핑 사이트로 구역을 나눠 설계됐다. 트레일러 구역은 사이트를 길과 나란히 만들어 대형 트레일러도 쉽게 들고 날 수 있게 했다. 반면, 텐트 구역은 A~E까지 구역을 나눠 원형으로 설계했다.

Data Site 89개 Access 밴프에서 보우 밸리 파크웨이를 따라 48km, 레이크 루이스에서 17km 거리
Open 6월26일~9월7일(셀프등록, 예약 불가)
Cost 23달러, 장작 9.25달러

밴프의 호텔
Hotel

가격 (성수기 기준)
★ ~60달러
★★ 100~150달러 ★★★ 250~350달러
★★★★ 450~600달러 ★★★★★ 1,000달러 이상

페어몬트 밴프 스프링스 호텔
Fairmont Banff Springs Hotel

밴프 최고의 호텔이다. 120년 역사를 자랑하며 중후한 흑갈색 벽돌로 지어졌다. 764개의 객실과 11개의 레스토랑, 스파, 골프장 등의 부대시설을 갖추고 있다. 숙박을 못하는 관광객들도 호텔 투어를 나설 만큼 인기다. 가격이 비싸지만 성수기에는 예약 없이는 이용이 불가능하다. 오히려 비수기를 노려 숙박하는 것이 방법이다.

Data **Add** 405 Spray Ave, Banff
Tel (403)762-2211
Free (1-800)441-1414 **Room** 764실
Cost ★★★★★ **Web** www.fairmont.com

림락 리조트 호텔 Rimrock Resort Hotel

설퍼산 중턱에 있다. 밴프에서는 페어몬트 밴프 스프링스 호텔과 함께 쌍벽을 이루는 고급 호텔이다. 격조 있는 스파와 레스토랑, 고급스런 객실 등 어느 것 하나 빠지지 않는다. 설퍼 산 곤돌라와 어퍼 핫 스프링스 온천이 지척이다. 호텔에서 바라보는 밴프 다운타운과 캐스케이드 산의 풍경도 운치가 있다.

Data **Add** 300 Mountain Ave, Banff
Tel (403)762-3356
Free (1-800)372-9270(Alberta 주 내)
Room 346실 **Cost** ★★★★~★★★★★
Web www.rimrockresort.com

마운트 로얄 호텔 Mount Royal Hotel

밴프 다운타운의 중심인 밴프 에비뉴 복판에 자리한 호텔이다. 부루스터 버스 승차장이 뒤편에 있다. 1층에는 토니 로마스Tony Romas가 입점했다. 최근에 리모델링을 마쳐 객실과 욕조 등의 편의시설도 수준급이다. 무엇보다 다운타운 복판에 있어 쇼핑과 시내 투어가 용이하다.

Data **Add** 138 Banff Ave, Banff
Tel (403)762-3331 **Free** (1-877)442-2623
Room 134실 **Cost** ★★★~★★★★
Web www.mountroyalhotel.com

엘크+에비뉴 호텔 Elk+Avenue Hotel

밴프 다운타운의 초입에 있다. 시내와 조금 거리를 두고 있어 번잡하지 않으면서도 걸어서 다운타운을 돌아볼 수 있는 장점이 있다. 객실은 5가지 타입이 있다. 거의 대부분의 객실이 산을 조망할 수 있게 설계됐다.

Data Add 333 Banff Ave., Banff
Tel (403)762-5666 Free (1-800)665-5666
Room 165실 Cost ★★★~★★★★
Web www.brewster.ca/hotels/elk-and-avenue

히든 릿지 리조트 Hidden Ridge Resort

터널 마운틴 빌리지 2 캠핑장과 이웃한 콘도형 리조트다. 주방이 있어 음식을 조리해 먹을 수 있다. 로비 곁에 있는 야외 스파는 설퍼 산을 바라보며 노천욕을 즐길 수 있다. 무선 인터넷도 무료로 사용할 수 있다.

Data Add 901 Hidden Ridge Way, Banff
Tel (403)762-3544 Free (1-800)661-1372
Room 94실 Cost ★★★~★★★★
Web www.bestofbanff.com

샤르통스 세다르 코트
Charlton's Cedar Court

밴프에서 가장 오래된 호텔 가운데 하나다. 고전적인 로지 스타일의 호텔로 다운타운에서 걸어서 10분 거리다. 객실은 은은한 조명과 심플한 디자인의 침대 커버를 활용, 고급스러움을 느끼게 했다. 다락방과 페치카가 설치된 방도 있다. 실내 스파와 사우나 시설도 갖추고 있다.

Data Add 513 Banff Ave., Banff
Tel (403)762-4485 Free (1-800)661-1225
Room 55실 Cost ★★★~★★★★
Web www.charltonscedarcourt.com

CANADA ROCKY
밴프

밴프 호텔 리스트

가격 (성수기 기준)
★ ~60달러
★★ 100~150달러　★★★ 250~350달러
★★★★ 450~600달러　★★★★★ 1,000달러 이상

호텔	주소	전화(403)	객실수	수영장
Arrow Motel	337 Banff Ave	762-4496	21	·
Banff Aspen Lodge	401 Banff Ave	762-4401	89	·
Banff Caribou Lodge&Spa	521 Banff Ave	762-5887	195	·
The Banff Centre	107 Tunnel Mountain Dr	762-6308	450	I
Banff Inn	501 Banff Ave	762-8844	100	
Banff International Hotel	333 Banff Ave	762-566	165	·
Banff Park Lodge Resort Hotel	222 Lynx St	762-4433	212	I
Banff Ptarmigan Inn	337 Banff Ave	762-2207	134	·
Banff Rocky Mtn Resort	1029 Banff Ave	762-5531	171	I
Banff Voyager Inn	555 Banff Ave	762-3301	88	O
Banff Y Mountain Lodge	102 Spray Ave	762-3560	42	·
Best Western Siding 29 Lodge	453 Marten St	762-5575	56	I
BowView Lodge, 228 Bow Ave	228 Bow Ave	762-2261	58	
Brewster's Mountain Lodge	208 Caribou St	762-2900	77	·
Buffalo Mountain Lodge	Tunnel Mtn Rd	762-2400	108	·
Bumper's Inn	603 Banff Ave	762-3386	39	
Castle Mountain Chalets	Hwy 1A&Hwy 93S	762-3868	22	·
Charlton's Cedar Court	513 Banff Ave	762-4485	55	I
Delta Royal Canadian Lodge	459 Banff Ave	762-3307	99	I
Douglas Fir Resort&Chalets	Tunnel Mtn Rd	762-5591	133	I
Driftwood Inn	337 Banff Ave	762-4496	32	·
Elkhorn Lodge	124 Spray Ave	762-2299	8	·
The Fairmont Banff Spring	405 Spray Ave	762-2211	768	I/O
The Fox Hotel & Suites	461 Banff Ave	760-8500	116	·
Hidden Ridge Condo Resort	Tunnel Mtn Rd	762-3544	107	·
High Country Inn	419 Banff Ave	762-2236	70	I

- 호텔은 알파벳 순서로 표시. 성수기는 여름, 비수기는 봄과 가을을 뜻함
- 호텔/주소/전화(403)/객실 수/수영장(I=실내, O=실외)/
 사우나(사우나=S, 월풀=W, 피트니스클럽=E/식당(식당=R, 바=B)/에어컨(A)부엌(K)/페치카(F)/
 인터넷(와이어리스=W, 초고속=H, 로비=L)/성수기 요금/Toll Free(무료전화)

사우나	식당	키친	에어컨	인터넷	장애인	요금	Toll Free
·	R/B	K/F	P	W/L	M/H	★★	1-866-762-4122
S/W	·	·	P	W/L	M/H	★★★★	1-800-661-0227
S/W/E	R/B	F	P	W/L	M/H	★★★★	1-800-563-8764
S/W/E	R/B	K/F	P	W	M/H	★★★★	1-800-884-7574
S/W	R/B	·	A/P	W	M	★★★★	1-800-667-1464
S/W/E	R/B	·	P	W/L	M	★★★★	1-800-665-5666
S/W/E	R/B	F	P	W/L	M/H	★★★★	1-800-661-9266
S/W/E	R/B	F	P	W/L	M/H	★★★★	1-800-563-8764
S/W/E	R/B	K/F	P	H	M	★★★★	1-800-661-9563
S/W	R/B	·	P	W/L	M	★★★	1-800-879-1991
E	R/B	·	P	W/L	M/H	★★★	1-800-813-4138
W	·	K	A/P	W	·	★★★★	n/a
S/W/E	·	·	P	W	M/H	★★★	1-800-661-1565
S/W/E	R	·	P	W/L	M/H	★★★★	1-888-762-2900
S/W/E	R/B	K/F	P	W/L	M/H	★★★★	1-800-661-1367
·	·	·	P	W	·	★★★	1- 800-661-3518
S	·	K/F	·	W	H	★★★★	1-877-762-2281
S/W	·	K/F	A/P	W/L	H	★★★★	1-800-661-1225
S/W/E	R/B	F	A/P	W/L	M/H	★★★★★	1-800-661-1379
S/W/E	·	K/F	A/P	W/L	·	★★★★	1-800-661-9267
S/W/E	·	·	·	H/L	·	★★★	1-800-661-8310
·	·	K/F	·	W	·	★★★	1-877-818-8488
W/E	R/B	·	A/P	H	M/H	★★★★★	1-800-441-1414
W/E	R/B	K/F	A/P	W/L	H	★★★★	1-800-661-8310
W	·	K/F	P	W/L	·	★★★★	1-800-661-1372
S/W	R	·	A/P	W	M/H	★★★	1-800-661-1244

호텔	주소	전화	객실수	수영장
Homestead Inn	217 Lynx St	762-4471	27	·
Inns of Banff	600 Banff Ave	762-4581	244	l
Irwin's Mountain Inn	429 Banff Ave	762-4566	65	·
Johnston Canyon Resort	Hwy 1A E of Hwy 93S	762-2971	42	·
The Juniper Hotel	1 Juniper Way	762-2281	52	·
Mountain Royal Hotel	138 Banff Ave	762-3331	134	·
Red Carpet Inn	425 Banff Ave	762-4184	52	·
Rimrock Resort Hotel	300 Mountain Ave	762-3356	346	l
Rundle Manor Apt Hotel	348 Marten St	762-5544	24	·
Rundle Stone Lodge	537 Banff Ave	762-2201	96	l
SameSun Backpacker Lodge	449 Banff Ave	762-5521	24	·
Spruce Grove Inn	545 Banff Ave	762-3301	122	O
Stone Mountain Lodge&Cabine	Hwy 93S,S of Hwy	762-4155	16	·
Sunshine Mountain Lodge	Sunshine Ski Area	762-6500	52	·
Tunnel Mountain Resort	Tunnel Mtn Rd	762-4515	95	l

밴프 중심가는 차 없는 거리

밴프의 중심 거리 밴프 애비뉴Banff Ave는 최근 차 없는 거리로 조성되었다. 여행자를 위한 셔틀버스 로엄버스를 제외하고는 일반 차량은 출입할 수 없게 되어 있다. 관광객들도 자유롭게 도로를 걸어 다닐 수 있게 되어 쾌적하다. 도로에는 저녁이면 노천 카페와 펍이 들어서 운영한다. 차 없는 거리는 약 500m 구간이며, 이 구간을 제외하고는 차량 통행이 가능하다.

사우나	식당	키친	에어컨	인터넷	장애인	요금	Toll Free
·	·	·	P	W/L	·	★★★	1-800-661-1021
S/W/E	R/B	K/F	P	W/L	M/H	★★★	1-800-661-1272
S/W/E	R/B	·	A/P	W/L	M/H	★★★	1-800-661-1721
·	R	K/F	·	W	·	★★★	1-888-378-1720
W	R/B	K/F	A/P	W/L	M/H	★★★★	1-866-551-2281
S/W	R/B	F	A/P	W/L	M	★★★★	1-800-267-3035
W	·	·	A/P	W/L	·	★★★	1-800-563-4609
S/W/E	R/B	F	A/P	W/L	M/H	★★★★★	1-888-746-7625
S/W/E	R/B	K	P	·	·	★★★	1-800-563-8764
W/E	R/B	K/F	A/P	W/L	M/H	★★★	1-800661-8630
·	·	·	A	W/L	·	★	1-877-562-2783
S/W	R/B	F	A/P	H	M/H	★★★★	1-800-879-1991
·	R/B	F	·	·	·	★★★★	n/a
S/W/E	R/B	F	P	·	M	★★★★★	1-877-542-2633
S/W/E	·	K/F	A/P	W/L	·	★★★★	1- 800-661-1859

숙박료 저렴한 캐나다 로키의 호스텔

캐나다 로키에서 저렴하게 숙박하려면 호스텔을 이용하는 것도 좋다. 4~6인이 사용하는 도미토리룸은 샤워장이 갖춰진 캠핑장 이용료보다 조금 더 비싸다. 5~6인이 이용할 수 있는 가족룸도 200~300달러 내외다. 캐나다 로키 호텔 숙박료에 비하면 많이 저렴하다. 특히, 가족이나 일행이 많은 경우 호스텔 페밀리룸이나 프라이빗룸을 이용하는 것이 합리적인 선택이 될 수 있다. 하이 캐나다HI CANADA는 캐나다 전역에 호스텔을 운영하는 회사다. 밴프와 레이크 루이스, 재스퍼 등 캐나다 로키 곳곳에 호스텔을 운영해 원하는 지역에서 이용할 수 있다. 밴프 국립공원에는 밴프, 캐슬 마운틴, 힐다 크릭, 모스키토 크릭, 람파르 크릭, 레이크 루이스, 재스퍼 국립공원에는 재스퍼, 애서배서카 폭포, 멀리 밸리, 뷰티 크릭, 마운틴 이디스 카벨, 요호 국립공원에는 요호에 호스텔이 있다. 가격은 위치와 조건, 시즌에 따라 다르다. 가장 인기 있는 레이크 루이스의 가을 요금은 2인용 개인실 117~160달러, 5인용 가족실 170~261달러, 4~6인실 도미토리 37~58달러. 같은 시즌이라도 주말과 성수기에도 요금이 다르다. 하이 캐나다 홈페이지에서 바로 예약할 수 있다.

HI CANADA : www.hihostels.ca

밴프의 레스토랑 & 숍
Restaurant & Shop

가격 (메인 요리 기준)
★ 10~15달러　★★ 20~30달러
★★★ 30~40달러　★★★★ 50달러 이상

Maple Leaf Grill & Bar

메이플 리프 그릴&바 Maple Leaf Grill & Bar
캐나다의 스테이크를 맛볼 수 있는 전통 레스토랑이다. 1층은 아이들과 즐길 수 있는 캐주얼한 분위기이지만, 2층은 내부 인테리어가 격조 있게 꾸며졌다. 쇠고기와 돼지고기, 연어 등의 스테이크가 유명하다.

Data Add 137 Banff Ave, Banff
Tel (403)760-7680 Cost ★★~★★★★

엘크&오스만 Elk & Oarsman
목조건물에 돌을 이용한 장식과 페치카가 운치 있는 레스토랑이다. 관광객은 물론 현지인도 즐겨 찾는다. 12종의 하우스 맥주와 스테이크 등 정통 캐나다 요리를 맛볼 수 있다.

Data Add 119 Banff Ave, Banff
Tel (403)762-4616 Cost ★★~★★★★

에도 재팬 Edo Japan
밴프의 중심 캐스케이드 플라자 지하 1층 푸드 코트에 있다. 북미에 있는 체인 레스토랑으로 그릴에 볶아내는 테라야키 요리와 스시, 우동, 런치 박스 등 가벼운 일식을 즐길 수 있다.

Data Add 317 Banff Ave, Banff Tel (403)760-6680
Cost ★~★★ Web www.edojapan.com

솔트릭 Saltlik
정통 스테이크 요리 전문점이다. 앨버타주의 AAA 스테이크를 맛볼 수 있다. 훈제 연어와 넙치, 닭요리도 잘 한다. 페치카가 설치된 아늑한 공간도 좋다.

Data Add 221 Bear St. Banff
Tel (403)762-2467 Cost ★★~★★★★

그리즐리 하우스 Grizzly House
뾰족지붕을 가진 목조주택으로 장식한 독특한 외관 때문에 깊은 인상을 남기는 레스토랑이다. 치즈 퐁듀 전문 레스토랑으로 다양한 재료를 이용한 퐁듀를 맛볼 수 있다. 실내도 산장처럼 아늑하다.

Data Add 207 Banff Ave Banff
Tel (403)762-4055 Cost ★★~★★★★

더 올드 스파게티 팩토리 The Old Spaghetti Factory
캐스케이드 플라자 2층에 있는 스파게티 전문점이다. 2층 발코니는 다운타운을 바라보면서 식사를 할 수 있는 최고의 자리. 가격대도 저렴해 부담 없이 즐길 수 있다. 저녁은 빵이나 수프, 샐러드를 기본으로 제공해준다.

Data Add 2nd Floor Cascade Plaza 317 Banff Ave. Banff Tel (403)760-2779 Cost ★~★★

서울옥

다운타운의 중심 선댄스 몰에 있는 한국식당이다. 밴프에 있는 유일한 한국식당으로 한국 음식이 그리울 때 많이 찾는다. 육개장과 순두부 등 주 요리는 한국에서 먹는 맛과 거의 비슷하다.

Data Add 103, 215 Banff Ave, Sundance Mall Tel (403)762-4941 Cost ★~★★★

IGA Banff

밴프에 있는 유일한 대형 마트 체인점이다. 고기와 야채, 공산품, 테이크아웃 푸드, 간단한 의약품 같은 식재료와 생필품을 판매한다. 캘거리에 비해 비싸지만 국립공원 안에서는 가장 저렴한 곳이다. 특히, 레이크 루이스 방면으로 갈 경우 신선한 육류나 식품 등은 이곳에서 미리 장을 봐 가는 게 좋다. 밴프를 벗어나면 신선식품은 몇 종류 되지 않고 가격도 많이 비싸다. 이곳은 아침부터 늦게까지 영업(오전 7시~오후 11시)해 이용하기 편리하다.

Data Add 318 Marten St. Banff Tel (403)762-5378

밴프 와인 스토어 Banff Wine Store

밴프에 있는 주류전문점 가운데 하나로 와인을 위주로 판매한다. 휴일 없이 밤늦게까지 영업(오전 10시~오후 11시)하기 때문에 편리하게 이용할 수 있다. 캐나다의 질 좋은 와인을 비롯해 아이스와인, 미국 와인 등을 판매한다. 와인을 보관하기 위해 실내 온도를 관리한다.

Data Add Downstairs, 302 Caribou St. Banff Tel (403)762-3465

홈 하드웨어 Home Hardware

캠핑과 낚시, 자동차 관련 용품 전문점이다. 캠핑용 프로판 가스는 이곳에서 구입할 수 있다. 낚싯대와 루어 등의 낚시용품이 많다. 낚시면허도 판매한다. 캘거리에 비해 많이 비싸지는 않다.

Data Add 223 Bear St. Banff Tel (403)762-2080

터널 마운틴 비어&와인
Tunnel Mountain Beer & Wine

주류와 잡화를 파는 작은 가게와 세탁소를 운영하는 곳이다. 세탁소는 동전을 넣어 자신이 직접 세탁을 한다. 세탁기와 건조기가 분리되어 있으며 세제는 이웃한 마트에서 살 수 있다. 가격이 조금 비싸고 와인의 종류가 다양하지는 않지만 캠핑장에서 지척이라 이용하기 편리하다. 여름철은 오후 3시~11시까지 영업한다.

Data Add Douglas Fir Resort Tunnel Mountain Rd. Banff Tel (403)762-3306

밴프 일렉트로닉&트래블 숍
Banff Electronics & Travel Shop

여행에 필요한 전기용품을 판다. 플러그 어댑터와 배터리, 충전기, 장거리 전화 카드, 노트북과 컴퓨터 소품 등을 판다.

Data Add 229 Bear St. Banff Tel (403)985-0999

LAKE LOUISE
레이크 루이스

밴프가 캐나다 로키의 왕이라면 레이크 루이스는 여왕에 비유된다. 이곳은 빙하를 이고 있는 산과 호수가 어울려 조각처럼 아름답다. 눈부신 자태의 빅토리아 산과 그 산 그림자를 담은 호수, 그리고 산과 호수를 마주보며 서 있는 호텔, 이 삼박자가 어울려 캐나다 로키에서도 최고의 절경을 완성한다.

레이크 루이스는 또 트레킹의 천국이다. 호수를 따라서 빅토리아 산에 걸려 있는 빙하까지 갈 수 있다. 레이크 루이스를 따라 가볍게 산책하는 것도 뜻 깊은 일이다. 레이크 루이스와 이웃한 모레인 호수도 잊지 못할 곳이다. 모레인 호수에서 시작하는 여러 갈래의 트레일은 혹시 곰을 만날지도 모른다는 특별한 호기심이 있어 더욱 즐겁다.

레이크 루이스는 겨울도 눈부시다. 호수에는 겨울 내내 캐럴이 울려 퍼진다. 아이스링크로 변한 호수 위에서 아이스하키를 즐기고, 관광객을 태운 마차가 얼음 위를 산책을 한다. 설원으로 변한 호수를 바라보면서 즐기는 스키는 또 어떤가. 우리가 꿈꾸는 겨울나라가 그곳에 있다.

모레인 호수에 비친 텐 픽스와 카누 선착장

레이크 루이스 &
요호의 명소
Best Spot

에메랄드 호수 Emerald Lake

모레인 호수와 더불어 물빛이 아름답기로 손꼽는 호수다. 이름에서 풍기듯이 햇살이 비출 때면 수면이 에메랄드 색으로 빛난다. 이 호젓한 호숫가에 서 있는 산장풍의 아름다운 호텔도 여행자의 발길을 사로잡는다.

필드 Filed
요호 국립공원의 중심이 되는 작은 마을이다. 이 마을은 캐나다 횡단 철도를 건설하면서 형성된 마을이다. 밴프나 레이크 루이스 같은 번화한 관광지와 달리 차분하면서 아담한 골목과 집들이 있어 거닐고 싶은 마음을 불러일으킨다.

밴쿠버

트랜스 캐나다 하이웨이

플레인 오브 더 식스 빙하 Plain of the Six Glaciers

레이크 루이스 트레킹 코스 가운데 가장 인기가 많은 곳이다. 반나절을 투자하면 빅토리아 빙하 전망대까지 갈 수 있다. 빙하에 떠밀려 내려온 황량한 모레인 지대를 걷다보면 히말라야를 등반하는 것처럼 성취감을 느낀다. 또 레이크 루이스 호수를 반대편에서 바라보는 느낌도 인상적이다.

모레인 호수 Moraine Lake

레이크 루이스 호수와 함께 캐나다 로키에서 가장 인상적인 호수라는 평을 듣는다. 레이크 루이스 호수에 비해 크기는 작지만 물빛이 예술이다. 호숫가 산책도 좋고, 피크닉을 하며 한가롭게 시간을 보내기도 좋다. 이 호수에서 시작하는 라치 밸리 Larch Valley 트레킹도 놓치기 아깝다.

타카카우 폭포 Takakkaw Falls

요호에서 가장 매력적인 곳이다. 빙하 녹은 물이 떨어지면서 만들어낸 폭포가 장관이다. 폭포의 높이는 400m. 대지를 부술 듯이 떨어지는 물보라를 보며 피크닉을 즐기는 즐거움이 있다.

키킹 호스 고개 Kicking Horse Pass

앨버타 주와 BC 주의 경계가 되는 고개다. 레이크 루이스 방면에서 보면 별 볼일 없어 보이지만 요호에서 보면 아주 험악한 고개다. 특히, 이 고개를 넘어가는 철길 건설은 캐나다 건설 역사의 하이라이트로 불린다.

레이크 루이스 마운틴 리조트
Lake Louise Mountain Resort

밴프의 빅3 스키장 가운데 하나다. 슬로프 수가 104개로 북미에서 가장 많다. 특히, 정상에서 빅토리아 산과 레이크 루이스 호수를 바라보며 내려오는 기분이 끝내준다. 여름에도 곤돌라를 타고 가면 끝없이 펼쳐진 보우 밸리와 빙하를 이고 있는 산들의 장관을 볼 수 있다.

레이크 루이스 호수 Lake Louise

레이크 루이스의 중심이다. 해발 1,700m에 자리한 이 크고 고요한 호수에 비치는 빅토리아 산이 눈부시게 아름답다. 호숫가를 산책하는 즐거움과 카누를 타고 호수 위를 노 저어 가는 기쁨을 모두 누릴 수 있다. 다른 곳은 다 생략해도 이곳은 절대 빼놓을 수 없다.

레이크 루이스에서의 하루
Lake Louise

레이크 루이스에서 생애 가장 아름다운 날을 위한 일정을 짜보자. 첫 여정은 아침 햇살이 비추는 레이크 루이스에서 시작한다. 주차장에서 두어 걸음이면 호수 전망대에 선다. 사진에서 보았던 그림 같은 풍경이 가슴에 안길 것이다. 분명히 말하지만 그 풍경과 마주하고 나면 뛰는 가슴을 진정하기 어렵다. 30분쯤은 그렇게 호들갑스럽게 사진을 찍으며 레이크 루이스 호수의 아름다움에 빨려들게 된다.

기쁨과 환희가 어느 정도 진정이 됐다면 이제 한 가지를 선택해야 한다. 레이크 루이스 호수에서 카누를 타거나 다른 하나는 호숫가를 따라 산책을 하는 것이다. 개인적으로 선택을 하라면 카누다. 1시간 동안 호수 위를 떠다니며 산과 호수, 호텔의 아름다운 조화를 여유롭게 감상하기를 권한다. 카누 타기를 마치면 샤또 레이크 루이스 호텔 투어에 나선다. 이 호텔은 자타가 공인하는 세계 최고의 호텔이다. 기념품과 명품을 파는 숍은 아이쇼핑을 하는 것만으로도 호사를 누린 느낌이 든다. 그 전에 할 일이 있다. 레이크 뷰 라운지Lakeview Lounge에 에프터눈 티를 예약하는 일이다.

호숫가에 자리한 레이크 뷰 라운지는 호텔에서 가장 인기 높은 레스토랑이다. 대형 유리창을 통해 호수와 빙하가 어울린 그림 같은 경치가 펼쳐진다. 그 풍경을 감상하며 샌드위치나 샐러드에 곁들인 차를 마시는 기분은 감동 이상이다. 특히, 연인에게는 생애 최고의 순간으로 기억될 만하다. 차를 마

1. 레이크 루이스 호수 오른쪽으로 난 산책로를 거니는 여행자들 2. 페어몬트 샤또 레이크 루이스 호텔의 레이크 뷰 라운지 3. 고풍스런 사진으로 장식된 페어몬트 샤또 레이크 루이스 호텔의 복도 4. 레이크 루이스 호수의 카누 선착장 5. 레이크 루이스 기차역에서 철길을 따라 거니는 여행자들

Tip) 샤또 레이크 루이스 호텔 에프터눈 티

레이크 뷰 라운지의 에프터눈 티는 오전 12시부터 오후 2시 30분까지만 이용할 수 있다. 가격은 41.50달러. 과일 칵테일과 핑거 샌드위치, 버터밀크 스콘, 홈 메이드 패스트리, 차 등이 포함됐다. 반드시 예약을 해야 자리를 얻을 수 있다. 여름철 성수기는 말할 것도 없다. 사전에 주문할 요리를 미리 정해 놓으면 당황하지 않고 예산에 맞게 주문할 수 있다. 레이크 뷰 라운지에서의 점심식사는 오전 11시30분~오후 5시까지이며, 선착순으로 자리를 잡을 수 있다. 샐러드나 샌드위치 등의 단품 요리도 생각만큼 비싸지 않다. 수프는 10~13달러, 샌드위치는 21~24달러 선이다.

레이크 루이스

시는 동안 레스토랑 밖에서 관광객들이 연신 셔터를 눌러댈 것이다. 신경 쓰지 말자. 오늘 하루쯤은 그들의 모델이 되는 사치를 누려보자.

오후에는 모레인 호수를 찾아간다. 모레인 호수를 찾은 관광객들은 대부분 두 호수의 아름다움을 비교한다. 이곳을 찾은 관광객의 대부분은 레이크 루이스 호수보다 모레인 호수에 더 높은 점수를 준다. 관광객은 레이크 루이스처럼 번화한 관광지가 아닌, 캐나다 로키의 품에 안긴 호젓한 호수와 숲과 산에 감동하는 것이다. 모레인 호수는 호숫가를 따라 거닐며 산책과 사색의 즐거움을 느낄 수 있다. 눈부시게 파란 호수 위로 미끄러지듯 달리는 카누의 행렬을 보는 것도 행복한 일이다.

모레인 호수에서 돌아오면 레이크 루이스의 작은 마을을 찾아간다. 이곳에는 마을만큼 아담한 쇼핑몰과 마트, 여행자 안내소, 식당, 작은 호텔 몇 곳이 있다. 마을 북쪽에는 캐나다 횡단 철도가 지나는 레이크 루이스 기차역이 있다.

오후 햇살이 길어지면 레이크 루이스를 등진다. 만약 하루쯤 더 머물 요량이면 기차역에 있는 레스토랑 레이크 루이스 스테이션Lake Louise Staion에서 만찬을 즐기자. 기차를 개조해 만든 레스토랑에서 레이크 루이스의 추억을 떠올리며 축배를 들자.

레이크 루이스 다운타운

레이크 루이스는 아주 작은 마을이다. 중심가는 샘손 몰Samson Mall이 있는 교차로. 이곳에 상점이 몰려 있다. 샘손 몰에는 여행자 안내소를 비롯해 우체국, 그레이하운드 버스 디포, 식료품점, 패스트푸드, 기념품점, 등산 및 캠핑 장비를 파는 스포츠용품점, 베이커리 등이 입주해 있다. 식료품 코너에는 육류와 채소류 등 신선한 재료를 팔고 있지만 종류도 적고, 가격도 비싸다. 밴프를 출발하기 전에 장을 봐오는 것이 좋다. 샘손 몰 앞 교차로에는 2곳의 주유소가

있다. 아이스필드 파크웨이로 가려면 반드시 이곳에서 연료를 가득 채우고 간다. 아이스필드 파크웨이에는 주유소가 한 곳 밖에 없다. 가격도 비싸다. 샘손 몰 주위에는 호텔이 몇 곳 있다. 샘손 몰에서 보우 강을 건너 북쪽으로 200m 가면 레이크 루이스 기차역이 있다. 샘손 몰 교차로에서 남쪽으로 500m 가면 캠핑장이 있다. 캠핑장 가는 길 오른편으로 현지인이 사는 주택이 몰려 있다.

레이크 루이스&모레인 호수 셔틀버스 이용하기

레이크 루이스는 캐나다 로키에서 가장 붐비는 관광지다. 몰려드는 차량으로 주차장은 항상 만석이고, 도로는 정체가 심하다. 이 때문에 국립공원 측은 최근 레이크 루이스 호수 주차장을 유료화(1시간 12.25달러)하고, 두 호수까지 셔틀버스를 운행한다. 레이크 루이스 스키장 주차장에서 출발하는 셔틀버스는 레이크 루이스와 모레인 호수까지 운행하며, 요금은 어른 8달러, 경로 4달러, 6~17세 2달러. 셔틀버스를 이용하면 차량 정체를 피할 수 있어 여행자에게도 이득이다.

레이크 루이스 안내도

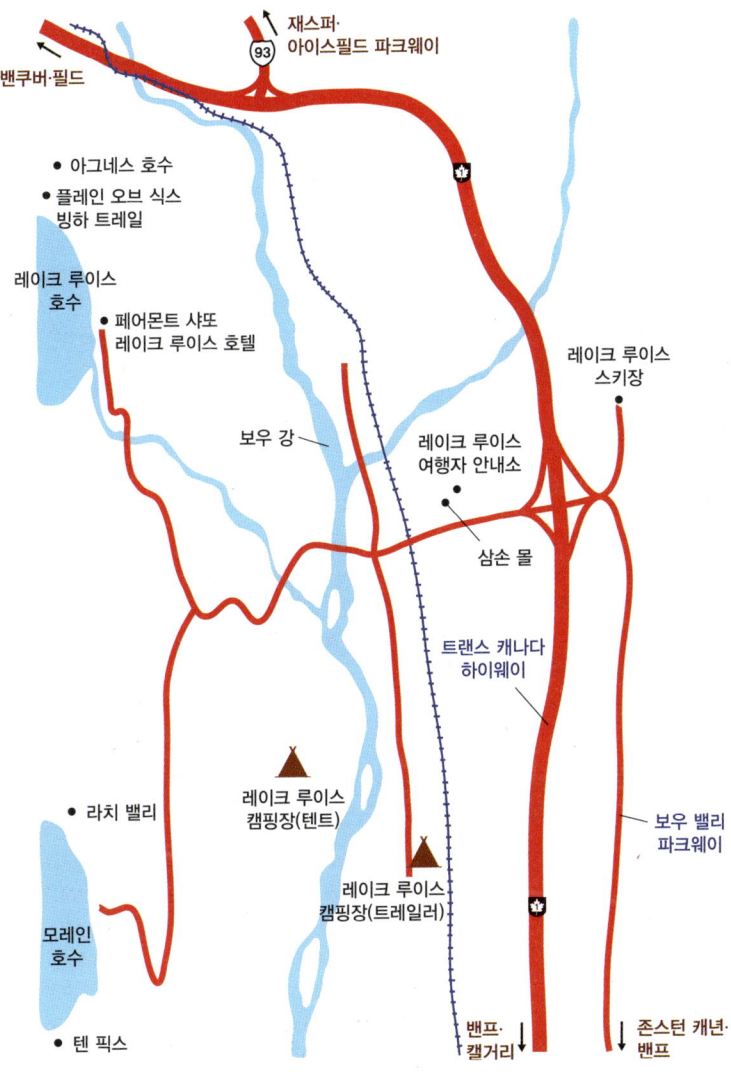

레이크 루이스의 역사

레이크 루이스는 캐나다 횡단 고속도로에서는 보이지 않는다. 빙하를 이고 있는 빅토리아 산만 보일 뿐이다. 그러나 다운타운에서 꾸준한 오르막을 따라 오르면 숨겨놓은 보석처럼 완벽한 아름다움을 뽐내는 호수가 나온다.

이곳에 살던 원주민 스토니족은 레이크 루이스 호수를 '작은 물고기의 호수'라고 불렀다. 서양인 가운데 이 호수를 처음 발견한 이는 톰 윌슨이다. 그는 1882년 캐나다 횡단 철도를 놓기 위해 회사가 고용한 측량대 대장이었다. 톰 윌슨은 스토니족의 가이드 에드윈 헌터와 함께 이 호수를 발견한 후 '에메랄드 호수'라 이름 지었다. 그러나 산과 호수 이름은 2년 뒤 지금처럼 빅토리아와 루이스로 바뀌었다. 당시만 해도 캐나다는 영국의 지배를 받던 때라 지명에 영국 황실의 이름을 많이 붙였다. 빅토리아 산은 빅토리아 여왕에서, 루이스는 빅토리아 여왕의 딸이자 캐나다 총독의 부인이었던 루이스 캐롤라인 앨버타 공주의 이름에서 따왔다. 앨버타 주의 이름도 그녀에게서 비롯됐다.

1888년 레이크 루이스 호수로 가는 길이 열리자 캐나다 횡단 철도는 이곳을 제2의 밴프로 만들기 위한 작업에 착수했다. 1890년에 작은 통나무 산장이 문을 열었지만 곧 화재로 소실됐다. 1900년에는 200명을 수용할 수 있는 목조로 지은 빅토리아풍의 샤또 레이크 루이스 호텔이 완공됐다. 1917년 미네완카 호수에 수력발전소가 들어서면서 레이크 루이스는 사계절 내내 즐길 수 있는 휴양지가 됐다. 1930년에는 레이크 루이스 기차역에 정차하는 기차가 하루 30회에 이르렀다고 한다.

그 후 샤또 레이크 루이스 호텔은 몇 번의 보수공사를 거쳐 1,100명을 수용할 수 있는 최고급 호텔로 거듭났으며 지금은 페어몬트 호텔 그룹에서 운영하고 있다. 이 호텔에서 호수를 볼 수 있는 객실은 최소 1년 전에 예약을 해야 얻을 수 있을 정도로 인기다.

레이크 루이스 여행자 안내소

샘손 몰 오른쪽에 있다. 밴프나 재스퍼와 비교하면 아주 현대적인 시스템을 갖추고 있다. 로키산맥의 침봉처럼 솟은 건물의 지붕도 인상적이다. 여행자 안내소 내부도 특별한 볼거리를 선사한다. 실내는 바위로 험한 산악지형으로 꾸며졌다. 바위 위에는 산양이 올라가 있다. 로키의 암벽지대를 등반하는 등반가의 모습도 재현해 놨다. 특히, 캐나다 로키가 과거 해저에 있다가 융기해 형성되었다는 사실을 전달하기 위해 애써 꾸민 것이 눈에 띈다. 여행자 안내소는 트레킹과 캠핑을 비롯한 여행정보를 제공한다. 특히, 라치 밸리Larch Valley처럼 4명 이상이 모여야 트레킹이 가능한 곳도 있어, 트레킹에 나서기 전에 이곳에서 정보를 취합하는 게 좋다.

Data Tel (403)522-3833 **Open** 5월 초순~6월 중순 오전 9시~오후 5시, 6월 중순~9월 초순 오전 9시~오후 7시, 9월 초순~10월 중순 오전 9시~오후 5시, 10월 중순~4월 말 오전 9시~오후 4시 30분(연중무휴)

레이크 루이스의 겨울

캐나다 로키의 겨울은 여름과 비교해도 전혀 뒤지지 않을 만큼 아름답다. 가장 황홀한 겨울나라로 불러도 좋다. 밴프나 레이크 루이스 같은 마을은 완벽하게 동화의 마을로 변신한다. 밤마다 소리 없이 흰 눈이 내려 순백의 나라가 된다. 하늘을 빨아들인 것처럼 투명하던 호수는 얼어붙어 새하얀 평원이 된다. 그곳에서 사람들은 스키를 타거나 개썰매를 탄다. 아이스하키 퍽을 지치고, 스케이트를 탄다.

캐나다 로키는 크다. 국립공원 면적만 따져도 스위스 몇 배는 된다. 그러나 캐나다 로키에 안긴 마을은 작다. 캐나다 로키의 심장이라 불리는 밴프의 인구는 8,300여명에 불과하다. 레이크 루이스는 시가지라 부를 만한 곳이 없다. 그 작은 마을의 집들은 겨울 내내 흰 눈을 우산처럼 쓰고 있다.

캐나다 로키의 겨울은 생각보다 춥지 않다. 영하 20도를 넘나드는 혹독한 추위도 있지만 대부분은 겨울을 즐기기에 적당할 만큼 춥다. 스키장에서 스키를 지치는 이들에게는 이까짓 추위는 아무 것도 아니다. 오히려 날이 추워질수록 설질은 좋아진다.

레이크 루이스는 12월이면 꽁꽁 언다. 얼어붙은 호수는 관광객의 '겨울 놀이터'가 된다. 우선, 호텔과 가까운 쪽의 빙판은 눈을 치워 아이스링크를 만든다. 이곳에서 아이스하키와 스케이트를 즐긴다. 아이스링크 곁에는 추위를 달랠 수 있게 모닥불을 피워 놓는다. 아이들은 이곳에서 머시멜로우를 구워 먹는 재미에 빠져든다.

얼음이 점점 두꺼워지면 호수 위로 눈꽃마차가 달린다. 개썰매를 타는 특별한 체험도 할 수 있다. 사람들은 눈 덮인 호수와 호숫가 주변 트레일에서 노르딕 스키를 탄다. 캐나다 로키의 겨울은 큰 도로를 제외하고 걸어 다닐 수 있는 길이 없다. 눈이 허리춤까지 빠지기 때문이다. 그러나 스노우 슈즈만 신으면 문제될 게 없다. 우리나라에서 겨울에 신던 설피를 개량한 스노우 슈즈는 제아무리 눈이 많아도 발이 빠지지 않게 걸을 수 있다. 전나무 숲 사이로 난 오솔길을 걷다가 운이 좋으면 먹잇감을 찾는 엘크를 만날 수도 있다. 또 얼어붙은 레이크 루이스 호수 위를 걸을 수도 있다.

또 한 가지, 겨울은 캐나다 로키 여행자라면 누구나 품고 있는 로망인 샤또 레이크 루이스 호텔에서 숙박할 수 있는 기회가 찾아온다는 것이다. 누구나 최고의 호텔로 인정하는 이 호텔은 여름에는 돈이 있어도 머물 수가 없다. 몇 달, 혹은 1년 전에 예약이 끝나기 때문이다. 하지만 겨울은 다르다. 상대적으로 비수기에 해당되기 때문에 가격도 저렴하고, 객실도 여유가 있다.

샤또 레이크 루이스 호텔은 호수와 빙하가 어울린 풍경 속에 들어앉은 호텔이다. 아침햇살이 산을 넘으면 빅토리아 호수가 황금빛으로 물든다. 얼어붙은 레이크 루이스의 설원에도 고운 빛이 스며들어 아침이 밝았다는 사실을 알린다. 레이크 뷰 라운지에 앉아 있으면 이곳에서 촬영한, 국민배우 안성기가 등장하는 커피광고의 CF와 같은 풍경이 창 너머로 고스란히 펼쳐진다.

레이크 루이스의 아웃도어

카누 ▶

캐나다 로키에서 가장 사랑받는 아웃도어 가운데 하나다. 카누는 특별한 기술 없이 탈 수 있고, 크게 힘들지도 않다. 1시간에 40~50달러 내외로 3명까지 즐길 수 있어 가격도 저렴한 편이다. 레이크 루이스에서는 레이크 루이스 호수와 모레인 호수에서 카누를 즐길 수 있다. 호수의 규모는 레이크 루이스가 크다. 또 샤또 레이크 루이스 호텔을 감상하는 즐거움도 있다. 그러나 자연적인 멋은 모레인 호수가 더 낫다. 호젓한 느낌도 그만이다. 가격은 1시간 기준 레이크 루이스 55달러, 모레인 호수 45달러다. 예약 없이 현장에서 바로 탈 수 있다.

▲MTB

레이크 루이스는 자전거 타기가 조금 불편하다. 주변이 대부분 산악지형이라 오르막과 내리막이 많아 힘이 많이 든다. 그나마 즐겨 찾는 코스는 레이크 루이스 호수에서 모레인 호수를 잇는 11km의 도로다. 그러나 이 도로는 길이 좁고, 굴곡이 심해 이용하지 않는 게 좋다. 대신 MTB를 이용해 트레일을 따라 내려오는 것을 권한다. 밴프~보우 밸리 파크웨이~레이크 루이스를 잇는 코스는 자전거 마니아들에게는 인기가 많다.

◀스키

레이크 루이스 마운틴 스키 리조트는 캐나다 로키의 빅3 가운데 하나다. 이 스키장은 북미에서 슬로프 수가 가장 많다. 특히, 정상 너머에 또 다른 정상이 있을 만큼 스키장이 광대하다. 며칠을 타도 전체 슬로프를 섭렵할 수 없을 정도다. 특히, 스키장 정상에 서면 레이크 루이스와 빅토리아 산, 샤또 레이크 루이스 호텔의 아름다운 경치가 마주 보인다. 스키 시즌은 11월 중순부터 이듬해 5월까지다. 눈 상태에 따라 개장일은 조금씩 변한다. 밴프와 레이크 루이스에서 셔틀버스가 운행된다.

▼승마

레이크 루이스는 승마의 명소로도 이름을 날리고 있다. 트레킹 코스로 유명한 곳들이 대부분 말을 타고 갈 수 있다. 가장 대표적인 코스는 아그네스 호수Agnes Lake와 플레인 오브 더 식스 빙하Plain of the Six Glaciers 트레일이다. 두 코스 모두 반나절이면 돌아볼 수 있다. 파라다이스 밸리Paradise Valley도 승마 코스로 사랑받는 곳 가운데 하나다. 시간과 경제적인 여유가 있다면 며칠씩 걸리는 코스를 찾아가기도 한다. 그러나 관광객은 반나절 이내 코스가 적당하다.

▲래프팅

레이크 루이스 주변에서는 래프팅을 즐길만한 곳이 없다. 그러나 키킹 호스 패스Kicking Horse Pass를 넘어 요호 국립공원으로 가면 상황이 달라진다. 이곳은 래프팅 마니아도 심장이 오그라들 만큼 험난한 코스가 많다. 따라서 레이크 루이스에서 패키지를 이용해 래프팅을 즐기는 이들이 많다. 모든 패키지는 밴프에서 출발해 레이크 루이스를 경유해서 간다. 왕복 셔틀버스를 기본으로 제공한다. 패키지에 따라 점심이 포함된 것도 있다.

Data Timberline Tours
Tel (403)522-3743 **Cost** 아그네스 호수 티 하우스 트레일(3시간) 125달러, 플레인 오브 더 식스 빙하 트레일 169달러, 종일 투어 199달러 **Web** www.timberlinetours.ca

모레인 호수
Moraine Lake

캐나다 로키 여행자 가운데 레이크 루이스 호수와 모레인 호수 가운데 어디가 더 좋으냐고 물으면 열에 일곱은 모레인 호수를 꼽는다. 호수의 규모나 접근성, 호텔의 등급 등 모든 면에서 레이크 루이스가 압도적으로 우위에 있지만 사람들은 모레인 호수에 더 후한 점수를 준다. 왜일까. 그것은 아마도 레이크 루이스 호수가 닳고 닳은 관광지 느낌이 나기 때문일 것이다. 반면 모레인 호수는 이제 막 사람들에게 모습을 드러낸 캐나다 로키의 순결한 기운이 서려 있다.

모레인 호수로 가는 길은 레이크 루이스 호수로 가는 길에서 갈린다. 레이크 루이스 호수를 1km 앞두고 좌회전해서 11km를 가는데, 길의 굴곡이 심해 생각보다 멀게 느껴진다. 금방이라도 호수가 나타날 것 같은 기대감에 들뜬 여행자를 우선 맞이하는 것은 텐 픽스Ten Peaks다. 모레인 호수의 왼편을 따라 늘어선 10개의 봉우리로 모두 해발 3,000m가 넘는다. 텐 픽스와 마주한 뒤에도 모레인 호수는 좀처럼 모습을 드러내지 않는다.

그러나 모레인 호수는 멀지 않은 곳에 있다. 주차장에서 차를 세우고 몇 걸음만 보태면 호수와 마주한다. 그 때가 이른 아침이면 아주 좋다. 광선검 같은 햇살이 사선으로 비껴드는 호수의 풍경이 그만이다. 이런 깊은 숲에

아름다운 호수가 있으리라고는 생각지도 못했던 관광객들은 그 풍경을 보면 놀라움을 금치 못한다. 호수는 태고의 모습 그대로다. 만년설을 이고 있는 산들이 비친 호수는 아름답기 그지없다. 떠밀려온 고사목들이 쌓여 있는 호수 남쪽의 제방도 원시의 느낌이 물씬 난다.

여행자는 모레인 호수와 마주하는 순간 말을 잃고 만다. 그저 벤치를 지키고 앉아 한없이 호수를 바라보거나 호수 끝까지 말없이 거닐 뿐이다. 레이크 루이스 호수의 산책로도 일품이지만 이곳은 더 뛰어나다. 숲 사이로 난 산책로는 고요하다. 산책로는 호수와 만났다 다시 숲으로 숨어들면서 1.2km쯤 이어져 있다. 넉넉한 걸음으로도 20분이면 족하다. 산책을 마치고 되돌아 올 때면 카누를 타고 나온 이들이 호수에 점점이 떠 있다.

아쉽게도 모레인 호수는 겨울이 되면 폐쇄된다. 가는 길이 험하기 때문이다. 따라서 9월이 가기 전에 찾는 게 좋다. 모레인 호수와 마주하고 나면 캐나다 로키의 다른 호수들이 조금은 싱겁게 보인다.

1. 모레인 호수 카누 선착장 2. 모레인 호숫가의 고사목에 앉아 쉬고 있는 여행자들 3. 모레인 호수 트레일을 따라 트레킹을 즐기는 여행자

> **Tip** 모레인 호수로 가는 길은 비좁아 여름철 성수기에는 정체가 심하다. 이때는 레이크 루이스 주차장에서 모레인 호수까지 가는 셔틀버스를 이용할 수 있다. 요금은 어른 8달러, 경노 4달러, 청소년 2달러다.

레이크 루이스 곤돌라
Lake Louise Gondola

레이크 루이스의 제 1경은 레이크 루이스 호수에서 바라보는 빅토리아 빙하다. 그러나 그곳에서 보는 것이 빅토리아 빙하의 전부는 아니다. 눈부신 빙하의 진면목을 보려면 더 높은 곳으로 올라가야 한다. 그래서 레이크 루이스 전망 곤돌라를 탄다. 곤돌라 정상에 서면 웅장한 빅토리아 산과 더불어 레이크 루이스 호수, 샤또 레이크 루이스 호텔의 아름다운 모습이 펼쳐진다.

레이크 루이스 전망 곤돌라는 겨울이면 스키장으로 이름을 날리는 레이크 루이스 마운틴 스키 리조트에서 운영한다. 스키장에서 곤돌라 탑승권을 끊으면 우선 사전 교육을 진행한다. 여기서는 밴프 국립공원을 소개하는 간단한 영상물을 상영하는데, 이것을 봐야 곤돌라를 탈 수 있다. 스키장 베이스와 전망대를 오가는 곤돌라는 리프트와 곤돌라가 함께 운영된다. 곤돌라는 아늑하지만 답답한 느낌이 있다. 반면, 리프트는 사방이 트여 있어 시원한 바람을 느낄 수 있다. 그러나 날이 추운 경우는 곤돌라가 좋다. 베이스에서 전망대까지는 14분쯤 걸린다. 곤돌라에서 내리면 우선 공기가 다르다는 것이 느껴진다. 베이스의 높이는 해발 1,560m, 전망대는 2,088m다. 고도 차이는 500m에 불과하지만 기분은 완전히 다르다. 가슴이 펑 뚫리는 것 같은 후련함이 느껴진다. 여기에는 탁 트인 전망도 한몫을 한다. 정상에 마련된 전망대에 서면 눈이 커진다. 캐나다 로키의 장대한 풍경이 보는 이의 시선을 압도한다. 그 중심에 빅토리아 산과 레이크 루이스 호수가 있다. 마주 보이는 산들은 장수처럼 우뚝하다. 금방이라도 쏟아져 내릴 듯한 빙하의 모습도 환상적이다. 높은 산들 아래로 펼쳐진 보우 밸리의 풍경도 가슴을 탁 트이게 한다. 빽빽한 숲이 드넓은 계곡을 따라 끝도 없이 뻗어 있어 초록의 바다처럼 보인다.

곤돌라 정상에서는 가볍게 트레킹도 즐길 수 있다. 키킹 호스 전망대Kicking Horse Viewpoint에서는 캐나다 횡단 고속도로가 캐나다 로키를 넘어 BC 주로 가는 고개를 볼 수 있다. 화이트혼 산Mt. Whitehorne 코스에서는 스키장 뒤편을 감상할 수 있다.

정상에서 조금만 걸어 내려가면 캐나다 로키에서 살아가는 야생동물의 세계를 느낄 수 있는 안내센터가 있다. 이곳에서는 회색곰과 흑곰에 관한 영화를 상영한다. 또 곰과 늑대, 코요테의 털가죽과 머리뼈 등 관심을 갖고 볼 만한 것이 전시되어 있다. 커피나 아이스크림도 입맛을 다시게 한다.

1. 곤돌라 정상에서 본 레이크 루이스 호수 2. 리프트를 타고 가는 관광객들 3. 전망대에서 레이크 루이스 호수를 조망하는 관광객들 4. 레이크 루이스 마운틴 스키 리조트의 베이스

Tip 곤돌라 탑승권은 어른 49달러, 청소년(13~17세) 25달러, 어린이(6~12세) 10달러, 5세 이하 무료. 아침은 6달러 추가다. 따라서 곤돌라 탑승권만 달랑 사는 것보다는 패키지를 구입하는 것이 유리하다. 스키장까지는 레이크 루이스 다운타운에서 3분이 채 안 걸린다.
Tel (403)522-3555 Free (1)888-258-7669
Open 5월 15일~6월 25일, 9월 10일~26일 오전 9시~오후 4시 30분.
6월 22일~9월 11일 오전 9시~오후 5시30분
Web www.lakelouisegondola.com

아그네스 호수 & 빅 비하이브스 트레킹
Agnes Lake & Big Beehives

난이도 ★★★
시간 3시간
거리 10.1km(왕복)
최고 높이 2,225m
표고차 520m
코스와 거리 레이크 루이스 호수(1,735m)-1.7km-레이크 루이스 전망대-1.2km-승마 길 교차로-0.2km-미러 호수-0.8km-아그네스 호수 티 하우스-0.8km-아그네스 호수 서쪽 끝-0.5km- 빅 비하이브스 정상-0.3km-빅 비하이브스 전망대(2,255m)

레이크 루이스의 아름다움을 여러 각도에서 즐기려는 이들에게 아그네스 호수와 빅 비하이브스는 놓칠 수 없는 곳이다. 아그네스 호수와 빅 비하이브스는 레이크 루이스 호수 오른편에 자리했다. 빅 비하이브스는 우뚝 솟은 절벽이라 한눈에 보이지만 아그네스 호수는 숲에 가려 보이지 않는다. 이곳을 찾아가는 트레킹은 아그네스 호수 자체의 아름다움도 그만이지만 두 개의 전망대에서 내려다보는 레이크 루이스 호수와 샤또 레이크 루이스 호텔, 밴프까지 이어진 보우 밸리의 전경이 압권이다. 아그네스 호수 곁에 티 하우스도 있어 차 한 잔의 여유도 즐길 수 있다.

트레킹은 샤또 레이크 루이스 호텔 앞에서 시작한다. 레이크 루이스 호수를 오른쪽으로 돌아가면 길이 두 갈래로 나뉜다. 오른쪽 위로 올라가는 길을 따라 간다. 길은 금방 숲으로 묻힌다. 가끔 울창한 수목 사이로 레이크 루이스 호수가 보일 뿐 길은 계속 짙은 숲 그늘 사이로 나 있다. 이곳에서 들이키는 공기는 탁 트인 공간에서 마시는 것과는 분명히 다르다. 숲이 내뿜는 청신한 기운이 그대로 느껴진다.

등산로를 따라 1.6km 가며 첫 번째로 길이 방향을 튼다. 그 후부터 등산로는 가벼운 오르막을 지그재그로 오른다. 첫 번째 방향을 튼 곳에서 0.6km 더 가면 작은 호수가 가로막는다. 미러 호수Mirror Lake다. 이 호수는 지름이 50m에 불과한 아주 작은 호수로 거울처럼 잔잔하다. 그 수면 위로 요세미티의 하프 돔을 연상케 하는 빅 비하이브스의 아름다운 봉우리가 비친다.

미러 호수에서 길이 두 갈래로 나뉜다. 어느 길로 가도 아그네스 호수로 간다. 오른쪽 길이 경사가 덜 심하고 걷기 좋다. 미러 호수에서 10분만 더 걸으면 작은 폭포가 보이면서 길이 조금 가팔라진다. 그것도 잠시, 아그네스 호수에 있는 티 하우스가 모습을 드러낸다.

아그네스 호수는 고요하다. 관광객들로 넘쳐나는 레이크 루이스와는 분위기가 완전히 다르다. 이 호수는 캐나다에서 첫 번째 수상을 지낸 존 맥도널드의 부인 이름을 따서 지었다고 한다. 아그네스 호수는 레이크 루이스 호수가 주목을 받기 시작하던 1880년대 후반부터 사냥꾼과 탐험가들의 발길

1. 아그네스 호수 티 하우스 2. 레이크 루이스 호수에 세워진 캐나다 로키 탐험가의 동상 3. 아그네스 호수와 니블럭 산 4. 말을 탄 트래커에 길을 양보하는 트래커

CANADA ROCKY
레이크 루이스

이 이어졌다. 티 하우스도 1900년대 초에 지어져 100년의 역사를 자랑한다. 아그네스 호수의 티 하우스에서 길이 둘로 나뉜다. 하나는 리틀 비하이브스Little Beehives로 가고, 다른 하나는 빅 비하이브스로 간다. 두 개의 봉우리는 아그네스 호수를 가운데 두고 좌우에 솟아 있다. 거리는 리틀 비하이브스가 짧다. 리틀 비하이브스 정상까지는 1.1km, 15분이면 오를 수 있다. 이곳에서 바라보는 레이크 루이스 호수의 전경이 환상적이다. 햇볕을 받아 에메랄드빛으로 반짝이는 레이크 루이스 호수와 호텔, 보우 밸리의 숲이 끝도 없이 펼쳐진다.

빅 비하이브스는 아그네스 호수를 오른쪽으로 빙 돌아서 간다. 정상까지는 1.6km. 40분쯤 걸린다. 빅 비하이브스로 가는 길은 조금 힘들다. 호수가 끝나는 지점에서 능선까지 15분쯤은 아주 가파른 길을 올라야 한다. 그러나 길이 지그재그로 나 있어 생각만큼 힘들지는 않다. 빅 비하이브스 정상

Tip 미러 호수까지 가는 길이 조금 지루할 수 있다. 가급적 일찍 출발해 상쾌한 숲의 공기를 마시며 걷는 게 좋다. 빅 비하이브스가 부담스러우면 아그네스 호수만 돌아보고 와도 된다. 아담한 호수 위로 솟은 니블럭 산Mt. Niblock이 그림엽서처럼 아름답다. 티 하우스에서 차 한 잔의 여유를 누리는 것도 잊지 말자. 아그네스 호수까지는 왕복 2시간 거리.

에 서면 예의 잊을 수 없는 그 풍경이 펼쳐진다. 어느 자리이든지 걸터앉으면 레이크 루이스 호수와 산들을 조망하는 최고의 전망대가 된다.
빅 비하이브스까지 올랐다면 하산은 두 갈래다. 왔던 길을 되짚어 가거나 플레인 오브 더 식스 빙하를 향해 가다 레이크 루이스 호수의 산책로를 따라 되돌아올 수 있다. 체력이 된다면 플레인 오브 더 식스 빙하 전망대까지 갔다 오면 완벽하다.

1. 하늘빛을 담은 아그네스 호수 2. 빅 비하이브스 정상에서 휴식하는 트래커들 3. 빅 비하이브스에서 바라본 레이크 루이스와 호텔, 스키장 4. 말을 타고 트레킹을 하는 여행자

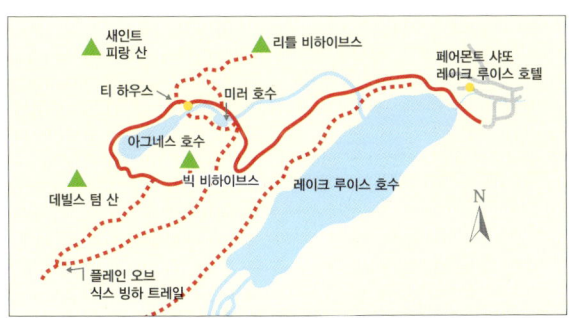

CANADA ROCKY
레이크 루이스

플레인 오브 더 식스 빙하 트레킹
Plain of the Six Glaciers

난이도 ★★★★
시간 3~4시간
거리 13.6km(왕복)
최고 높이 2,195m
표고차 340m
코스와 거리 샤또 레이크 루이스 호텔(1,730m)-1.9km-레이크 루이스 호수 서쪽 끝-0.5km-오르막길 시작-1.1km-빅 비하이비스 트레일 교차점-1.4km-티 하우스(2,070m)-1.3km-애벗 패스 전망대(2,195m)

레이크 루이스 호수를 찾은 이들은 호수 너머의 빅토리아 산과 빙하를 한없는 동경으로 바라본다. 이곳에서 바라보는 풍경은 캐나다에서 가장 유명한 그림엽서나 다름없다. 그러나 여기에 만족하지 못하는 이들이 있다. 그들은 빅토리아 산의 품을 향해, 그림엽서 속으로 걸어 들어가고 싶어 한다. 이들을 빅토리아 산 정상부에 쏟아질 듯이 걸려 있는 빙하까지 안내하는 트레일이 플레인 오브 더 식스 빙하 트레일이다.

이 트레일은 라치 밸리Larch Valley와 함께 레이크 루이스에서 가장 인기가 높다. 호수를 벗어나 꾸준한 오르막을 따라가면 마침내 빙하의 발톱 위에 서

1. 애벗 패스 전망대에서 말을 타고 하산하는 트레커들 2. 애벗 패스 전망대에서 바라본 빅토리아 빙하 3. 트레일 이정표

게 되고, 눈부시게 푸른 빙하가 계곡을 따라 흘러내린 장관과 마주하는 즐거움을 누리게 된다. 이것은 설상차를 타고 가 빙하 위에 서는 컬럼비아 아이스필드와는 또 다른 감동이다. 두 발로 걸어서 빙하까지 갔다는 성취감이 크다.

트레일은 샤또 레이크 루이스 호텔에서 시작한다. 호텔에서 레이크 루이스 호수의 오른편을 끼고 산책로가 나 있다. 이 길은 호수의 수면과 높이가 거의 같다. 누구라도 편안하게 걸을 수 있다. 호텔에서 호수 끝까지의 거리는 2.6km. 가끔 말을 타고 승마투어에 나선 이들도 만난다.

호수가 끝나는 곳부터 꾸준한 오르막이 시작된다. 왼쪽으로는 빙하에서 흘러내린 물소리가 시원하다. 1km쯤 올라가면 미러 호수Mirror Lake와 빅 비하이브스Big Beehives로 가는 등산로와 만난다. 등산로가 합쳐지는 곳부터 빙하의 품이다. 빅토리아 산과 레포리 산Mt. Lefroy(3,441m) 사이에 형성된 거대한 모레인 지대가 눈길을 끈다. 그곳에는 빙하에 떠밀려 내려온 퇴적물이 쌓여 있다. 나무 한 그루 자라지 않는 삭막한 풍경이다.

모레인 지대를 15분쯤 오르면 길은 다시 작은 전나무 숲으로 든다. 등산로의 기울기도 조금 더 가팔라진다. 그러나 티 하우스까지는 얼마 남지 않았다. 등산로가 몇 번 지그재그로 돌고나면 여러 개의 벤치가 기다리고 있다.

CANADA ROCKY
레이크 루이스

오른쪽에 티 하우스도 있다. 통나무로 지은 이 티 하우스에서는 간단한 스낵과 커피를 판다. 이 티 하우스는 1920년대에 캐나다 횡단 철도 노동자들이 지은 것이다.

티 하우스에서 빙하 전망대까지는 조금 더 힘을 내야 한다. 거리는 1.3km. 약 20분쯤 걸린다. 전망대로 가는 길은 모레인 지대에 형성된 능선이다. 가파른 능선 아래에는 자갈에 덮인 빙하가 숨어 있다. 그 위로 빅토리아 빙하가 쏟아질 듯이 위협적으로 서 있다. 레이크 루이스 호수에서 1시간 조금 넘게 걸어왔지만 마주 보이는 풍경은 에베레스트 베이스캠프 이상이다.

전망대에는 특별한 시설이 없다. 능선이 끝나는 곳이 전망대다. 전망대에 서면 빅토리아 산과 레포리 산 사이에 있는 애벗 패스Abbot Pass가 보인다. 애벗 패스 정상에는 1922년에 지은 무인산장이 있다. 돌로 지은 이 산장은 캐나다에서 가장 높은 곳에 자리한 역사적인 기념물National Historic Site이다. 지금도 전문 등반가들이 레포리 산을 등반할 때 이곳을 이용한다. 그러나 일반인은 등반이 금지되어 있다.

전망대에 서 있으면 서늘한 바람이 불어온다. 바람이 애벗 패스에서 빙하를 타고 미끄러져 내려오면서 한기를 품는 것이다. 여름에도 그 바람을 맞으며 서 있으면 에어컨을 최강으로 틀어놓은 것처럼 춥다.

1. 레이크 루이스 호숫가로 난 트레일을 따라 걷는 관광객들 2. 애벗 패스 전망대로 가는 길의 티 하우스 3. 말을 타고 트레킹을 하는 트래커들 4. 레이크 루이스 호수 너머로 보이는 페어몬트 샤또 레이크 루이스 호텔

Tip 플레인 오브 더 식스 빙하 트레킹에 나설 때는 물을 넉넉하게 준비한다. 간식과 도시락을 가져가는 것도 잊지 말자. 간식은 티 하우스 앞에 있는 벤치에서 먹는 게 좋다. 티 하우스에서 산장의 정취를 즐기며 간단한 스낵을 먹는 것도 좋은 일이다. 마지막 전망대까지는 모레인 지대의 능선을 따라 간다. 자칫 발을 헛디디면 빙하 아래로 굴러 떨어질 수 있으니 조심해서 걷는다. 돌아올 때는 빅 비하이브스나 미러 호수로 가는 길을 택할 수도 있다. 미러 호수를 경유하는 길은 숲 그늘이 좋아 햇살이 따가운 한낮에 이용해도 좋다.

라치 밸리 트레킹
Larch Valley

난이도 ★★★★
시간 4시간 내외
거리 10.6km(왕복)
최고 높이 2,611m
표고차 724m
코스와 거리 모레인 호수(1,887m)-1.1km-지그재그 오르막길 시작-1.3km-에이펠 호수와 센티널 패스 갈림길-2.1km-미네스티마 호수-0.2km-지그재그 오르막길 시작-1.1km-센티널 패스(2,611m)

라치 밸리는 캐나다 로키에서 호기심을 가장 많이 불러일으키는 트레킹 코스다. 이 코스는 혼자나 둘이서는 갈 수 없다. 최소한 4명은 돼야 트레킹에 나설 수 있다. 그 이유는 곰 때문. 이 계곡에 서식하는 회색곰과 흑곰이 가끔 트래커를 곤경에 빠뜨리곤 한다. 이런 연유로 국립공원에서는 최소 4명이 되어야 트레킹을 할 수 있도록 법을 만들었다.

그렇다 하더라도 라치 밸리는 트래커들의 사랑을 듬뿍 받고 있다. 등산로가 시작되는 모레인 호수에는 함께 산행을 원하는 트래커들이 기다리고 있다. 이유는 하나다. 라치 밸리에서 바라보는 텐 픽스Ten Peaks의 절경 때문이다. 가을에는 계곡의 침엽수가 황금빛으로 물들어 '골든 밸리'라는 찬사를 받기도 한다. 또한, 캐나다 로키의 트레킹 코스에서 가장 높은 센티널 패스Sentinel Pass를 오르는 즐거움까지 더해진다.

라치 밸리 트레킹은 모레인 호수에서 시작한다. 호숫가 산책로와 길이 나뉘는 곳에는 최소 4명이 산행을 해야 한다는 경고판이 서 있다. 그 곳을 지나면 꾸준한 오르막이다. 길은 가파른 비탈을 따라 지그재그로 가로질러 나 있다. 에이펠 호수Eiffel Lake와 길이 나뉘는 갈림길까지는 계속 이런 길이다. 길을 따라 가다보면 깊은 숲 사이로 모레인 호수가 언뜻언뜻 비친다. 호수는 고도가 높아질수록 점점 더 푸른빛을 띤다.

초입에서 갈림길까지는 2.4km. 왼쪽으로 가면 에이펠 호수를 거쳐 벵케나 패스Wenkchemna Pass로 간다. 오른쪽으로 가야 라치 밸리와 센티널 패스로 이어진다. 일단 갈림길까지 올라오면 가파른 비탈은 다 올라온 것이다. 이제부터는 부드러운 초원 사이로 난 길을 따라 가면 된다.

라치 밸리를 가로지르는 등산로 주변에는 키 낮은 낙엽송이 서 있다. 이 나무들은 9월 말경이면 황홀한 풍경을 연출한다. 침엽수림이면서도 단풍이 드는 것이다. 노란색 단풍은 계곡 전체를 가득 채워 이곳을 '골든 밸리'로 불리게 한다.

라치 밸리의 품안에 들면 자꾸 뒤를 돌아보게 된다. 3,000m를 헤아리는 텐 픽스의 봉우리들이 병풍처럼 솟아 있기 때문이다. 모레인 호수를 감싸고 돌아나간 이 봉우리들의 수는 모두 10개. 텐 픽스라는 이름도 여기서 비롯됐다. 이들 봉우리의 정수리에는 여름에도 녹지 않는 빙하가 걸쳐져 있다. 그 모습은 고도가 높아질수록 더욱 위풍당당하게 살아난다.

초원 사이로 난 길을 따라 가면 두 개의 타워처럼 솟은 거대한 암봉과 마주

1. 미네스티마 호수를 따라 센티널 고개로 가는 트래커 뒤로 텐 픽스가 보인다 2. 트레일 이정표와 곰 출몰 경고 안내문 3. 가파른 사면에 지그재그로 난 트레일을 따라 센티널 고개로 가는 트래커들

한다. 오른쪽이 탬플 산Mt. Temple, 왼쪽이 에이펠 피크Eiffel Peak다. 그 사이의 낮은 고개가 센티널 패스다. 센티널 패스가 가까워지면 감춰져 있던 호수가 모습을 드러낸다. 미네스티마 호수Minnestimma Lake다. 미네스티마는 원주민 말로 '잠자는 물'이라는 뜻. 호수는 수면에 비친 주변 산들이 사진을 찍어놓은 것처럼 보일 정도로 잔잔하다. 미네스티마 호수는 도시락을 먹기 좋다. 호숫가에 벤치도 있다. 이곳에서 바라보면 라치 밸리가 3,000m가 넘는 산군 속에 안긴 아늑한 구릉이라는 것을 알 수 있다.

호숫가에서 다리쉼을 하며 바라보는 센티널 패스는 상당히 위압적이다. 고개가 마치 장벽을 쳐놓은 것처럼 보인다. 풀 한포기 자라지 않는 지대라 더욱 황량한 느낌이다. 그러나 센티널 패스는 생각만큼 힘들지 않다. 밑에서 보면 아주 힘들 것처럼 보이지만 지그재그로 난 길은 충분히 오를만하다. 막상 센티널 패스 정상에 서게 되면 이렇게 쉬웠나 하는 생각이 들 정도다. 미네스티마 호수에서 고갯마루까지는 30분이면 충분하다.

센티널 패스에 서면 이곳을 오르겠다는 결정이 얼마나 옳았는지 알게 된다. 이 고개는 캐나다 로키에서 가장 높은 고개 가운데 하나다. 고개의 높이가 2,601m. 고갯마루에 서면 지나온 라치 밸리와 그 뒤에 장막처럼 늘어선 텐 픽스가 한 폭의 풍경화로 다가온다.

풍경은 그 쪽만 아름다운 것이 아니다. 라치 밸리의 반대쪽 파라다이스 밸리Paradise Valley의 풍경은 더욱 환상적이다. 언제보아도 아름다운 빅토리아 산이 배경처럼 서 있는 가운데 에이펠 피크에서 흘러내린 능선을 따라 거대한 타워들이 연이어 솟아 있다. 겨우 2시간을 투자한 것뿐인데, 히말라야 고산을 등반한 느낌을 받는다.

차편이 자유로운 트래커들은 고개를 넘어 파라다이스 밸리로 간다. 파라다이스 밸리를 빠져나와도 트레일은 레이크 루이스까지 계속 이어진다. 그러나 대부분은 모레인 호수로 되돌아간다. 센티널 패스에서 내려오면서 바라보는 풍경은 몇 번을 봐도 질리지 않는다. 왜 트래커들이 곰의 위협(?)을 받으면서도 기를 쓰고 이곳을 찾는지 수긍하게 된다.

1. 라치 밸리 트레킹의 종착점인 센티널 고개에서 바라본 트레일 전경과 미네스티마 호수 2. 레이크 루이스 여행자 안내소에 비치되어 있는, 라치 밸리 동행자를 찾는 노트북 3. 가을이면 황금색으로 물드는 침엽수와 트래커들 4. 라치 밸리 트레킹 중에 언뜻 보이는 모레인 호수

Tip 라치 밸리는 최소 4명이 있어야 산행이 가능하다. 4명이 안 된다면 모레인 호수 트레일 초입에서 함께 트레킹 할 사람을 기다려야 한다. 목적지가 달라도 상관이 없다. 일단 에이펠 호수와 센티널 패스로 길이 나뉘는 갈림길까지 간 후 다음 팀을 기다리면 된다. 트래커들은 많다. 맑은 날에는 언제든지 일행을 구할 수 있다. 에이펠 호수와 라치 밸리의 갈림길, 미네스티마 호수도 동행을 구하기 위해 대기하는 곳이다. 레이크 루이스 여행자 안내소에는 라치 밸리 트레킹 동반자를 구하는 노트북이 마련되어 있다. 일행이 4명 이하인 트래커는 이 노트북에 트레킹을 떠날 날짜와 시간을 적어 놓는다. 따라서 이 노트북을 보고 자신이 원하는 날짜와 시간에 맞는 트래커의 일정에 맞추어 모레인 호수에서 시작하는 트레일 초입으로 가면 된다. 라치밸리 트레킹은 점심을 준비한다. 물도 넉넉하게 챙겨간다. 모레인 호수 산책과 카누 타기를 곁들이면 하루일정으로 알차다.

요호 국립공원
Yoho National Park

캐나다 로키에서 BC주에 속한 국립공원은 상대적으로 관심이 덜하다. 밴프와 레이크 루이스를 거쳐 아이스필드 파크웨이를 따라 재스퍼로 가는 루트가 가장 인기가 높다. 쿠트니나 요호 같은 국립공원은 장막처럼 솟은 산 너머에 있기 때문에 관광객의 발길이 조금 뜸한 편이다.

물론, 이것은 외국 관광객에게 해당되는 것이다. 캐나다 사람들에게는 두 곳 모두 관심권에 있는 국립공원이고, 시간이 되면 그곳을 찾는다. 한국인의 경우 밴쿠버에 연고가 있는 관광객들은 캐나다 로키를 오가는 길에 요호를 지나는 것이 정석으로 되어 있다.

요호는 레이크 루이스와 키킹 호스 고개Kicking Horse Pass를 사이에 두고 있다. 캐나다 횡단 고속도로와 횡단 철도가 이 고개를 지난다. 키킹 호스 고개는 요호에서 올라오는 길은 가파르지만 레이크 루이스에서 가는 길은 생각만큼 험하지 않다. 레이크 루이스에서 출발하면 아주 부드러운 오르막이 이어지다가 고개를 넘었는지도 모르게 요호의 품안에 든다. 레이크 루이스에서 요호의 중심인 필드Filed까지는 30분이 채 안 걸린다.

요호 국립공원은 아주 특별한 볼거리를 가지고 있다. 원주민어로 '경이', '외경'이란 뜻의 이 지역은 웅장한 폭포와 아름다운 호수가 어울려 있다. 타카카와 폭포Takakkaw Falls는 캐나다 로키에서 가장 큰 폭포다. 또 에메랄드 호수Emerald Lake는 모레인 호수Moraine Lake와 더불어 카누를 타거나 산책하기 좋다. 필드는 호젓한 작은 마을로 캐나다 사람들의 시골 삶을 느낄 수 있다. 여기에 캐나다 로키의 오늘을 있게 한 횡단 철도가 대륙 분수령을 넘는 위대한 역사도 더불어 느낄 수 있다.

1. 에메랄드 레이크 로지에서 쉬고 있는 여행자들
2. 물빛이 옥색으로 빛나는 에메랄드 호수

요호 국립공원 안내도

스파이럴 터널 전망대 Spiral Tunnels Viewpoint

키킹 호스 고개는 로키산맥을 넘는 관문이다. 레이크 루이스에서 보면 특별할 것 없는 고개이지만 요호에서 보면 만만히 볼 수 없는 장벽이다. 캐나다 횡단 고속도로가 이 고개를 넘어간다.

횡단 철도도 키킹 호스 고개를 지난다. 기차는 고개가 아닌 터널을 통해 오갈 수 있게 됐다. 100여년 전 이곳에 터널을 뚫어 철도를 놓은 일은 캐나다의 건축역사에서 가장 험난한 일이었고, 지금도 캐나다인의 자긍심으로 남아 있다. 그만큼 과거에는 캐나다 로키를 넘는게 쉬운 일이 아니었.

1884년 처음 건설한 기찻길은 고개를 넘게 되어 있었다. 그러나 이 기찻길은 일반 기찻길에 비해 4배 이상 가파르게 설계됐다. 이 때문에 사고가 자주 발생했다. 또 성능이 아주 뛰어난 기관차를 필요로 했다. 철도회사는 1909년 이 같은 위험을 해소하기 위해 터널로 기차를 오갈 수 있게 하는 새로운 철길을 놓기로 결정했다. 이때 고안된 것이 나선형의 터널이다. 기찻길은 터널 속으로 들어가면 원형으로 크게 두 바퀴를 돌게 되어 있다. 이렇게 되면 기차는 경사도를 최대한 낮추어 철로를 따라 빙글빙글 돌면서 올라가게 된다. 그러나 나선형 터널을 설계했어도 표고차가 워낙 높아 가파른 경사도를 피할 수는 없었다. 터널을 지나는 철길의 평균 경사도는 4.5도로, 이는 북미의 기찻길 가운데 경사가 가장 심한 것이다.

스파이럴 터널 전망대Spiral Tunnels Viewpoint는 철길이 두 번에 걸쳐 나선형으로 돌아나간 것을 볼 수 있는 곳이다. 물론 기찻길 대부분이 터널 속에 있고, 밖에 있는 것도 숲이 우거져 제대로 볼 수는 없다. 그러나 기차가 지나가면 달라진다. 횡단 철도를 오가는 기차는 아주 길다. 화물열차의 경우 거의 100량에 육박한다. 이처럼 거대한 기차 행렬이 나선형의 철로를 따라 올라가는 모습은 장관이다.

1. 스파이럴 터널 전망대에서 캐나다 횡단 철도 건설 당시 역사를 살펴보고 있는 관광객들 2. 스파이럴 터널 전망대에 세워진 안내판

타카카우 폭포 Takakkaw Falls

스파이럴 터널 전망대를 지나면 오른쪽으로 타카카우 폭포로 가는 길이 시작된다. 갈림길에서 폭포까지는 13km. 초입에 마너크Monarch와 키킹 호스 Kicking Horse 캠핑장이 있다.

타카카우 폭포로 가는 길은 도로 폭이 좁다. 또 딱 한 곳이 아주 험하다. 도로가 거의 360도 가량 꺾이는데, 회전반경이 좁아 캠핑 트레일러는 접근이 쉽지 않아 보인다. 그곳을 지나면 오른쪽으로 산 중턱에서 물줄기가 쏟아져 내려오는 게 보인다. 타카카우 폭포다.

주차장에서 타카카우 폭포까지는 10분쯤 걸어야 한다. 폭포는 주차장에서도 보이지만 가까이 다가갈수록 그 위용을 더한다. 계곡을 건너가면 폭포가 온전하게 드러난다. 폭포의 높이는 400m. 마치 댐의 수문을 열어 물을 방류한 것처럼 거대한 물살이 바위를 부술 듯이 쏟아진다. 타카카우는 원주민 말로 '거대한'이라는 뜻이다.

이 폭포 위에는 데일리 빙하Daley Glacier가 있다. 이 빙하에서 녹은 물이 흘러내려 폭포가 만들어진다. 따라서 폭포는 기온이 높은 7~8월에 가장 세차게 쏟아진다. 가을로 접어들면서 점점 작아지기 시작해 겨울에는 얼어붙다시피 한다. 타카카우 폭포는 6월부터 10월까지만 개장한다. 타카카우 폭포 곁에 캠핑장이 있다. 주차장에서 약 500m 정도 수레로 짐을 운반해야 하는 불편함이 있지만, 폭포를 보면서 자는 특별한 행운을 누릴 수 있다.

1. 400m 높이의 타카카우 폭포 2. 타카카우 폭포가 보이는 쉼터에서 피크닉을 하는 관광객들 3. 타카카우 폭포를 사진 찍는 여행자들

에메랄드 호수 Emerald Lake

에메랄드 호수는 밴프의 레이크 루이스 호수, 재스퍼의 멀린 호수Maligne Lake와 더불어 캐나다 로키의 3대 호수 가운데 하나다. 이름에서 알 수 있듯이 물빛이 예술이다. 특히, 아침나절에는 옥빛으로 빛나는 호수가 환상적이다. 호수 입구에서 다리를 건너가면 만나는 로지 풍의 호텔도 인상적이다. 에메랄드 호수로 가는 길은 요호의 중심인 필드Field에서 갈라진다. 필드에서 서쪽을 향해 1km 가면 오른쪽으로 에메랄드 호수로 가는 길이 시작된다.

에메랄드 호수를 찾아가기에 앞서 봐야할 게 있다. 내추럴 브리지Natural Bridge다. 내추럴 브리지는 강물의 풍화작용으로 형성된 자연적인 다리다. 키킹 호스 강의 급류가 오랜 세월 암반지대를 흐르면서 풍화작용이 일어나 바위에 커다란 구멍이 생긴 것이다. 강물은 그 구멍을 통해 빠르게 흘러간다. 내추럴 브리지는 실제로 사람이 건너다닐 수 있을 만큼 가깝다. 그러나 추락위험이 있어 출입금지다.

내추럴 브리지에서 5분을 더 가면 요호 국립공원의 숨겨진 보석인 에메랄드 호수에 닿는다. 처음 이 호수와 마주한 이들은 아름다운 물빛에 마음을 빼앗긴다. 또 나무다리 건너에 있는 산장풍의 에메랄드 레이크 로지Emerald Lake Lodge의 아름다움에 매료된다. 이 로지는 마치 섬에 떠 있는 모양이다.

그러나 섬은 아니다. 호수 안으로 뭍이 반도처럼 길게 뻗어 있을 뿐, 로지 안쪽으로 계속 가면 호수를 한 바퀴 도는 트레일과 연결된다.

주차장에서 에메랄드 레이크 로지로 이어진 다리를 향하면 왼쪽에 카누 대여점이 있다. 많은 사람들이 이곳에서 카누를 타고 호수로 나간다. 대부분의 관광객은 다리를 건너 에메랄드 레이크 로지를 둘러본다. 그러나 이 호수가 가장 아름답게 보이는 것은 다리를 건너기 전이라는 것을 잊지 말자. 이곳에서 보면 로지의 카페와 꽃을 달아놓은 다리, 호수를 감싸고 병풍처럼 쳐진 산들이 그림엽서처럼 아름답다.

로지는 길게 이어져 있다. 길 좌우로 2층의 통나무집이 들어서 있다. 이곳은 일반 차량은 출입이 금지된다. 호텔에서 운영하는 전기자동차가 투숙객과 짐을 실어 나른다. 주말이나 성수기의 경우 객실을 예약하는 일은 쉽지 않다. 그만큼 인기가 많다. 특히, 자연 속에 묻혀 하룻밤 휴식을 원하는 이들이 즐겨 찾는다.

로지가 끝이 나면 본격적인 트레일이 시작된다. 에메랄드 호수를 한 바퀴 도는 트레일의 거리는 5.2km. 1시간 30분이면 넉넉하다. 트레킹 마니아들은 호숫가를 따라가다 요호 고개Yoho Pass나 버저스 고개Burgess Pass 같은 트레킹 명소를 찾아간다.

에메랄드 레이크 로지

첫눈에도 하룻밤 머물고 싶은 욕망을 품게 하는 호텔이다. 에메랄드 호수 주변에는 이 로지를 제외하고 호텔이나 레스토랑 등의 시설이 전혀 없다. 관광객이 모두 돌아가고 난 저녁부터 다음날 아침까지는 태고의 정적이 호수를 감싼다. 그러나 호텔의 시설은 아주 훌륭하다. 객실마다 호수가 보이는 발코니가 있고, 숲 가운데 노천 사우나도 있다. 근사한 저녁을 먹을 수 있는 레스토랑은 기본이다. 이 호텔에 머무는 영광을 누릴 수 없을지라도 호텔 초입에 있는 카페에 앉아 커피 한 잔 마시는 여유는 놓치지 말자.

Data **Add** P.O Box 10, Flied **Tel** (403)410-7417 **Free** (1)800-663-6336 **Cost** ★★★~★★★★(성수기) **Web** www.emeraldlakelodge.com

1. 에메랄드 호수 카누 선착장에서 바라본 호수와 에메랄드 레이크 로지 2. 호젓한 에메랄드 레이크 로지 3. 에메랄드 레이크 로지 안내판 4. 에메랄드 레이크 로지로 드는 다리

필드 Field

요호 국립공원을 찾는 대부분의 관광객은 필드를 외면한다. 필드 초입에 있는 여행자 안내소에 들렸다가 곧장 에메랄드 호수와 타카카우 폭포를 찾아간다. 그러나 필드를 빼먹고 가면 뒤에 후회한다. 캐나다 횡단 철도를 건설할 때 형성된 이 마을은 영화세트처럼 아담하면서 아름답다.

필드는 캐나다 횡단 철도와 역사를 함께 한다. 키킹 호스 고개에 철길을 놓는 공사는 캐나다 횡단 철도 전체에서 가장 험난한 구간이었다. 당연히 공사도 길고, 많은 노동자가 투입됐다. 그 노동자들이 먹고 자던 곳이 이 마을이다.

지금 필드의 인구는 280명에 불과하다. 언덕을 따라 계단식으로 조성된 4개의 거리가 마을의 전부다. 그러나 요호 국립공원에서는 유일한 마을이다. 마을이 워낙 작기 때문에 걸어서 돌아봐도 충분하다. 30분이면 한 바퀴 돌아볼 수 있다.

필드의 집들은 하나같이 아담하다. 그러나 집주인의 지극한 정성을 느낄 수 있을 만큼 잘 꾸며졌다. 처마에 걸린 화분과 차곡하게 쌓아놓은 장작, 햇살 좋은 발코니에 놓인 흔들의자 등이 어울려 카메라에 자꾸 손이 가게 한다. 그 모습을 보고 있으면 이곳에 사는 사람들의 행복이 느껴질 정도다. 또 마을에서 바라보는 오래된 기차역과 철길도 필드의 역사를 느낄 수 있게 해준다.

필드에는 10여 곳의 게스트하우스가 있다. B&B나 혹은 주방이 마련된 스타일의 숙소다. 기차역과 가까운 곳에는 레스토랑도 있다. 레이크 루이스나 밴프처럼 번화한 곳을 싫어하는 여행자들에게는 필드가 제격이다.

요호 여행자 안내소

캐나다 횡단 고속도로에서 필드로 들어서는 초입에 있다. 하늘색 삼각지붕으로 된 이곳은 서쪽에서 캐나다 로키를 찾아오는 여행자들의 관문 역할을 한다. 요호는 물론 캐내디언 로키에 대한 여행정보를 기본으로 제공한다. 또 국립공원 입장료나 낚시면허 등을 살 수 있다.

요호 여행자 안내소는 버제스 셰일Burgess Shale에 대한 정보를 얻을 수 있는 곳으로 유명하다. 버제스 셰일은 1909년 고고학자 월콕이 5억만년 전 캄브리아기에 살았던 고생물을 집단 발견한 곳이다. 이곳에서는 삼엽충을 비롯한 150여종 10만여 개의 화석이 발견됐다. 이것은 역사상 최고의 화석 발견 가운데 하나로 평가받는다. 이 화석 발견으로 캐나다 로키가 오래 전에 바다였다는 사실이 밝혀졌다. 또한 이 지역이 유네스코가 정한 세계자연유산으로 등재되는 계기가 됐다. 지금은 캐나다 로키 국립공원 전부가 세계자연유산으로 등재됐다.

스티펀 산Mt. Stephen의 버제스 셰일 발굴지는 일반인도 가이드 투어를 통해 찾아갈 수 있다. 그러나 개인적인 탐방은 불가다. 투어는 6~10시간 소요된다. 투어에 참가하는 것이 여의치 않다면 여행자 안내소에 전시된 고생물의 화석을 돌아보는 것으로 만족한다. 여행자 안내소에는 화석 발견 100주년을 기념하는 다양한 기념품도 판매하고 있다.

Data Tel (250)343-6783 **Open** 5월 1일~6월 8일 오전 9시~오후 5시, 6월 9일~9월 28일 오전 10시~오후 7시, 9월 29일~10월 10일 오전 9시~오후 5시(10월 중순~4월 30일 폐쇄)

버제스 셰일 투어

Data Tel (1-800)343-3006 **Cost** 90~120달러 **Time** 7~11시간
Web www.burgess-shale.bc.ca

1. 필드 다운타운의 카페 2. 필드에 세워져 있는 사진 촬영용 세트와 캐나다 횡단 철도 3. 필드 입구에 세워진 이정표 4. 필드 다운타운의 집

오하라 호수 트레킹
Lake O'hara

난이도 ★★
시간 1시간, 3시간(주차장~오하라 호수)
거리 2.8km, 11km(주차장~오하라 호수)
최고 높이 2,035m
표고차 435m(주차장~오하라 호수)
코스와 거리 주차장(1,600m)-11km-레이크 오하라 캠핑장(2,035m)-0.2km-오하라 호수 쉼터-1.6km-폭포-1.2km-오하라 호수 쉼터

단언컨대 오하라 호수는 캐나다 로키에서 가장 비밀스런 호수다. 이 사실은 가보기 전에는 모른다. 하지만 오하라 호수를 돌아보면 분명히 알게 된다. 레이크 루이스나 멀린 호수, 에메랄드 호수 등 캐나다 로키에서 손꼽는 호수 가운데서도 단연 오하라 호수는 으뜸이란 사실을.

오하라 호수를 한마디로 정리하자면 '절대 나만 알고 싶은 곳'이다. 일단 이 호수와 마주하고 나면 누구나 그런 마음을 품게 된다. 캐나다 정부에서 오

하라 호수까지 길을 잘 만들어 두고도 일반인 차량의 통행을 금지하는 이유가 이 '절대 호수'만큼은 그대로 보전하고 싶은 간절한 바람 때문이란 것을 알게 된다.

주차장에서 오하라 호수까지는 11km. 일반 차량은 출입 금지다. 오직 셔틀 버스만 이용해야 한다. 셔틀 버스를 타면 20분쯤 걸린다. 걸어서 가는 것은 자유다. 비포장길을 따라 걷는 느낌은 트레킹 그 이상이다. 깊은 숲 사이로 난 진입로에는 어떤 문명의 이기도 찾아볼 수 없다. 그래도 1km마다 흰색 거리판을 붙여나 얼마큼 왔는지 가늠할 수 있게 했다. 오하라 호수가 가까워질수록 좌우로 도열한 산들은 도끼로 찍어놓은 것처럼 날카로워진다. 산의 정상부는 나무 한그루 없는 수직에 가까운 절벽이다. 알게 모르게 고도도 높아진다. 주차장의 높이는 해발 1,600m, 오하라 호수는 2,035m다. 표고차가 435m나 되지만 경사는 거의 느낄 수 없을 만큼 평탄하다. 주차장에서 오하라 호수까지는 3시간 거리다.

레이크 오하라 캠핑장을 지나면 왼쪽으로 살며시 오하라 호수가 모습을 보인다. 이 때 마주하는 호수의 모습은 숨이 멎을 듯이 아름답다. 모든 여행자가 그러하듯이 벤치에 앉아 하염없이 호수를 바라보게 된다. 1887년 이 호수를 처음 발견한 맥아더나, 이곳에 반해 여러 차례 방문했다는 퇴역한 영국군 장교 오하라(그의 이름이 지금의 호수 이름이 되었다)도 처음 이 호수를 보았을 때 이처럼 전율했을 것이다.

오하라 호수를 한마디로 정의하자면 한폭의 동양화다. 물레방아 돌아가는 개울이 있고, 그 너머로 폭포가 있고, 그 너머로 눈 덮인 하얀 산이 배경처럼 있는, 동양화의 요소를 그대로 갖췄다. 에메랄드빛으로 물든 호수는 한 치의 미동도 없이 잔잔하다. 물속에는 숲에서 떠밀려온 나무들이 끝끝내 썩지 않고 나신을 그대로 드러낸 채 뒤엉켜 있다. 호수는 너무 크지도 작

1. 한폭의 동양화를 연상케 하는 오하라 호수의 전경을 감상하는 여행자들. 고요한 호수는 바라보는 것만으로도 마음을 정화시켜준다. 2. 오하라 호수 트레일을 걷다 쉬고 있는 가족 여행자. 호수를 한 바퀴 도는 트레일은 높낮이가 거의 없어 누구라도 쉽게 돌아볼 수 있다. 3. 산정의 빙하가 녹은 물이 폭포가 되어 오하라 호수로 흘러들고 있다.

지도 않다. 사방이 3,000m급 산에 둘러싸여 있어 마치 '지구의 푸른 눈'처럼 보인다. 영원히 바람 한 점 스며들지 않을 것처럼 아늑하다. 호수 뒤로는 하얀 포말을 그리며 폭포수가 쏟아진다. 폭포 위로는 한여름인데도 눈 덮인 산이 있다. 저 산 너머에 레이크 루이스가 있다. 호수 오른쪽 전나무숲 사이에 오하라 로지가 있다. 통나무로 지은 오두막집이 호수가를 따라 점점이 박혀 있다. 이 비밀스런 공간을 아는 이들만이 로지에 머물면서 신선 뺨치는 사치를 누린다.

오하라 호수는 한 바퀴 돌아볼 수 있게 트레일이 나 있다. 트레일의 거리는 2.8km. 서두르면 1시간, 놀며 쉬며 걸어도 1시간 30분이면 충분하다. 오하라 호수를 찾은 여행자들은 하나같이 성지순례를 하듯 이 길을 걷는다. 여행자들은 호숫가를 따라 난 트레일을 돌며 지상에서 가장 아름다운 호수를 원 없이 감상한다. 물론 이 트레일이 전부가 아니다. 오하라 호수를 가운데 두고 깊은 산 속에는 크고 작은 호수들이 있다. 빙하가 녹으면서 만들어진 호수다. 이 호수들은 숲 속으로 난 트레일로 연결되어 있다. 오하라 호수를 기점으로 한 트레일을 모두 연결하면 80km나 된다. 트레커들은 오하로 호수 캠핑장에 며칠씩 머물면서 매일매일 다른 곳을 찾아 트레킹을 즐긴다. 모험심 많은 이들은 이곳에서 레이크 루이스 방면으로 가기도 한다.

오하라 호수는 보는 각도에 따라 모양을 달리한다. 그러나 어느 곳에서 바라봐도 신비로운 분위기를 잃지 않는다. 트레일은 호수로 흘러드는 작은 계곡을 가로지르며 이어진다. 트레일 주변의 돌과 쓰러진 나무에는 짙푸른 이끼가 자라 더욱 신비롭다. 이끼 품에는 화려함을 뽐내는 버섯들이 쑥쑥 자라 있다. 호수를 일주하는 트레일 절반 거리에 폭포가 있다. 캐나다 로키의 만년설이 녹아 흘러내린 물이 거대한 폭포를 이루며 오하라 호수로 쏟아진다. 이곳에서 바라보면 호수를 끼고 있는 오하라 로지가 한없이 평화롭다. 언젠가 저 오두막에 머물며 벤치에 앉아 이 호수의 하루를 온전히 느껴보리라는 다짐을 불러오게 한다.

폭포에서 본래 위치로 돌아가는 데는 20분이 채 안 걸린다. 트레일은 조금 높은 산허리로 나 있다. 산허리 길로 접어들면 오하로 로지가 더 분명하게 보인다. 호수 속 '나무 무덤'도 한층 그로테스크한 분위기를 띤다. 영원히 썩지 않고 그 자리에 있을 것 같은 수십 미터 길이의 나무들이 호수 깊이 침잠해 있는 모습이 호수를 한층 신비롭게 만든다.

호수에서 흘러내려가는 계곡이 시작되는 곳을 지나면 오하라 호수 일주를 시작했던 처음 그 자리로 돌아온다. 여전히 누군가는 벤치에 앉아 하염없이 오하라 호수를 바라보고 있다. 정적을 깨는 것은 2시30분에 출발하는 셔틀버스. 오하라 호수 곁에 정차되어 있던 노란색 스쿨버스가 시동을 걸면 이곳저곳에서 휴식하던 여행자들이 승차장으로 모여든다. 여행자들은 이 비현실적인 호수에서 반나절 꿈같은 여행을 하고 돌아간다.

8

오하라 호수 길잡이

오하라 호수는 요호 국립공원의 중심 필드에서 밴프 국립공원으로 넘어가는 샌티널 패스를 향해 가다보면 오른쪽에 있다. 밴프에서는 1시간, 레이크 루이스에서는 20분, 밴쿠버에서는 10시간 거리다.

오하라 호수는 일반 차량은 출입할 수 없다. 오직 국립공원에서 운영하는 스쿨버스만 이용해야 한다. 단, 오하라 로지 숙박자들은 로지에서 운영하는 차편을 이용할 수 있다. 주차장에서 오하라 호수까지는 11km 거리다. 당일여행자를 위한 셔틀버스는 오전에 2회(08:30, 10:30)가 전부다. 이 버스를 놓치면 걸어가야 한다. 오하라 로지나 캠핑장에서 숙박을 하는 여행자는 오후에 출발하는 셔틀버스를 이용할 수 있다. 단, 셔틀버스 운영시간은 계절에 따라 달라질 수 있으므로 반드시 사전에 확인해야 한다. 돌아나올 때는 셔틀버스를 편도로 이용할 수 있다.

셔틀버스와 캠핑장은 100% 예약제다. 캠핑장은 백패커를 위한 공간으로 작은 텐트만 설치할 수 있다. 음식물 보관함, 화장실, 테이블, 식수 등 기본적인 시설이 되어 있다. 셔틀버스 요금은 왕복 14.70달러, 편도 9.75 달러, 캠핑요금은 9.80달러다. 캠핑장 사이트는 30개, 3일 이상 사용할 수 없다. 온라인 예약은 11.70달러의 예약료를 별도로 받는다. 셔틀버스와 캠핑장은 여름철 6~10월까지만 운영한다.

셔틀버스 및 캠핑장 예약 https://reservation.pc.gc.ca

레이크 오하라 로지는 재방문자가 70%에 이를 만큼 인기가 많다. 휴가철의 경우 3년까지 예약되어 있기도 한다. 숙박은 최소 2박을 기본으로 하며 숙식을 포함한 패키지로 운영한다. 가격은 만만치 않다. 2인 1박 기준 로지 800달러, 캐빈 1,130달러다.

오하라 로지 www.lakeohara.com

4. 에메랄드처럼 투명하게 빛나는 호수를 따라 걷고 있는 여행자들 뒤로 침엽수가 빼곡하게 솟아 있다. 5. 오두막 옆으로 살짝 엿보이는 오하라 호수. 벤치에 앉아 있는 여행자 곁으로 가면 신비로움이 가득한 오하라 호수의 전경이 드러난다. 6. 오하라 호수로 가는 비포장 진입로. 호수까지 11km 거리지만 경사가 완만하고 주변 풍경이 좋아 셔틀버스를 놓쳐도 트레킹 삼아 걷기 좋다. 7. 오하라 호수 진입로 초입에 있는 셔틀 버스 승강장. 8. 오하라 로지에서 운영하는 카누. 붉은색 카누를 타고 유리알처럼 맑은 호수를 저어나가는 것은 상상만으로도 행복하다.

레이크 루이스&요호 캠핑장
Camping Ground

레이크 루이스 Lake Louise

캐나다 로키에서 가장 아름답다는 레이크 루이스 입구에 자리한 캠핑장이다. 레이크 루이스 호수와 모레인 호수Moraine Lake에서 출발하는 트레킹과 아웃도어의 베이스캠프다. 겨울에는 트레일러 구역을 개방, 캐나다 로키의 겨울과 스키를 즐기면서 캠핑을 할 수 있다.

캠핑장은 보우 강을 가운데 두고 남쪽은 텐트, 북쪽은 트레일러로 나뉘어져 있다. 텐트는 다시 A~M까지 14개의 구역으로 되어 있다. 각 구역마다 캠핑 사이트가 원형으로 설계되어 있으며 화로와 테이블이 설치됐다.

화장실과 장작 보관소는 요소마다 배치되어 있다. 쉘터Shelter도 적절히 배치되어 있어 추위를 피하거나 식사를 할 수 있게 했다. 샤워장은 L구역 한 곳에만 있다. 샤워부스가 5개나 되고, 화장실 공간도 넓어 사용하기 편리하다. 샤워장 밖에는 온수가 나오는 싱크대가 설치되어 있다. 따라서 L구역과 가까운 곳에 있는 사이트를 선택하는 것이 좋다. 텐트 구역은 또 전류가 흐르는 펜스를 쳐놓은 것이 특징이다. 이것은 곰의 피해를 예방하기 위해서다. 안전펜스는 사람이 감전되어도 생명에는 지장이 없다. 그러나 어느 정도의 충격은 있다. 따라서 텐트 구역에서 밖으로 나갈 때는 보행자 전용 출입문을 이용한다.

트레일러 구역은 강을 따라 길게 설계되어 있다. 기찻길과 붙어 있어 야간에는 소음이 크다. 텐트에서 자는 것은 거의 불가능하다. 사이트는 2열로 배치되어 있는데, 길이가 긴 트레일러도 쉽게 드나들 수 있도록 사선으로 만들었다. 겨울에는 텐트 이용자에게도 트레일러 구역을 개방한다.

모든 사이트마다 전기는 기본으로 제공된다. 그러나 상수도와 하수도는 설치 안 된 곳이 더 많다. 화로는 겨울철에만 이용할 수 있다. 따라서 트레일러나 캠핑카를 이용할 경우 자신이 원하는 캠핑 스타일을 분명히 해서 사이트를 배정받아야 한다. 샤워장은 1곳, 화장실과 전화는 적절히 배치되어 있다. 장작은 준비되어 있지 않으며, 덤프스테이션은 매표소 왼쪽으로 100m 가량 떨어져 있다.

Data Site 395개(텐트 206개, 트레일러 189개)
Access 레이크 루이스에서 남쪽으로 500m 거리
Open 트레일러 연중, 텐트 5월 29일~9월 27일
(직원 상주) **Cost** 전기 34.50달러, 텐트 29.25달러, 오버 플로우 11.50달러 **Web** www.pccamping.ca

키킹 호스 Kicking Horse

타카카우 폭포로 들어가는 길목이자 키킹 호스 고개를 넘어가는 곳에 자리해 접근성이 좋다. 캠핑장 주변엔 3,000m급 산들이 호위병처럼 서 있다. 이 산들은 캠핑장에서도 한눈에 보인다. 레이크 루이스나 밴프의 캠핑장과 달리 철길 곁이면서도 소음이 적은 것이 위안이다. 캠핑장 안쪽으로 키킹 호스 강이 흘러간다. 자리를 잘 잡으면 물소리를 들으며 잠들 수 있다. 캠핑 사이트는 88개. 이 가운데 16개는 트레일러, 나머지는 텐트와 캠핑카다. 캠핑장 구석구석에 음수대와 쉘터가 있다. 화장실은 3개에 불과해 사이트에 따라 불편하게 느낄 수도 있다. 장작 보관소와 샤워장은 캠핑장의 중앙에 있다. 샤워장과 화장실은 장애인도 편리하게 이용할 수 있도록 했다. BC주에서 요호를 거쳐 레이크 루이스로 가는 길이라면 이곳에서 하룻밤 머무는 것도 좋다.

Data Site 88개
Access 레이크 루이스에서 캐나다 횡단 고속도로를 따라 서쪽으로 24km, 필드에서 동쪽으로 4km
Open 5월 14일~10월 12일(직원 상주)
Cost 29.25달러, 장작 9.25달러(예약 불가)
Web www.pccamping.ca

마너크 Monarch

캐나다 횡단 고속도로에서 키킹 호스 캠핑장으로 드는 길목에 있다. 키킹 호스 캠핑장에 자리가 없을 경우 이용할 수 있다. 이 캠핑장은 사이트에 주차를 할 수 있는 일반 사이트와 걸어서 들어가는 워크 인 사이트로 나뉘어져 있다. 워크 인은 캠핑장 오른쪽에 있으며, 사이트 수는 모두 8개. 일반 사이트에 비해 숲이 좋은 것이 장점이다. 캐나다 횡단 고속도로를 오가는 차량의 소음도 심한 편. 따라서 텐트보다는 캠핑카에 적합하다. 편의시설은 테이블이 전부다. 이곳은 모닥불이 금지됐다. 화장실과 취사장, 음식물 보관함은 캠핑장 양쪽에 두 곳 있다. 상하수도를 이용할 수 있는 덤프스테이션은 캠핑장에서 나가는 길에 있다. 캠핑장 전체 시설은 열악한 편. 특히, 텐트의 경우 소음과 편의시설에 비춰볼 때 가급적 이용하지 않는 게 좋다.

Data Site 44개
Access 레이크 루이스에서 캐나다 횡단 고속도로를 따라 서쪽으로 23km, 필드에서 동쪽으로 3km
Open 5월 7일~5월 14일, 6월 25일~9월 12일 (셀프등록, 예약 불가) **Cost** 18.75달러

레이크 루이스의 호텔
Hotel

가격 (성수기 기준)
★ ~60달러
★★ 100~150달러 ★★★ 250~350달러
★★★★ 450~600달러 ★★★★★ 1,000달러 이상

레이크 루이스 일대의 호텔은 대부분 캐나다 횡단 고속도로가 지나는 다운타운에 몰려 있다. 레이크 루이스 호수 주변에 있는 것은 페어몬트 샤또 레이크 루이스 호텔이 유일하다. 모레인 호수에도 로지가 있지만 객실 수가 적어 예약이 만만치 않다. 다운타운에 있는 호텔도 여름철 성수기는 최소 3개월 전에는 예약을 해야 한다. 대부분의 호텔은 통나무로 지은 로지풍이다.

페어몬트 샤또 레이크 루이스 호텔
Fairmont Chateau Lake Louise Hotel

설명이 필요 없는 최고의 호텔이다. 봄가을 비수기를 제외하면 1년 전부터 예약이 몰릴 만큼 인기다. 특히, 호수를 조망할 수 있는 객실은 돈이 있어도 예약이 쉽지 않다. 호텔 내에 다양한 레스토랑과 매장을 갖추고 있다. 레이크 루이스 호수에서 진행되는 아웃도어의 중심이기도 하다.

Data Add 111 Lake Louise Dr **Tel** (403)522-3511 **Free** (1-800)441-1414
Room 487실 Cost ★★★★★ **Web** www.fairmont.com

포스트 호텔&스파 Post Hotel&Spa

레이크 루이스 다운타운의 보우 강 곁에 자리한 빨간색 호텔이다. 호텔의 이름은 예전에 우체국이 있었던 데서 유래했다. 발코니에 놓인 화사한 화분과 강변을 따라 휴식공간을 조성한 것이 눈에 띈다.

Data Add 200 Pipestone Rd
Tel (403)522-3989 Free (1-800)661-1586
Room 97실 Cost ★★★★~★★★★★
Web www.posthotel.com

모레인 레이크 로지 Moraine Lake Lodge

모레인 호수에 있다. 호수 주변에 편의시설이 전무해 밤이 되면 모레인 호수를 독차지하는 느낌이다. 객실 하나하나가 통나무로 지은 방갈로 한 채로 독립성이 보장된다. 실내에 벽난로도 설치되어 있어 산장 분위기가 난다. 객실이 많지 않아 예약하려면 서둘러야 한다.

Data Add Moraine Lake Rd
Tel (403)522-3733 Free (1-800)661-1586
Room 33실 Cost ★★★★★
Web www.morainelakelodge.com

디어 로지 Deer Lodge

레이크 루이스 호수에서 두 번째로 가까운 호텔이다. 목조로 지어진 고풍스런 산장풍의 호텔로 60여년의 역사를 자랑한다. 스테이크 요리를 잘하는 레스토랑도 유명하다. 통나무집처럼 아늑한 객실은 젊은 층에게 인기가 높다.

Data Add 109 Lake Louise Dr
Tel (403)522-3747 Free (1-800)661-1595
Room 73실 Cost ★★★
Web www.crmr.com/deer-lodge.php

레이크 루이스 인 Lake Louise Inn

레이크 루이스 다운타운에서 가장 큰 호텔이다. 일반 호텔 객실과 주방이 갖춰진 콘도 스타일이 혼재되어 있어 가족단위 관광객에게 인기다. 호텔 안에 동전을 이용하는 세탁소도 있다. 여름에는 정원에서 바비큐 식당도 운영한다.

Data Add 210 Village Rd
Tel (403)522-3791 Free (1-800)661-9237
Room 247실 Cost ★★★
Web www.lakelouiseinn.com

레이크 루이스 호텔 리스트

가격 (성수기 기준)
★ ~60달러
★★ 100~150달러 ★★★ 250~350달러
★★★★ 450~600달러 ★★★★★ 1,000달러 이상

호텔	주소	전화(403)	객실수	수영장
Baker Creek Chalets	Hwy 1A E	522-3761	35	·
Cathedral Mountain Lodge	Yoho Nat Park	250-343-6442	31	·
Deer Lodge	Lake Louise Lodge	522-3991	73	·
Emerald Lake Lodge	Yoho Nat Park	250-343-6321	85	·
The Fairmont Chateau Lake Louise	·	522-3511	554	l
HI-Lake Louise Alpine Center	203 Village Rd	522-2202	46	·
Lake Louise Inn	210 Village Rd	522-3791	247	l
Maraine Lake Lodge	Maraine Lake Rd	522-3733	33	·
Mountaineer Lodgel	101 Village Rd	522-3844	78	·
Num-Ti-Jah Lodge	Hwy 93 N	522-2167	25	·
Paradise Lodge & Bungalows	Lake Louise Dr	522-3595	45	·
Post Hotel & Spa	200 Pipestone Rd	522-3989	97	l
West Louise Lodge	Yoho Nat Park	250-343-6311	24	l

놈티자로지

- 호텔은 알파벳 순서로 표시. 성수기는 여름, 비수기는 봄과 가을을 뜻함
- 호텔/주소/전화(403)/객실 수/수영장(I=실내, O=실외)
사우나(사우나=S, 월풀=W, 피트니스클럽=E/식당(식당=R, 바=B)/에어컨(A)부엌(K)/페치카(F)/
인터넷(와이어리스=W, 초고속=H, 로비=L)/성수기 요금/Toll Free(무료전화)

사우나	식당	키친	에어컨	인터넷	장애인	요금	Toll Free
S/E	R/B	K/F	·	W/L	M	★★★★	n/a
·	R	F	·	L	H	★★★★★	1-866-619-6442
S/W	R/B	·	P	W/L	M	★★★★	1-800-661-1595
S/W/E	R/B	F	P	W/L	M/H	★★★★★	1-800-663-6336
S/W/E	R/B	F	A/P	H/L	M/H	★★★★★	1-800-441-1414
S	R	·	·	H/L	M/H	★	1-866-762-4122
S/W/E	R/B	K/F	P	W/L	M/H	★★★	1-800-661-9237
S	R	F	·	L	·	★★★★★	1-877-522-2777
S/W				W	H	★★★	n/a
S	R/B	·	·	·	M	★★★★	Call Collect
·		K/F	·	H	H	★★★★	n/a
S/W/E	R/B	F	P	W/L	M	★★★★★	1-800-661-1586
S	R/B	F	·	·	M/H	★★★	1-888-682-2212

레이크 루이스 호수 카누 선착장

레이크 루이스의 레스토랑 & 숍
Restaurant & Shop

가격 (메인 요리 기준)
★ 10~15달러 ★★ 20~30달러
★★★ 30~40달러 ★★★★ 50달러 이상

더 스테이션 The Station
1909년 지어진 레이크 루이스역을 개조해 만든 레스토랑이다. 기차를 레스토랑으로 개조해 사용하는 것도 있다. 스테이크와 닭요리, 버펄로, 연어 등 다양한 식재료를 이용해 요리를 한다.

Data Add 209 Sentinel Rd Tel (403)522-2600
Cost 점심 ★★~★★★, 저녁 ★★~★★★★

디어 로지 Deer Lodge
미국의 와인잡지 와인 스펙테이터wine Spectator가 주목했던 이름난 레스토랑이다. 요리의 재료인 엘크와 사슴, 버펄로 등은 호텔 소유의 목장에서 직접 기른다. 산과 빙하의 전망도 뛰어나다.

Data Add 109 Lake Louise Dr Tel (403)522-3747
Cost 점심 점심 ★★, 저녁 ★★~★★★

레이건스 베이커리&델리
Laggan's Bakery&Deli
레이크 루이스 다운타운의 샘손 몰Samson Mall에 있는 빵집이다. 샌드위치와 쿠키, 빵 등을 판다. 커피도 인기가 높다. 상점에서 먹을 수도 있고, 가져갈 수도 있다.

Data Add Samson Mali Tel (403)522-2017

레이크 루이스 인 Lake Louise In
호텔 내에 3곳의 레스토랑을 운영하고 있다. 팀버울프Timberwolf는 피자와 파스타 요리를 전문으로 하는 캐주얼한 레스토랑이다. 리전드Regends는 메인 레스토랑으로 아침, 점심, 저녁 메뉴가 다르다. 여름철에 운영하는 가제보Gazebo는 야외에서 바비큐를 판다.

Data Add 210 Village Rd Tel (403)522-3791
Cost 팀버 울프 ★~★★, 리전드 점심 ★★,
저녁 ★★~★★★

눔-티-자 Num-Ti-Jah
아이스필드 파크웨이가 시작되는 보우 호수Bow Lake 곁에 있는 역사적인 로지다. 쇠고기와 송어 등 앨버타주의 전통적인 요리를 판다. 유기농 재료를 이용해 여럿이 함께 먹을 수 있게 제공하는 세 가지 코스 요리(d'hote)가 인기다. 산장풍의 고즈넉한 분위기와 빙하와 호수의 그림 같은 분위기도 함께 즐길 수 있다.

Data Tel (403)522-2167
Cost ★★★~★★★★★

레이크 루이스 호수에서 햇빛 패스 전망대를 향해가고 있는 트래커들

컬럼비아 대빙원과 주차장에 정차한 캠핑카

ICEFIELD PARKWAY
아이스필드 파크웨이

아이스필드 파크웨이는 캐나다 로키의 진주다. 알프스의 고봉 마터호른을 초등한 영국 산악인 에드워드 웜퍼는 이곳을 탐험한 뒤 '스위스 50개를 한 곳에 모아놓은 것 같다'고 찬탄했다. 세계적인 잡지 내셔널 지오그래픽은 이 길을 '세계 10대 드라이브 코스'로 선정했다.

아이스필드 파크웨이는 레이크 루이스에서 재스퍼까지 230km에 걸쳐 있다. 중간에 데이비드 탐슨 하이웨이가 갈라져 나가는 것을 제외하면 외길이다. 이 길의 중심에 컬럼비아 대빙원이 자리한다. 캐나다 로키를 찾은 관광객이라면 누구나 그 위에 서보고 싶어 하는 대자연의 심장부다.

그러나 컬럼비아 대빙원이 아이스필드 파크웨이의 전부는 아니다. 이곳을 향해 가는 길에 숱한 절경이 기다리고 있다. 빙하를 이고 있는 산, 그 산들이 그림처럼 비추는 호수, 태평양과 북극으로 물줄기가 나뉘는 고개, 폭포수가 귀청을 때리는 강이 어울려 있다. 이것들은 길에서 멀지 않다. 아이스필드 파크웨이로 접어들면 누구나 섭렵할 수 있다. 아이스필드 파크웨이를 세계 최고의 드라이브 코스라 부르는 것도 이 때문이다.

자, 이제 심호흡을 크게 하고 대자연을 찾아 떠날 때다. 아이스필드 파크웨이로 접어드는 순간 우리는 대자연의 연출하는 위대한 서사시를 듣게 된다.

CANADA ROCKY
아이스필드 파크웨이

아이스필드 파크웨이 안내도
Icefield Parkway Map

와바소 캠핑장 Wa
레이크 루이스에서 216k
재스퍼에서 14km

애서배스카 폭포 Athabasca Falls
레이크 루이스에서 198km
재스퍼에서 32km

미스타야 협곡
Mistaya Canyon
레이크 루이스에서 71km
재스퍼에서 159km

램파트 크릭 캠핑장
Rampart Creek
레이크 루이스에서 88km
재스퍼에서 142km

컬럼비아 대빙원
Columbia Icefield
레이크 루이스에서 127km
재스퍼에서 103km

보우 호수 Bow Lake
레이크 루이스에서 34km
재스퍼에서 96km

헥터 호수 Hector Lake
레이크 루이스에서 18km
재스퍼에서 212km

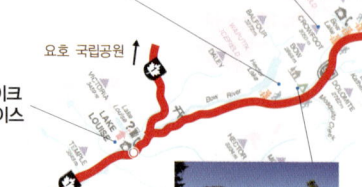

요호 국립공원

레이크 루이스

크로싱

레드 디어

밴프

모스키토 크릭 캠핑장 Mosquito Creek
레이크 루이스에서 24km
재스퍼에서 206km

보우 고개 Bow Pass
레이크 루이스에서 40km
재스퍼에서 190km

워터 파울 호수
Waterfowl Lake
레이크 루이스에서 57km
재스퍼에서 173km

휘슬러 캠핑장 Whistlers
레이크 루이스에서 228km
재스퍼에서 2km

와피티 캠핑장 Wapiti
레이크 루이스에서 226km
재스퍼에서 4km

밸리 오브 파이브 레이크스
Valley of Five Lakes
레이크 루이스에서 221km
재스퍼에서 9km

93A 하이웨이 교차로
Jungction With Highway 93A
레이크 루이스에서 224km
재스퍼에서 6km

허니문 호수 캠핑장
Honeymoon Lake
레이크 루이스에서 180km
재스퍼에서 50km

마운틴 커크슬린 캠핑장
Mountain Kerkeslin
레이크 루이스에서 196km
재스퍼에서 34km

컬럼비아 아이스필드 캠핑장
Columbia Icefield
레이크 루이스에서 126km
재스퍼에서 104km

윌콕스 크릭 캠핑장
Wilcox Creek
레이크 루이스에서 124km
재스퍼에서 106km

조나스 크릭 캠핑장
Jonas Creek
레이크 루이스에서 156km
재스퍼에서 74km

브라이덜 베일 폭포
Bridal Veil Falls
레이크 루이스에서 113km
재스퍼에서 117km

크로싱 The Crossing
레이크 루이스에서 77km
재스퍼에서 153km

선웝터 고개 Sunwapta Pass
레이크 루이스에서 122km
재스퍼에서 108km

아이스필드 파크웨이 명소
Best Spot

크로풋 빙하 Crowfoot Glacier

아이스필드 파크웨이로 들어서면 왼편으로 와푸틱 빙원Waputic Icefield이 길게 뻗어 있다. 그 연봉의 끝에 크로풋 빙하가 있다. 아이스필드 파크웨이에서 처음 맞아주는 절경이다. 크로풋 빙하는 빙하의 모양이 까마귀 발처럼 세 갈래로 뻗어 있다고 해서 붙여진 이름이다. 그러나 지구온난화의 영향으로 빙하 한 개가 사라지고 두 개만 남았다. 빙하 아래 헥터 호수Hector Lake가 길게 뻗어 있다.

보우 호수&눔티자 로지
Bow Lake&Num-Ti-Jah Lodge

아이스필드 파크웨이에서 헥터 호수에 이어 두 번째 만나는 호수가 보우 호수다. 호수를 가운데 두고 왼쪽에 크로풋 빙하, 오른쪽에 보우 빙하가 자리해 아름다운 풍경을 연출한다. 두 개의 빙하가 녹은 물이 호수로 흘러들고, 이 호수에서 출발한 물이 보우 강이 되어 밴프까지 흘러가 보우 폭포를 만든다. 보우 호수는 호숫가를 따라 산책로가 있고, 벤치도 있어 밴프의 호숫가에서 점심 먹기 좋은 5곳 가운데 한 곳으로 꼽히고 있다. 보우 호수에는 특별한 로지가 있다. 빨간색 지붕에 통나무로 지은 눔티자 로지가 그것. 눔티자는 원주민 말로 '담비'를 뜻한다. 이 로지는 1800년대 후반 이곳에 첫발을 디딘 후 평생을 살다간 심슨의 혼이 깃든 곳이다. 심슨은 이곳에 통나무집을 짓고, 사냥과 가이드, 모피 교역을 했다. 또 관광객에게 잠자리와 식사도 제공했다. 그 후 눔티자 로지는 지금껏 아주 특별한 로지로 남아 있다. 로지 안에는 늑대와 코요테의 모피부터 다양한 기념품을 판다. 로지의 프런트에는 무스와 엘크의 뿔로 등받이와 손잡이를 만든 의자가 있어 눈길을 끈다. 당시 이곳에서 즐기던 스키도 전시되어 있다. 레스토랑에서는 부담스럽지 않은 가격에 맛깔스런 음식도 제공한다.

보우 고개 Bow Pass

보우 호수를 지나면 도로는 꾸준한 오르막으로 이어진다. 보우 고개를 향해 가는 길이다. 고개를 향해 가다 뒤돌아보면 길과 빙하가 어울려 절경이다. 특히, 저녁 무렵이면 황금색으로 물든 하늘과 어울려 더욱 아름답다. 보우 고개는 대륙분수령으로 불린다. 이 고개를 기점으로 북쪽으로 흘러내리는 물줄기는 서스캐처원 강 Saskatchewan River이 되어 북극으로 흘러든다. 남쪽으로 흘러가는 물은 보우 강이 되어 대서양으로 흘러간다. 보우 고개의 높이는 해발 2,060m. 캐나다 로키에서 차로 넘을 수 있는 가장 높은 고개다. 이 고개는 1년에 9개월은 눈이 쌓여 있다. 눈이 녹으면 고산식물의 보고로 변한다.

페이토 호수 전망대 Pyeto Lake Viewpoint

보우 고개 정상에서 몇 걸음만 보태면 페이토 호수 전망대에 설 수 있다. 페이토 호수는 캐나다 로키에서 물빛이 가장 아름답기로 소문난 곳. 대부분의 호수는 호반에서 감상하지만 이곳은 높은 전망대에서 내려다보기 때문에 물빛이 한결 더 푸르다. 페이토 호수는 이곳 국립공원의 1호 레인저이자 이름난 가이드 겸 사냥꾼이었던 빌 페이토 Bill Peyto의 이름을 따서 지은 것이다. 빌 페이토의 초상은 캘거리에서 캐나다 횡단 고속도로를 따라 밴프로 들어가는 입구를 비롯해 캐나다 로키 어디서든 쉽게 찾아볼 수 있다. 주차장에서 호수 전망대까지는 500m거리. 산책로 주변은 고산식물의 생태를 알려주는 다양한 안내판이 서 있다. 또 여름에는 수많은 들꽃이 피어난다. 페이토 호수 전망대는 데크로 만들어졌다. 이곳에 서면 옥빛의 호수와 아이스필드 파크웨이를 따라 남북으로 길게 펼쳐진 캐나다 로키가 장관이다.

크로싱 Crossing

아이스필드 파크웨이와 데이비드 탐슨 하이웨이 David Thompson Highway가 만나는 지점이다. 이곳에서 데이비드 탐슨 하이웨이를 따라 동쪽으로 가면 로키 마운틴 하우스Rocky Mountain House를 거쳐 레드 디어Red Deer까지 이어진다. 이 길은 19세기까지 모피교역을 위한 중요한 루트였다. 크로싱에는 주유소와 모텔, 레스토랑, 기념품 가게 등이 들어선 휴게소The Crossing Lodge가 있다. 이곳은 두 개의 길이 만나는 지점이라 이용객이 많다. 그러나 캐나다 로키의 가장 깊숙한 곳에 자리한 휴게소라 모든 게 비싸다. 자동차 연료의 경우 밴프와 비교해 최소 30% 이상 비싸다. 다른 곳과 달리 셀프가 아닌 직원이 주유를 해주는 것도 특징이다.

미스타야 협곡 Mistaya Canyon

보우 고개에서 나뉜 물줄기는 페이토 호수를 거쳐 서스캐처원 강이 되어 북극으로 흘러간다. 이 강이 워터파울 호수Waterfowl Lakes를 지나 북쪽에서 내려오는 물과 합류하기 전에 대단한 협곡을 만들어 놨는데, 이곳이 미스타야 협곡이다. 오랜 세월 급류가 바위를 뚫고 지나가면서 아주 깊은 협곡이 형성된 것이다. 미스타야 협곡에는 협곡 위에 다리를 만들어 그 모습을 볼 수 있게 했다. 협곡은 발을 잘못 놀리면 그대로 낭떠러지로 떨어질 수 있어 반드시 안전한 곳에서 감상해야 한다. 주차장에서 다리까지는 300m 거리다.

선웝터 고개 Sunwapta pass

크로싱을 지나면 아이스필드 파크웨이는 컬럼비하 대빙원을 향해 달려간다. 컬럼비하 대빙원으로 가려면 선웝터 고개(2,035m)를 넘어야 한다. 이 고개는 보우 고개와 함께 아이스필드 파크웨이에서 두 번째로 높다. 이 고개를 중심으로 애서배스카 강Athabasca River과 서스캐처원 강이 나뉜다. 선웝터 고개를 오르다보면 전망대가 나온다. 이곳에서 내려다보는 아이스필드 파크웨이와 서스캐처원 강이 인상적이다. 또한, 씨어스 산Mt. Cirrus에서 흘러내리는 브라이들 베일 폭포 Bridal Veil Falls의 장관도 볼 수 있다. 선웝터 고개의 정상은 어디가 고갯마루인지 모를 정도로 넓고 평평하다. 길 왼쪽에는 애서배스카 산이 우뚝하다. 봉우리에는 푸른 빙하가 당장이라도 쏟아질 것처럼 얹히어 있다. 애서배스카 산을 끼고 돌면 컬럼비아 아이스필드 센터Columbia Icefield Centre가 모습을 드러낸다. 이곳부터 재스퍼 국립공원의 영역에 든다.

애서배스카 폭포 Athabasca Falls

선웝터 폭포를 지난 강은 다시 한 번 애서배스카 폭포에서 요동친다. 이번에는 규모가 더 크다. 그 사이 여러 계곡에서 흘러내려온 물이 더해져 강의 덩치가 훨씬 커졌다. 당연히 폭포 물살도 거세고, 그 물살이 부수고 나간 협곡도 더 드라마틱하다. 폭포에서 쏟아지는 물줄기가 어찌나 강렬한지 바라만보고 있어도 물속으로 빨려들 것 같은 착각이 인다. 애서배스카 폭포는 다양한 전망대를 가지고 있다. 어느 한 곳에서 전체를 다 조망할 수 없기 때문이다. 따라서 협곡을 따라 쳐 놓은 펜스를 따라 돌면서 다양한 각도에서 폭포와 협곡을 감상하는 게 좋다. 애서배스카 폭포에서 재스퍼로 가는 길이 나뉜다. 서둘러 가고 싶다면 아이스필드 파크웨이를 계속 타고 간다. 과거의 향수를 느끼고 싶다면 93A 하이웨이 Highway 93A를 따라 간다. 이곳에서 재스퍼까지는 30km 거리. 93A 하이웨이를 따라가면 와바소Wabasso 캠핑장과 재스퍼가 품은 비밀스런 이디스 카벨 산Mt. Edith Cavell으로 갈 수 있다.

컬럼비아 대빙원 설상차 투어
Columbia Icefield

캐나다 로키에서 어디를 갈까. 사람들에게 이 물음을 던지며 십중팔구 컬럼비아 대빙원을 꼽을 것이다. 그만큼 컬럼비아 대빙원은 캐나다 로키 여행자라면 누구나 가보고 싶어 하는 로망이다.

컬럼비아 대빙원은 밴프와 재스퍼 국립공원의 경계에 자리했다. 이 빙원은 빙하기가 남긴 유산으로 겨울에 내린 눈이 녹지 않고 수만년 동안 쌓이면서 만들어졌다. 이 빙원에서 계곡을 따라 낮은 곳으로 흘러내려온 것을 빙하라 부른다. 컬럼비아 대빙원의 경우 우리 눈에 보이는 것은 아주 작은 부분이다. 설상차를 타고 가는 곳은 컬럼비아 대빙원에서 흘러내린 5개의 빙하 가운데 하나인 애서배서카 빙하Athabasca Glacier다. 이 빙하는 길이가 6km, 폭이 1km에 달한다. 빙하의 얼음 두께는 최소 60m에서 최대 300m에 이른다. 컬럼비아 대빙원은 유일하게 빙하 위로 차가 올라간다. 남미나 알래스카에도 빙하를 볼 수 있는 곳이 있지만 차가 빙하 위로 올라가는 곳은 이곳이 유일하다. 빙하를 오가는 설상차는 빙판에 미끄러지지 않게 특수하게 고안됐다. 바퀴가 어른 키만큼 크다. 어찌나 큰지 빙하에 내린 사람들은 빙하는 관심에도 없고 우선 설상차의 바퀴부터 사진을 찍으려고 한다.

1. 빙하를 배경으로 사진을 찍는 엄마와 아이 2. 설상차에서 바라본 컬럼비아 빙하 위의 관광객들 3. 여행자 안내소에서 바라본 컬럼비아 대빙원

컬럼비아 대빙원로 가는 설상차는 브루스터Brewster에서 운영한다. 컬럼비아 대빙원과 마주보는 안내센터에는 여행자 안내소와 호텔, 식당, 매표소가 있는 건물이 있다. 이곳에서 입장권을 사서 버스를 탄 후 설상차를 타는 터미널로 이동한다. 매표소에서 설상차 터미널까지 가는데 걸리는 시간은 8분. 버스를 타고 가는 동안 운전사의 설명이 이어진다. 빙하의 웅장한 모습이 점점 가까워지고, 터미널에 서 있는 설상차의 거대한 바퀴의 크기가 느껴지면 사람들의 기대감은 한층 부풀어 오른다.

버스에서 내려 지정된 설상차에 오르면 빙원을 향해 출발한다. 빙원으로 가는 길 초입은 아주 가파르다. 자칫 차가 굴러 떨어질지도 모른다는 불안감이 들 정도다. 그러나 최대 시속 18km의 설상차는 천천히, 그리고 안전하게 빙원을 향해 내려간다. 설상차를 운전하는 기사는 투어 가이드 역할도 겸한다. 그는 컬럼비아 대빙원의 크기와 역사에 대해 유머를 곁들여 설명해 준다. 관광객들은 운전사의 설명을 들으며 차창 밖으로 보이는 빙하에서 눈을 떼지 못한다. 여름철에는 빙하 녹은 물이 빙하 위를 흘러내려가기도 한다. 설상차가 빙원의 중심까지 가는 데는 10분쯤 걸린다.

설상차에서 내리면 찬바람이 휘감는다. 한여름에도 점퍼를 껴입어야할 만큼 차갑다. 바람이 없어도 빙하에서 올라오는 서늘한 기운이 느껴진다. 관광객들은 설상차에서 내리기 무섭게 사진을 찍는 데 여념이 없다. 빙하에 머물 수 있는 시간은 10분 남짓. 이 시간 동안 최대한의 추억을 만들려는 생각에 몸이 바쁘다. 물론, 자신보다 더 큰 설상차의 바퀴를 찍는 것도 잊지 않는다.

글레이셔 스카이워크 Glacier Skywalk

컬럼비아 아이스필드에서 재스퍼로 가는 길에 있다. 선웝터 밸리 절벽에 타원형의 전망대를 만들어 놨다. 이 전망대의 바닥은 유리로 되어 있다. 협곡 바닥부터 전망대까지 높이는 280m. 바닥을 내려다보는 것만으로 아찔하다. 스카이워크 맨 끝에 서면 웅장하게 펼쳐진 캐나다 로키를 감상할 수 있다.

Data free (1-888)285-0376 open 5월 22일~8월 31일 오전 10시~오후 6시, 9월 1일~10월 10일 오전 11시~오후 5시 cost 어른 41달러, 청소년 26달러
web www.brewster.ca

관광객들은 사진 찍기를 통한 추억 만들기를 마치고 나면 그때서야 빙하에 관심을 보인다. 빙하를 손으로 움켜보기도 하고, 빙하 녹은 물에 손을 담가 본다. 또한 컬럼비아 대빙원에서 계곡을 따라 흘러내린 빙하와 그 빙하를 감싸고 있는 산들에 눈길을 준다. 마지막으로 자신이 빙하 위에 섰다는 것, 어쩌면 일생에 단 한 번 주어진 행운을 누리고 있다는 사실에 감격하게 된다.

1. 빙하 위를 걸어보는 관광객들 2. 빙하가 녹은 물이 흘러내려가는 모습을 보고 있는 관광객들

Tip 설상차 투어를 하려면 꼼꼼한 준비가 필요하다. 투어 소요 시간은 1시간 30분 내외. 그러나 여름철은 관광객이 몰려들어 몇 시간씩 기다려야 한다. 우선 입장권을 예매한 후 준비한 도시락으로 점심을 먹으면서 시간을 보내는 게 좋다. 준비물도 꼼꼼하게 체크한다. 신발은 최소한 운동화는 신어야 한다. 샌들이나 굽이 높은 구두는 위험하다. 선글라스도 필수다. 특히, 역광을 받게 되는 오후에는 눈을 뜰 수 없을 정도로 햇빛이 강렬하다. 빙하 위에서는 정해진 구역을 벗어나면 안된다.

Data 컬럼비아 아이스필드
Tel (403)762-6717 free (1)877-423-7433
open 5월 22일~10월 1일 오전 10시~오후 5시, 10월 2일~10일 오전 11시~오후 4시
cost 어른 128달러, 어린이(6~15세) 83달러
package 브루스타는 밴프와 재스퍼에서 컬럼비아 대빙원 설상차 투어와 아이스필드 파크웨이 드라이브, 선월터 밸리 스카이 워크가 포함된 패키지도 판매한다.
밴프~재스퍼는 234달러(9시간 30분 소요), 캘거리~재스퍼는 278달러(12시간 소요)
web www.explorerockies.com

애서배스카 빙하 트레킹

설상차를 타지 않고도 애서배스카 빙하를 가까이서 관찰할 수 있다. 애서배스카 빙하가 끝나는 지점에 주차장이 있다. 이곳에 차를 세워두고 빙하까지 갈 수 있다. 설상차를 타고 빙하 위에 서는 즐거움을 누릴 수는 없지만 빙하의 생성과 소멸에 대한 궁금증을 풀어볼 수 있는 좋은 기회. 여름철에는 빙하 위를 걸어볼 수 있게 산책로가 마련되기도 한다. 그러나 빙하 위를 걷는 것은 위험이 따른다. 빙하의 틈새가 갈라진 크레바스가 존재하기도 하고, 자칫 넘어져 부상을 당할 위험이 있다. 따라서 산책로를 벗어나서는 안 된다. 여행자 안내소에서 정확한 정보를 얻을 수 있다.

|Theme|
컬럼비아 대빙원의 비밀

컬럼비아 대빙원은 알래스카를 제외하고 북미에서 가장 큰 빙원이다. 빙원의 면적은 325㎢. 서울의 절반 크기다. 우리가 보는 것은 빙원에서 흘러내린 빙하의 일부분에 불과하다. 빙하를 손가락, 빙원을 손바닥으로 비유하면, 우리가 보는 것은 손가락 끝 가운데 일부일 뿐이다. 빙원의 대부분을 차지하는 손바닥과 나머지 손가락은 거의 볼 수가 없다.

빙원은 규모가 점점 커지면 자신의 무게를 견디지 못하고 아주 천천히 계곡으로 흘러내린다. 이처럼 빙원이 계곡을 따라 흘러내린 것을 빙하라 부른다. 빙하는 1년에 1.6m씩 밀려내려 온다고 한다.

컬럼비아 대빙원은 스테이트 필드State Field, 돔Dome, 컬럼비아Columbia, 캐슬 가드Castle Guard, 서스캐처원Saskatchewan, 애서배스카Athabasca 등 6개의 빙하를 거느리고 있다. 이 가운데 설상차가 올라가는 애서배스카 빙하는 세 번째로 크다. 빙하의 길이는 6km, 폭은 1km다. 설상차가 가는 최종 도착점은 빙하의 끝에서 1.5km가 채 안 된다. 과학자들에 따르면 관광객이 설상차에 내려서 밟는 빙하는 최소 400년 전에 내린 눈이 다져져 만들어진 것이라고 한다.

컬럼비아 대빙원은 규모도 크지만 대서양과 태평양, 북극으로 물길을 나누는 분기점이란 점에서도 의미가 있다. 이곳의 빙하가 녹은 물은 매켄지 강Mackenzie River과 컬럼비아 강Columbia River, 서스캐처원 강Saskatchewan River이 되어 각각 북극과 태평양, 대서양으로 흘러간다. 이처럼 한 지점에서 3개의 대양으로 물줄기가 나뉘는 곳은 세계에서 이곳과 시베리아 밖에 없다.

컬럼비아 대빙원을 처음 발견한 이들은 영국인 탐험가인 노먼 콜리와 하먼 월리다. 그들은 1898년 8월 18일 애서배스카 산 등정에 성공한 후 산정에 펼쳐진 대빙원을 보게 된다. 콜리는 대빙원에서 가장 높은 곳에 있는 산을 컬럼비아(3,747m)라 명명했다.

그 후 20여 년 간 몇몇 탐험가만이 찾던 이곳은 밴프 출신의 사업가 브루스터가 처음으로 상업적인 투어를 시작하면서 널리 알려지기 시작했다. 초창기에는 재스퍼나 레이크 루이스에서 이곳까지 말을 타고 온 후 빙하까지는 걸어서 갔다. 빙하 위를 달리는 자동차가 처음 등장한 것은 1948년. 당시의 설상차는 뒷바퀴가 탱크처럼 캐터필러로 제작된 것이었다. 그 후 자동차는 진화를 거듭해 지금처럼 초대형 바퀴를 가진 설상차가 됐다.

컬럼비아 대빙원은 지금 지구온난화의 위험을 경고하는 상징이 됐다. 컬럼비아 대빙원이 처음 발견되었을 때는 빙하가 아이스필드 파크웨이를 넘어서 컬럼비하 아이스필드 센터까지 닿았다고 한다. 그러나 지구온난화의 여파로 급격하게 녹기 시작해 지금의 자리까지 물러갔다. 이곳의 빙하는 1년에 10m씩 줄어들고 있다고 한다.

아이스필드 헬리콥터 투어
Icefield Helicopter Tour

헬리콥터가 애브러험 호수Abraham Lake에 위치한 헬리포트를 출발했다. 5인 승의 이 헬리콥터 앞좌석은 발밑이 유리로 되어 있다. 잠자리 눈처럼 생긴 전면부의 창을 통해 우거진 숲이 들어왔다. 그것도 잠시 헬리콥터는 고도를 높이면서 캐나다 로키로 달려가기 시작했다.

헬리콥터가 고도를 높이자 숲을 가로질러가는 계곡이 펼쳐졌다. 하늘색을 닮은 호수도 연이어 나타났다. 이윽고 수목한계선을 지나면서는 험준한 바위봉우리들이 발아래 펼쳐졌다. 봉우리에 있는 빙하는 여름을 나면서 규모가 작아졌다. 대신 빙하가 녹은 물이 떨어지면서 거대한 폭포를 만들었다. 그 가운데 하나인 윌슨 빙하Wilson Glacier에서 떨어지는 폭포는 높이가 무려 900피트(274m)나 된다고 한다. 헬리콥터는 폭포를 넘어 클라인 고개Cline Pass로 향했다.

헬리콥터가 클라인 고개 상공 위를 날자 캐나다 로키의 파노라마가 끝없이 펼쳐졌다. 조종사는 손짓으로 컬럼비아 대빙원을 가리켰다. 그러나 그곳을 바라볼 겨를이 없었다. 바로 발밑에 펼쳐진 윌슨 빙원에 시선이 꽂혔기 때문. 윌슨 빙원은 규모가 큰 편이 아니었지만 봉우리를 단단하게 움켜쥐고 선 자태가 당당했다. 빙원 아래에는 앙증맞은 크기의 마이클 호수Michael Lake가 숨어 있었다. 겨울이면 이 호수는 얼어붙고, 그 위에 눈이 쌓여서 다

시 빙하가 될 것이다.

윌슨 빙원을 한 바퀴 돈 헬리콥터는 워터폴 크릭Waterfall Creek에 착륙했다. 헬리콥터가 내린 곳은 두 개의 계곡이 만나는 깊은 숲이었다. 그곳에는 우리가 탄 헬리콥터 말고도 또 한 대의 헬리콥터가 있었다. 이들 역시 빙하를 돌아본 뒤 계곡을 따라 짧은 트레킹을 하는 투어를 선택한 것이다.

우리는 조종사를 따라 계곡을 거닐었다. 조종사는 두 개의 물줄기가 쏟아지는 작은 폭포로 안내했다. 폭포 위로 윌슨 빙원이 버티고 있다지만 빙원의 모습은 보이지 않았다. 조종사는 폭포 곁의 아늑한 바위에 식탁을 차렸다. 그는 작은 가방을 열어 샴페인을 꺼내 잔에 가득 따랐다. 아름다운 비행을 축하하는 파티를 열어주는 것이다. 기분이 샴페인의 탁 쏘는 거품만큼 상쾌했다.

샴페인을 마신 후 계곡을 조금 더 돌아본 뒤 헬리콥터로 돌아왔다. 그 사이 이웃해 있던 헬리콥터가 이륙을 시작했다. 지면을 박차고 오르는 헬리콥터의 모습을 감상한 후에 우리가 타고 온 헬리콥터에 올랐다.

헬기장으로 돌아오는 길은 애브러험 호수가 반겨주었다. 계절은 벌써 가을로 접어들면서 호숫가의 자작나무는 노랗게 물들기 시작했다. 그에 반해 호수는 너무 파랗고, 숲은 깊었다. 자연이 연출하는 아름다운 색의 향연을 보면서 2시간의 비행은 막을 내렸다.

1. 윌슨 빙원 위에 솟은 산 2. 헬리콥터를 타고 가며 바라보는 캐나다 로키의 빙하 3. 하늘에서 내려다본 윌슨 빙원 4. 워터폴 크릭의 작은 폭포 5. 하늘에서 내려다본 워터폴 크릭

아이스필드 헬리콥터 투어

캐나다 로키에서는 캔모어, 재스퍼 등 여러 곳에서 헬리콥터 투어를 할 수 있다. 이 가운데 아이스필드 지역 헬리콥터 투어는 록키스 헬리 캐나다Rockies Heli Canada가 유명하다. 이 회사는 아이스필드 파크웨이 크로싱에서 데이비드 탐슨 하이웨이를 따라 동쪽으로 42km 떨어진 애브러험 호수Abraham Lake 곁에 있다. 이곳에서 운영하는 투어 프로그램은 다양하다. 헬리콥터 투어는 기본이고, 트레킹, 스키, 요가, 결혼식, 낚시 등 다양한 프로그램을 결합해서 진행한다. 헬리콥터 투어는 클라인 빙원(20분) 279달러, 에픽 서밋+아이스필드 투어(30분) 459달러, 컬럼비아 대빙원(55분) 779달러다. 여기에 하이킹, 피크닉, 스파클링 와인 같은 옵션을 추가할 수 있다.

Data Tel 403-721-2100 **Free** (1)888-844-3514
Web www.rockiesheli.com

아이스필드 파크웨이의 캠핑장
Camping Ground

모스키토 크릭 Mosquito Creek

레이크 루이스에서 아이스필드 파크웨이로 접어들어 처음 나타나는 캠핑장이다. 헥터 호수와 보우 호수 사이에 있는 작은 캠핑장으로 연중 개방한다. 광장이 넓어 당일 피크닉 장소로도 괜찮다. 캠핑장 왼쪽으로 개울이 흘러간다. 개울은 캠핑장과 높낮이가 비슷해 쉽게 드나들 수 있다. 개울은 잔돌이 깔려 있고, 그 위로 맑은 물이 흘러간다. 캠핑 사이트는 모두 32개. 진입로를 기점으로 왼쪽에 8개, 오른쪽에 24개가 있다. 시설은 가장 기초적인 수준. 셀프등록제로 운영되고 있으며 재래식 화장실 2곳과 쉘터 1개가 전부다. 사이트에는 화로와 테이블이 설치되어 있다. 특히, 이 캠핑장은 음용 가능한 물이 없다는 게 가장 큰 흠이다. 텐트 중심의 캠퍼에게 유리하다. 임시로 하룻밤 지내기에는 나쁘지 않다.

Data Site 32개 Access 레이크 루이스에서 재스퍼 방면으로 23km 거리 Open 6월 1일~10월 12일 (셀프등록, 예약 불가) Cost 18.75달러, 장작 9.25달러 etc 식수 없음

워터파울 레이크 Waterfowl Lakes

캠핑 사이트가 116개로 제법 큰 편이다. 덤프 스테이션도 있고, 캠핑장 진입로도 널찍해 트레일러 등 캠핑카를 이용하기도 편리하다. 캠핑장 곁에 있는 워터파울 호수도 꽤 크다. 캠핑장은 7개의 구역으로 나뉘어져 있다. 캠핑장이 아이스필드 파크웨이에 붙어 있어 가급적 안쪽에 자리를 잡는 게 조용하다. 그러나 음수대와 화장실을 고려하면 진입로에서 가까운 쪽이 유리한 면도 있다. 캠핑장 가운데서 가장 안쪽에 있는 102~114번은 워크 인 사이트다. 차량은 안으로 진입할 수 없다. 캠핑 사이트도 비좁고, 화로나 테이블도 작다. 그러나 음수대와 화장실, 쉘터 등의 시설이 몰려 있어 텐트를 이용한 캠퍼에게는 나쁘지 않다. 자리를 잡을 때는 화장실과 가까운 쪽을 잡는 게 유리하다.

Data Site 116개 Access 레이크 루이스에서 재스퍼 방면으로 57km 거리 Open 6월 26일~9월 7일 (셀프등록, 예약 불가) Cost 23달러, 장작 9.25달러

램파트 크릭 Rampart Creek

아이스필드 파크웨이와 데이비드 탐슨 하이웨이가 만나는 크로싱에서 북쪽으로 11km 떨어진 캠핑장이다. 서쪽에는 빙하 녹은 물이 흘러가는 강이, 오른쪽은 마법의 성처럼 우뚝한 암봉이 솟아 있다. 캠핑 사이트는 모두 50개. 이 가운데 1~10번은 1구역, 나머지 사이트는 안쪽에 배치되어 있다. 1구역은 캠핑장 입구에서 오른쪽에 원형으로 설계됐다. 캠핑장 안쪽에 있는 사이트는 다시 4개의 구역으로 나뉘어져 있다. 3개는 캠핑카와 텐트가 함께 쓸 수 있는 사이트, 나머지는 텐트 전용이다. 텐트 전용은 차량이 출입할 수 없다. 강과 가까운 쪽에 있는 사이트가 인기가 높다. 이곳은 사이트에서 10m만 걸어 나가도 강에 닿는다. 쉘터는 모두 3개. 화장실도 3곳 있다. 음수대는 텐트 전용 사이트 앞의 쉘터에 붙어 있는 것이 전부다. 이 물은 끓이지 않고 먹을 수 있다.

Data Site 50개
Access 레이크 루이스에서 재스퍼 방면으로 88km, 컬럼비아 대빙원에서 밴프 방면으로 41km 거리
Open 6월 1일~10월 12일(셀프등록, 예약 불가)
Cost 18.75달러

윌콕스 크릭 Wilcox Creek

캐나다 로키에서 가장 높은 곳에 자리한 캠핑장이다. 캠핑장이 자리한 곳은 선웝터 고개(2,030m)의 정상으로 컬럼비아 대빙원과 2km 남짓한 거리다. 이 캠핑장은 캠핑카에 적합하게 설계됐다. 전기나 샤워 등의 편의시설은 없지만 캠핑카가 이용하기 편리하게 진입로와 사이트 등을 만들었다. 특히, 겨울에도 개장해 캐나다 로키의 겨울이 궁금한 캠퍼들의 사랑을 받는다. 캠핑장은 모두 6개의 구역으로 나뉘어져 있으며, 구역마다 5~8개의 사이트가 있다. 캠핑 사이트는 트레일러도 편리하게 주차를 위해 길을 따라 일자로 설계됐다. 각 구역마다 화장실과 음수대, 쉘터가 설치되어 있다. 덤프 스테이션은 캠핑장을 나가는 곳에 있다. 샤워 등의 편의시설이 부족한 편이지만 컬럼비아 대빙원의 아름다움을 제대로 감상하고 싶다면 이곳을 이용하는 게 좋다.

Data Site 46개
Access 레이크 루이스에서 재스퍼 방면으로 124km, 재스퍼에서 밴프 방면으로 107.5km 거리
Open 6월 15일~9월 19일
(셀프등록, 예약 불가) **Cost** 26달러(장작 포함)

컬럼비아 아이스필드 Columbia Icefield

컬럼비아 아이스필드 센터와 1km 거리를 두고 있는 텐트 전용 캠핑장이다. 캠핑카나 트레일러는 이용할 수 없다. 텐트를 비롯한 캠핑 장비를 최소화시켜 여행하는 알파인 스타일의 캠퍼에게 이름이 높다. 이 캠핑장은 사이트의 편차가 심한 편이라 일찍 자리를 잡아야 좋은 자리를 얻을 수 있다. 캠핑장의 규모는 아담한 편. 텐트 전용이라서 사이트를 작게 설계했다. 작은 텐트 한 동과 차량을 주차할 수 있는 공간이 전부다. 테이블과 화로는 기본으로 설치됐다. 캠핑장은 원형으로 설계됐다. 일방통행으로 된 길을 따라 가면서 사이트가 들어서 있다. 이 가운데 3~7번은 워크 인 사이트다. 은둔형 캠퍼에게 인기가 높지만 짐을 손수 날라야 하는 것이 불편하다. 화장실은 캠핑장 입구와 위쪽에 2개가 있다. 쉘터도 2개다. 음수대는 캠핑장 위쪽, 장작 보관소는 초입에 있다.

Data Site 33개
Access 레이크 루이스에서 재스퍼 방면으로 125km, 재스퍼에서 밴프 방면으로 106km 거리
Open 5월 16일~10월 13일(셀프등록, 예약 불가)
Cost 26달러(장작 포함)

조나스 크릭 Jonas Creek

컬럼비아 대빙원에서 재스퍼 방면으로 향하면서 처음 만나는 캠핑장이다. 캠핑장은 하이웨이와 바짝 붙어 있다. 밤에는 차량통행이 적어 괜찮지만 이른 아침부터 질주하는 차량의 소음으로 정숙성이 떨어진다. 캠핑장은 아주 작다. 전체 사이트는 25개. 이 가운데 4개는 텐트를 이용하는 캠퍼를 위한 워크 인 사이트다. 나머지는 원형으로 설계되어 일방통행으로 진입한다. 대부분의 사이트가 작은 규모라 트레일러는 부적합하다. 워크 인 사이트는 낮지만 가파른 언덕 위에 있다. 특별한 경우가 아니면 가급적 피하는 게 좋다. 캠핑장 시설은 화장실과 음수대, 쉘터, 장작 등이 전부다. 화장실과 음수대는 캠핑장 가장 안쪽에 있다. 쉘터와 셀프등록대, 장작 보관소는 캠핑장 왼쪽에 있다. 전체적으로 시설이 열악해 타 캠핑장이 여의치 않을 경우 임시로 이용하는 게 좋다.

Data Site 25개
Access 레이크 루이스에서 재스퍼 방면으로 153km, 재스퍼에서 밴프 방면으로 78km 거리
Open 5월 16일~9월 1일(셀프등록, 예약 불가)
Cost 26달러(장작 포함)

허니문 레이크 Honeymoon Lake

밴프의 투 잭 레이크 사이드와 더불어 호숫가에 자리한 아름다운 캠핑장이다. 호수는 마치 캠핑장을 감싸듯이 좌우로 길게 자리했는데, 아침나절에는 노을이 호수를 붉게 물들인다. 호수가를 산책하다 만나는 흔들의자는 이 호수가 선사하는 선물이다. 캠핑장은 하이웨이에서 멀찌감치 떨어져 있다. 사이트는 많지 않은 편. 트레일러를 설치할 수 있는 사이트를 포함해 35개가 전부다. 캠핑장은 A(1~20)와 B(21~35) 두 개 구역으로 나뉘어 있다. 이 중 호수에 가까운 쪽이 A구역이다. B구역은 안쪽에 있는 것처럼 보이지만 사실은 하이웨이와 더 가깝다. 편의시설은 음수대와 전화기, 장작, 쉘터, 화장실 등이다. 샤워나 덤프스테이션, 전기 등은 설치되어 있지 않다. 베스트 사이트는 23~28번. 호수와 10m도 안 떨어져 있다. 여름에는 호수에서 수영도 할 수 있다.

Data Site 35개
Access 레이크 루이스에서 재스퍼 방면으로 180km, 재스퍼에서 밴프 방면으로 52.5km 거리
Open 6월 20일~9월 1일(셀프등록, 예약 불가)
Cost 26달러(장작 포함)

마운틴 커크슬린 Mt. Kerkeslin

애서배스카 폭포를 6km 앞에 두고 있는 캠핑장이다. 이 캠핑장의 이름이 된 마운틴 커크슬린Mt. Kerkeslin은 하이웨이 건너편에 솟아 있다. 캠핑장 서쪽으로는 애서배스카 강이 흘러간다. 캠핑장은 크게 2개 구역으로 나뉘어져 있다. 입구에서 바로 시작되는 A구역은 모두 16개의 사이트가 있다. 일방통행으로 진입할 수 있도록 원형으로 설계됐다. 오른쪽에 쉘터와 장작 보관소, 화장실, 음수대, 셀프등록대가 있다. A구역에서 강까지는 지척이다. B구역은 300m쯤 떨어져 있다. B구역까지는 자작나무와 전나무가 자란 아름다운 숲길을 지나간다. A구역이 텐트 캠퍼들에게 적합하다면 B구역은 트레일러나 캠핑카 이용자에게 적합하게 설계되어 있다. B구역은 타원형으로 길게 만들어졌다. 편의시설은 화장실과 음수대, 장작 보관소 정도다.

Data Site 42개
Access 레이크 루이스에서 재스퍼 방면으로 196km, 재스퍼에서 밴프 방면으로 36km 거리
Open 6월 20일~9월 1일(셀프등록, 예약 불가)
Cost 26달러(장작 포함)

캐나다 랜드마크 가운데 하나인 멀린 호수

JASPER
재스퍼

재스퍼는 밴프와 함께 캐나다 로키의 한 축이다. 국립공원 면적은 캐나다 로키에서 가장 넓다. 캐나다 로키의 얼굴이라 불리는 컬럼비아 대빙원도 재스퍼 안에 있다. 은밀한 협곡을 따라가다 만나는 멀린 호수의 풍경은 캐나다 10대 절경 가운데 하나로 불린다.

재스퍼는 '자연주의 공화국'이라 불린다. 관광객으로 넘쳐나는 밴프에 비해 때가 덜 탔다. 가까운 대도시인 에드먼튼조차 400km 이상 떨어져 있다. 이 때문에 재스퍼의 웅장한 자연을 탐닉하려는 충성도 높은 관광객들이 찾아온다. 그들은 자연 속에 조용히 파묻혀 있는 숨은 명소를 찾아다니며 재스퍼를 즐긴다.

재스퍼는 또 동물의 천국이다. 캠핑장과 도로, 심지어는 재스퍼 다운타운에도 왕관처럼 뿔을 이고 있는 엘크가 나타난다. 그들은 이 땅이 본래 자신들의 영토였다는 것을 시위라도 하듯이 태연하다. 그런 동물과 마주하고 나면 힘들여 재스퍼를 찾은 고생이 눈 녹듯이 사라진다.

CANADA ROCKY
재스퍼

재스퍼의 명소
Best Spot

피라미드 호수 Pyramid Lake
재스퍼 다운타운 뒤편에 숨겨진 보물 같은 호수다. 피라미드 산Mt. Pyramid이 투영된 호수와 나무다리를 타고 걸어 들어가는 작은 섬 등이 어울려 있다. 여행자는 물론 현지인들의 피크닉 장소도로 인기다.

재스퍼 트램웨이
Jasper Tramway
밴프 설퍼 산 곤돌라와 함께 캐나다 로키의 장관으로 안내하는 케이블카다. 캐나다에서는 가장 길고, 높은 케이블카로 이름났다. 전망대에서 휘슬러 산Mt. Whistlers 정상으로 가는 짧은 트레킹 코스도 빼놓을 수 없는 명소다.

→ 밴쿠버

재스

마모트 베이슨 스키장

아이스 파크웨

재스퍼 다운타운 Jasper Downtown
재스퍼의 베이스캠프다. 다운타운은 애서배스카 강Athabasca River 북쪽의 너른 평원에 자리했다. 거리에는 알프스 로지풍의 건물이 지붕과 지붕을 맞대고 이어져 있다. 다운타운은 30분이면 다 돌아볼 수 있을 만큼 아담하지만 재스퍼를 즐길 수 있는 모든 것을 갖추고 있다. 밴프에 비하면 한결 한갓지다.

← 밴프

이디스 카벨 산 Mt. Edith Cavell
야성미가 넘치는 아름다운 빙하와 호수를 품고 있는 산이다. 엔젤 빙하Angel Glacier에서 떨어진 빙산이 호수에 둥둥 떠다닌다. 카벨 메도우Cavel Medow 트레킹을 나서면 빙하와 호수 둘 다 볼 수 있다.

페어몬트 재스퍼 파크 로지
Fairmont Jasper Park Lodge

재스퍼 다운타운에서 애서배스카 강 건너에 있다. 부베르 호수Lac Beauvert를 끼고 있는 이 산장풍의 호텔은 밴프 스프링스 호텔과 샤또 레이크 루이스 호텔을 운영하고 있는 페어몬트 호텔그룹에서 운영한다. 럭셔리한 호텔과 아름다운 자연이 있어 하루쯤 피크닉을 즐기기 좋다.

미에테 온천 Miette Hot Springs

캐나다 로키의 3대 온천 가운데 하나다. 산들이 병풍처럼 둘러쳐진 외진 골짜기에 있어 여름철에도 호젓하다. 현지인들은 며칠씩 묵어가면서 온천욕을 즐긴다. 온천으로 가는 초입은 한 때 석탄광산으로 유명했던 곳이다.

멀린 협곡 Maligne Canyon

밴프의 존스턴 협곡Johnston Canyon과 더불어 캐나다 로키의 계곡미를 상징한다. 특히, 이곳은 메디신 호수Medicine Lake에서 땅속으로 스며 흐르던 물이 솟구쳐 협곡을 만든 독특한 지형이다. 겨울에는 얼음 위를 걷는 아이스 워크Ice Walk로도 유명하다.

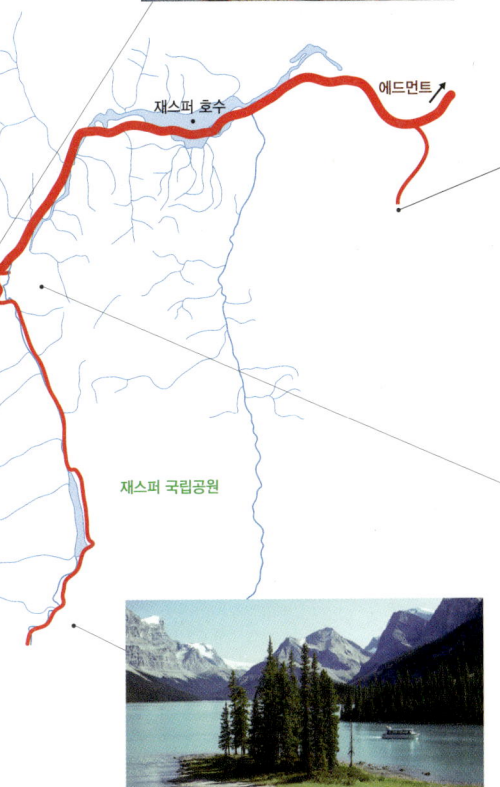

멀린 호수 Maligne Lake

캐나다의 랜드마크가 된 호수다. 호수의 길이가 22km로 캐나다 로키의 호수 가운데 가장 길다. 크루즈를 타고 호수를 거슬러 가면 스피릿 섬Spirit Island에 닿는다. 빙하를 병풍처럼 두르고 있는 이 작은 섬은 캐나다 로키의 상징으로 엽서에 단골로 등장한다.

재스퍼 다운타운
Downtown

재스퍼의 첫 느낌은 소박하다. 남성미가 넘치는 산들로 둘러싸인 밴프에 비하면 여성스럽다. 재스퍼를 감싼 산들은 위협적이지 않다. 마을에서 멀찍이 나앉아 있다. 마을 앞으로는 애서배스카 강이 넉넉한 모습으로 흘러간다.

밴프는 밴프 애비뉴Banff Ave가 중심이다. 동서로 길게 뻗은 이 길만 밟으면 된다. 반면 재스퍼의 중심거리는 코너트Connaught와 패트리샤Patricia 2개다. 아이스필드 파크웨이와 이어지는 코너트는 재스퍼 다운타운의 얼굴 역할을 한다. 한쪽은 레스토랑과 기념품 가게가, 다른 한쪽은 주차장과 기차역이 있다. 패트리샤는 코너트에서 마을 안쪽으로 한 블록 더 들어간 곳으로 레스토랑과 기념품점, 여행사 등이 몰려 있다.

재스퍼를 찾은 관광객이라면 이 두 개의 거리를 한 바퀴 도는 것이 공식화됐다. 관광객은 우선 코너트를 따라 재스퍼 기차역을 찾아간다. 기차역 앞에 서 있는 오래된 증기기관차 앞에서 기념사진을 촬영하는 것 또한 공식처럼 됐다. 다음 목적지는 재스퍼 여행자 안내소다. 너른 잔디밭 가운데 통나무로 지은 이 건물은 재스퍼의 상징이다. 1913년에 건축되어 100년의 역사를 간직하고 있다.

재스퍼 여행자 안내소가 터닝 포인트다. 관광객들은 이곳에서 패트리샤 거리를 따라 되돌아 내려간다. 이 거리는 코너트 보다 훨씬 아기자기하다. 길을 따라 좌우로 상점과 레스토랑, 커피숍 등이 자리했는데, 통나무로 장식한 알프스풍의 건물이 이국적이다. 래프팅이나 낚시 등 재스퍼에서 할 수 있는 모든 아웃도어도 이 거리에서 예약할 수 있다. 두 개의 거리를 돌아보는 데는 넉넉잡고 1시간이면 충분하다.

재스퍼는 관광객들이 끊임없이 이어지는 밴프와는 다르다. 훨씬 차분하면서 여유가 있다. 또한 여행자들이 젊다. 이들은 재스퍼에서 활동적인 아웃도어를 즐기려고 한다. 재스퍼는 그런 젊은 여행자들의 베이스캠프와도 같다.

1. 재스퍼 다운타운의 소방서 건물 2. 재스퍼 기차역에 전시된 증기기관차 3. 재스퍼의 얼굴 코너트 거리를 걷는 여행자들

재스퍼 여행자 안내소

재스퍼의 얼굴이다. 1913년에 건축되어 거의 100년의 역사를 간직하고 있다. 지붕은 빛바랜 붉은색 판자, 외벽은 크고 작은 바위를 이용해 지었다. 고풍스런 외관만큼 실내도 작은 박물관처럼 정겹다. 재스퍼의 과거를 추억케 하는 사진과 독수리 등의 박제들이 전시되었다. 실내 오른쪽에 있는 국립공원사무소에서는 날씨와 트레킹 등 여행정보를 제공한다. 기념품점에서는 재스퍼의 특산물과 지도 등을 판매한다.

Data Add 400 Connaught Dr, Jasper
Tel (780)852-6176 Open 3월 12일~9월 28일 오전 9시~오후 7시, 9월 29일~3월 10일 오전 9시~오후 5시, 12월 25일과 1월 1일 휴무 오전 10시~오후 5시 Web www.pc.gc.ca

CANADA ROCKY
재스퍼

1. 패트리샤 거리에 있는 모터사이클 대여소
2. 재스퍼의 여행사가 몰려 있는 코너트 거리
3. 지붕이 독특한 패트리샤 거리의 건물들

재스퍼 옐로우헤드 박물관

재스퍼의 역사를 한눈에 알 수 있는 박물관이다. 재스퍼가 형성될 시기의 원주민 생활상과 1859년 이곳에 처음 발을 디딘 탐험가 제임스 캐니지 등의 자료를 모아 전시했다. 또한 캐나다를 비롯한 아메리카 북부를 무대로 모피 무역을 하던 허드슨 베이 사의 당시 교역 모습과 철도 건설, 재스퍼 국립공원 역사 등을 소개해 재스퍼를 이해하는 데 큰 도움을 준다.

Data **Add** 400 Pyramid Rd. Jasper **Tel** (780)852-3013 **Open** 성수기 오전 10시~오후 5시, (비수기는 목~일만 개관) **Web** www.jaspermuseum.org

재스퍼 안내도

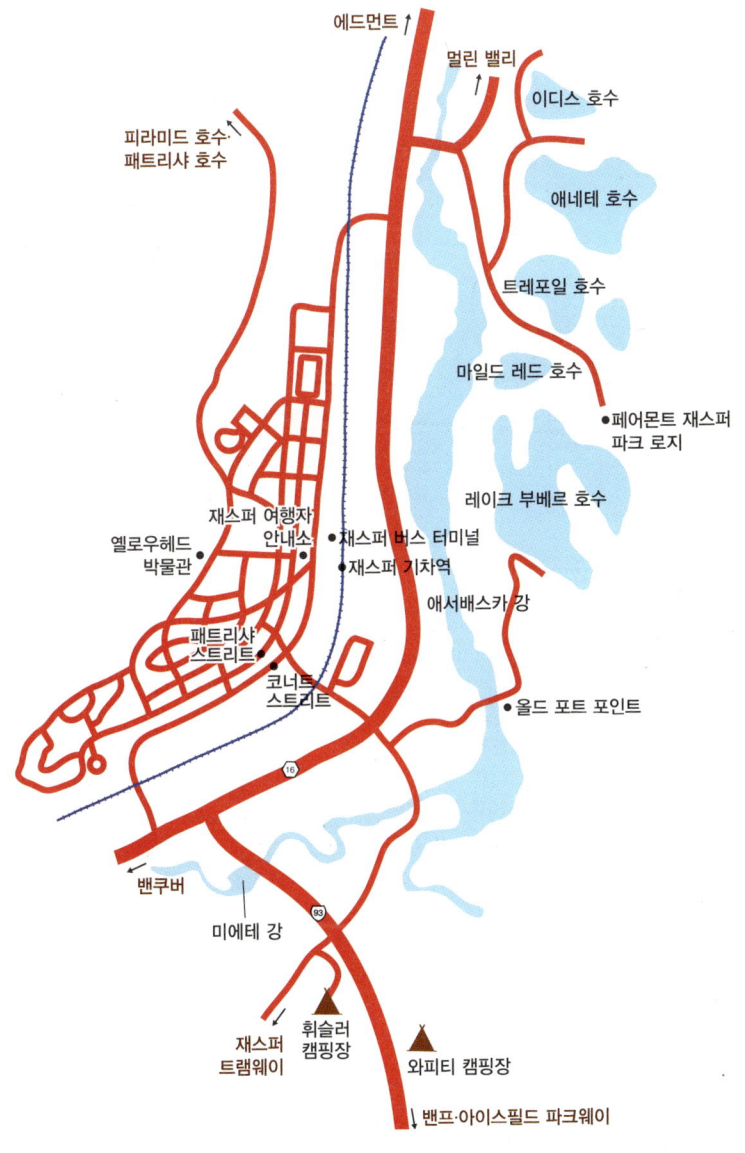

재스퍼 트램웨이
Jasper Tramway

밴프에 설퍼 산 곤돌라가 있다면 재스퍼에는 재스퍼 트램웨이가 있다. 휘슬러 산Mt. Whistlers 정상(2,480m)까지 이어진 이 트램웨이는 재스퍼의 진정한 아름다움이 어떤 것인지를 유감없이 보여준다. 이곳처럼 재스퍼 전경을 완벽하게 보여주는 곳은 없다. 이 트램웨이는 캐나다에서 가장 높은 곳까지 오르는 케이블카다.

트램웨이를 타려면 아이스필드 파크웨이에서 우회전, 휘슬러 캠핑장을 지나 4km쯤 가야 한다. 승강장의 높이는 1,304m, 트램웨이 정상의 높이는 2,277m다. 표고차가 973m에 이른다. 트램웨이는 최대 30명의 승객을 태우고 1초에 6m의 속도로 움직인다. 승강장에서 트램웨이 정상까지는 8분이 채 안 걸린다. 이 시간 동안 동승한 승무원은 휘슬러 산과 재스퍼의 역사에 대해 설명해준다.

트램웨이 정상에 도착하면 공기가 다르다. 한여름에도 폐부를 찌르는 시원한 바람이 느껴진다. 특히, 맑은 날은 재스퍼의 전경이 남김없이 펼쳐져 가슴을 탁 틔워준다. 재스퍼 다운타운과 거대한 뱀처럼 요동치며 흘러가는 애서배스카 강, 캐나다 로키의 심장을 향해 달려가는 아이스필드 파크웨이가 360도 파노라마로 펼쳐진다. 여기에 애서배스카 강과 길이를 견줄 만한 기

1. 휘슬러 산 정상부를 거니는 트래커와 병풍처럼 펼쳐진 캐나다 로키 2. 휘슬러 산 정상부에 있는 바위를 오른 트래커 3. 휘슬러 산으로 가는 길에 내려다본 재스퍼 트램웨이 곤돌라 선착장 4. 재스퍼 트램웨이 곤돌라 전망대의 여행자

다란 기차의 행렬, 피라미드 호수Pyramid Lake와 패트리샤 호수Patricia Lake 같은 숲 속에 숨겨진 비밀스런 호수들도 모습을 드러낸다.

재스퍼를 감상하던 관광객의 발걸음은 자연스럽게 휘슬러 산 정상으로 이어진다. 이 산의 이름은 휘파람을 부는 것처럼 운다는 휘슬링 마멋Whistling Marmot이 많이 서식한다고 해서 지어졌다. 산행 중에 운이 좋으면 휘슬링 마멋이나 뇌조를 볼 수 있다. 트램웨이 정상부터 이미 수목한계선 위에 있어 휘슬러 산 정상으로 가는 길은 나무 한 그루 볼 수 없다. 여름에는 초록, 가을에는 붉은 융단을 깔아놓은 것처럼 키 낮은 풀이 자라고 있다.

트램웨이 정상에서 휘슬러 산 정상까지는 30분쯤 걸린다. 대부분 부드러운 오르막이지만 가쁜 숨을 토하게 되는 구간도 있다. 그러나 힘들다는 느낌보다 전혀 다른 풍경을 마주한다는 기쁨이 더 크다. 북쪽으로는 캐나다 로키 최고봉인 랍슨 산(Mt. Robson · 3,954m)이 솟아 있다. 남쪽으로는 엔젤 빙하Angel Glacier를 품고 있는 이디스 카벨 산(Mt. Edith Cavell · 3,363m)이 신비스러운 모습을 드러낸다.

휘슬러 산 정상에는 마일 포스트가 설치되어 있다. 이것을 통해 사방에 자리한 산들의 이름과 높이, 거리를 알 수가 있다. 정상부는 거의 둥근 평원처럼 됐다. 어디를 돌아봐도 눈 돌리기 아까운 장관이라 가슴이 설렌다.

재스퍼 트램웨이

재스퍼 트램웨이는 여름철에 아주 붐빈다. 이른 아침에 출발해야 늦지 않는다. 휘슬러 산 정상까지 밟을 계획이라면 물과 도시락을 챙겨가는 게 좋다. 날이 궂으면 타지 않는 게 상책이다. 아무 것도 보이지 않는다. 또한 휘슬러 산 정상으로 가는 길은 이정표로 삼을 만한 것이 적어 자칫 길을 잃을 수도 있다. 겨울에는 운영하지 않는다.

Data **Add** Box 418, Jaspe **Tel** (780)852-3093 **Free** (1)866-850-8726 **Open** 3월 25일~5월 19일 오전 10시~오후 5시, 5월 20일~6월 23일 오전 9시~오후 8시, 6월 24일~9월 5일 오전 8시~오후 9시, 9월 6일~10월 30일 오전 10시~오후 5시 **Cost** 어른 57.30달러, 청소년(6~15세) 30.35달러, 6세 이하 무료 **Web** www.jaspertramway.com

피라미드 호수 & 패트리샤 호수 드라이브
Pyramid Lake&Patricia Lake

피라미드 호수는 숨어 있다. 재스퍼 다운타운에 닿을 때만 해도 이 호수는 존재를 드러내지 않는다. 재스퍼 다운타운 뒤에는 피라미드를 닮은 산이 솟아 있을 뿐이다. 그러나 지도를 보거나, 재스퍼 트램웨이를 타고 가다보면 이 호수의 존재를 확인할 수 있다. 특히, 이 호수는 재스퍼 시내에서 10분이면 닿을 수 있는 곳에 위치해 짧은 드라이브만으로도 재스퍼의 매력을 흠뻑 느낄 수 있다.

피라미드 호수는 재스퍼 다운타운 뒤로 난 도로를 따라 4km 가면 만날 수 있다. 여기에는 피라미드 호수만 있는 것이 아니다. 곁에 패트리샤 호수도 있다. 두 호수는 크기가 얼추 비슷하다. 그러나 경치를 따지자면 피라미드 호수가 두 배쯤 높은 점수를 받는다. 이는 호수 뒤로 솟은 피라미드 산의 당당한 자태와 함께 호수에 떠있는 작은 섬이 힘을 보태기 때문이다.

재스퍼 다운타운에서 고개를 넘으면 작은 호수가 나온다. 수초가 우거진 이 호수 뒤로 피라미드 산이 우뚝 솟아 있다. 그 호수를 지나 다시 작은

언덕을 넘어가면 패트리샤 호수다. 길은 호수 오른편으로 이어진다.
패트리샤 호수를 지나면 삼거리가 나온다. 여기서 좌회전해 자작나무숲을 지나면 아담한 모래사장이 있다. 바다가 없는 재스퍼에서는 보기 힘든 '해변'이다. 재스퍼 사람들은 이곳에서 일광욕을 하며 여름을 난다. 하지만 호수의 물이 너무 차갑기 때문에 제대로 수영을 하는 것은 만만치 않다.
삼거리에서 곧장 직진하면 피라미드 레이크 리조트Pyramid Lake Resort가 나온다. 이곳에서 카누나 배를 빌려 타고 호수를 찾는 이들이 많다. 피라미드 레이크 리조트를 지나면 호수에 떠 있는 작은 섬이 보인다. 이 섬은 1930년대에 다리가 놓일 만큼 현지인들의 많은 사랑을 받고 있다. 재스퍼에서 결혼하는 청춘남녀들은 이곳에서 결혼 축하연을 연다.
섬은 아주 작다. 몇 걸음이면 끝에 당도한다. 그러나 섬을 거닐면서 눈을 돌릴 때마다 전혀 다른 산과 풍경이 반긴다. 재스퍼를 감싼 산들이 모두 피라미드 호수를 향해 있는 것처럼 느껴진다. 그곳에서 모양이 제각각인 산과 호수 위에서 카누를 타는 이들의 평화로운 모습을 보고 나면 마음이 넉넉하게 풀어진다.
피라미드 호수로 가는 방법은 다양하다. 차를 타고 가는 것은 가장 기본이다. 말을 타거나 걸어서 가는 사람도 많다. 자전거로 찾는다면 아주 특별한 경험을 하는 것이다.

1. 피라미드 호수의 보트 선착장에서 쉬고 있는 여행자들 2. 패트리샤 호수와 피라미드 산 3. 피라미드 호수에 있는 작은 호수로 이어진 다리를 건너는 여행자들 4. 패트리샤 호수의 마차 투어

이디스 호수 자전거 투어
Edith Lake

재스퍼는 자연 속에 있다. 겨울이면 엘크나 코요테가 먹이를 찾아 다운타운으로 찾아올 만큼 자연과 가깝다. 마을에서 한 발걸음만 벗어나도 대자연의 파노라마가 펼쳐진다.

재스퍼의 아름다운 자연을 즐기기에 가장 적합한 것이 자전거다. 자전거 한 대만 있으면 온종일 돌아다녀도 행복하다. 물과 샌드위치를 넉넉하게 준비해 자전거 여행을 즐기다 파란 하늘을 담고 있는 호숫가의 테이블에서 맛있는 점심을 먹는 일은 상상만으로 행복하다.

재스퍼를 대표하는 자전거 투어 코스는 2곳. 하나는 재스퍼에서 애서배스카 강을 건너가 이디스 호수를 한 바퀴 도는 것이다. 이 코스는 3개의 호수와 페어몬트 재스퍼 파크 로지 호텔의 그림 같은 풍경을 즐길 수 있다. 다른 하나는 재스퍼 뒤편에 자리한 피라미드 호수Pyramid Lake를 찾아가는 것이다. 이 가운데 초보의 선택은 언제나 이디스 호수 코스다. 피라미드 호수 코스의 경우 고개를 넘기까지 만만치 않은 힘을 들여야 한다.

재스퍼에서 철길과 16번 하이웨이를 건너면 올드 포트 포인트Old Port Point로 가는 길이 나온다. 그 길을 따라가면 애서배스카 강 위에 놓인 철다리를 건넌다. 본격적인 자전거 트레일은 이곳부터 시작된다. 처음에는 포장길을

1. 이디스 호수를 따라 라이딩을 하고 있는 여행자들 2. 이디스 호숫가에 세워 놓은 자전거 3. 페어몬트 재스퍼 파크 로지에서 재스퍼 다운타운으로 이어진 길

따라 간다. 이 길은 페어몬트 재스퍼 파크 로지 호텔과 이어진다. 부베르 호수Lac Beauvert 건너에 보이는 리조트풍의 호텔과 골프장이 눈부시게 아름답다.

포장된 길은 호수의 오른편으로 이어진다. 이 길은 골프장을 가로질러 페어몬트 재스퍼 파크 로지 호텔 안으로 든다. 럭셔리한 호텔을 구경하고 싶다면 이곳에 자전거를 세우고 호텔 로비로 들어간다.

페어몬트 재스퍼 파크 로지 호텔을 지나서도 포장도로를 따른다. 호텔을 드나드는 차들이 제법 많다. 호텔을 빠져 나오면 오른쪽으로 에네테 호수Annette Lake와 이디스 호수로 드는 길이 있다. 이 길로 접어들면 주차장이 연이어지면서 호수를 감상할 수 있는 포인트가 곳곳에 나온다. 어느 곳이나 점심을 먹기에 그만이다. 자전거를 세워둔 채 호숫가를 따라 거니는 것도 좋다. 힘이 남아 있다면 이디스 호수 끝까지 가는 것도 좋다. 이디스 호수를 한 바퀴 돈 뒤에 돌아올 때는 애서배스카 강을 따라 난 트레일을 따르면 올드 포트 포인트로 돌아오게 된다. 그것이 부담스럽다면 이디스 호수에서 왔던 길을 되짚어 돌아온다. 올드 포트 포인트에서 재스퍼로 돌아오는 구간은 꾸준한 오르막이다.

더 보트하우스 The Boathouse
Data Add 1 Old Lodge Road, Jasper Tel (780)852-3301
MTB 1시간 30달러, 반나절 40달러, 종일 50달러, 어린이 자전거 1시간 10달러, 반나절 20달러, 종일 30달러(헬멧과 자물쇠, 지도 포함)
Web jasperparklodge@fairmont.com

더 벤치 The Bench
Data Add 606 PATRICIA STREET, JASPER Tel (780)852-7768
MTB 1시간 25달러, 반나절 40달러, 종일 50달러, E바이크 반나절 55달러, 종일 80달러(헬멧과 자물쇠, 지도 포함)
Web www.thebenchbikeshop.com

Tip 자전거 여행을 떠나기 전에 지도를 반드시 챙긴다. 트레일이 여러 갈래로 흩어졌다 합쳐지기 때문에 자칫 길을 잃을 수도 있다. 또 마실 물을 넉넉하게 준비한다. 날씨가 건조해서 조금만 무리해도 갈증을 느끼게 된다. 이디스 호수와 에네테 호수는 현지인도 즐겨 찾는 피크닉 장소다. 점심을 준비하면 행복한 자전거 여행이 된다.

에네테 호수 승마 투어
Annette Lake

캐나다 로키가 속한 앨버타 주는 캐나다에서 손꼽는 카우보이의 고장이다. 해마다 여름이면 캘거리에서 카우보이 축제인 트램웨이가 열린다. 카우보이의 전통은 캐나다 로키도 예외는 아니다. 캐나다 로키 어디에서나 승마를 즐길 수 있다.

밴프나 레이크 루이스에도 승마 코스가 많다. 하지만 재스퍼를 빼놓으면 서운하다. 특히, 말을 처음 타보는 초보자에게는 재스퍼가 아주 유리하다. 이곳은 넓고 평평한 숲이 많다. 말 위에 올라서도 편하게 트레일을 오갈 수 있다. 재스퍼는 또 야생동물의 천국이다. 특히, 엘크가 많이 자생한다. 승마를 하면서 엘크 무리를 볼 수 있는 것도 재스퍼만의 장점이다.

페어몬트 재스퍼 파크 로지 호텔에서 운영하는 스카이라인 트레일 라이드 Skyline Trail Ride는 한가했다. 여름철 성수기가 지난 탓이다. 카우보이 복장을 차려 입은 가이드가 말을 끌고 나왔다. 말 등에 올라타자 새삼 말 등이 높다는 게 느껴졌다.

우리가 가는 코스는 에네테 호수 트레일. 이 코스는 목장에서 운영하는 상품 가운데 가장 짧으면서 인기가 가장 높다. 에네테 호수를 한 바퀴 도는 이 트레일은 오르막과 내리막이 거의 없는 평지라 초보도 어렵지 않게 승마를 즐길 수 있다. 승마는 카우보이를 리더로 대열을 이뤄 진행한다.

1.2. 에네테 호수를 따라 승마 투어를 즐기고 있는 여행자들 3. 재스퍼 파크 스테이블스 승마장에서 말을 타고 있는 아이 4. 재스퍼 파크 스테이블스 승마장에서 파는 기념품

목장을 벗어나자 트레일은 에네테 호수를 왼쪽으로 끼고 돌았다. 솔숲 사이로 호수가 언뜻언뜻 비쳤다. 우리보다 앞서 출발한 팀은 일행이 많았다. 그 중에는 열 살쯤 되어 보이는 꼬마 아이도 의젓하게 혼자서 말을 타고 가고 있었다.

에네테 호수를 절반쯤 돌자 전망이 탁 트였다. 이곳은 현지인들의 피크닉 장소로도 유명하다. 잔디밭에 앉아 한가롭게 일광욕을 하는 사람들을 보면서 승마를 하는 기분이 상쾌했다. 가끔 내가 탄 말이 앞의 말을 쫓아가려고 서두르는 통에 화들짝 놀라기도 했지만 느긋하게 풍경을 즐기기에 이보다 더 좋은 것이 없었다.

말을 탄 지 1시간이 가까워지자 처음 출발한 목장이 보였다. 말 등에서 내리자 온몸이 뻐근했다. 가만히 앉아만 있었다고 생각했는데, 사실은 제대로 운동이 된 셈이다. 특히, 엉덩이가 많이 아팠다.

승마의 마무리는 자신이 탔던 말과 함께 하는 기념촬영이다. 승마는 안전을 위해서 말을 타는 동안 카메라를 소지할 수 없다. 기념사진은 승마를 마친 후에 할 수 있다. 한 시간 동안 나를 태우고 다닌 말과 사진을 찍은 후 그 말이 사용했던 편자를 구입한 후 목장을 나왔다.

승마 투어
승마는 초보자의 경우 2시간 이상 코스를 선택하면 육체적으로 힘들 수 있다. 따라서 자신의 체력과 이전에 말을 탔던 경험에 기초해서 투어를 선택한다. 가끔 말이 속도를 높이거나 오르막과 내리막 구간을 지날 때 심하게 흔들릴 수 있다. 항상 말의 고삐를 단단히 쥐고, 말 타기에 집중해야 낙마사고를 당하지 않는다. 여름에는 미리 예약을 하는 게 좋으며, 출발 30분 전에는 도착해야 한다.

재스퍼 파크 로지 트레일 라이드 Jasper Park Lodge Trail Rides
피라미드 레이크 스테이블스와 같은 업체가 운영한다. 다만, 이곳은 코스가 조금 더 다양하다. 승마 경험이 있고, 좀 더 다이나믹한 승마를 원한다면 이곳이 좋다. 1시간, 1시간 30분, 2시간 코스가 있다. 코스에 따라 6~10세 이상 이용가능하다.

Data Add Pyramid Lake Rd, Jasper Tel (780)852-6476
cost 1시간 79달러, 1시간 30분 108달러, 2시간 130달러
Web jasperstables.com

CANADA ROCKY
재스퍼

멀린 밸리
Maligne Valley

재스퍼에서 관광객들의 가장 많은 사랑을 받는 곳을 꼽으라면 당연히 멀린 밸리다. 재스퍼에서 멀린 호수Maligne Lake까지 47km에 이르는 이곳은 협곡과 호수, 산이 함께 어울려 있어 캐나다 로키의 결정판과도 같은 곳이다. 특히, 멀린 호수에 있는 스피릿 섬Spirit Island은 캐나다를 상징하는 10대 절경에 꼽히기도 했다. 여기에 수십 길의 협곡과 가을이면 호수가 사라지는 메디신 호수Medicine Lake도 있다. 이 때문에 멀린 밸리를 제대로 즐기려면 해가 긴 여름에도 하루가 빠듯하다.

멀린 캐년 Maligne Canyon

밴프에 존스턴 캐년Johnston Canyon이 있다면 재스퍼에는 멀린 협곡이 있다. 존스턴 캐년이 빙하에 의해 깎여서 만들어진 지형이라면 멀린 캐년은 오랜 시간 물의 풍화작용으로 만들어졌다. 특히, 협곡을 가로지르는 물줄기는 메디신 호수에서 지하로 스며서 흐르다 이곳에서 솟구치는 것이라서 더욱 이채롭다.

재스퍼에서 16번 하이웨이를 타고 에드먼튼 방면으로 2km 가다 애서배스카 강을 건너 좌회전하면 식스 브리지Sixth Bridge가 나온다. 멀린 캐년에 놓인 여섯 개의 다리 가운데 하나다. 멀린 캐년의 전부를 보고 싶어 하는 이들은 이곳부터 협곡을 따라 트레킹을 한다.

식스 브리지를 지나면 곳이어 피프스 브리지Fifth Bridge가 나온다. 다섯 번째 다리다. 이곳은 짧은 트레킹을 통해 멀린 캐년을 보고 싶어 하는 이들의 목

1. 멀린 협곡 위에 놓인 다리 위를 건너는 여행자들 2. 메디신 호수의 물이 지하로 스몄다가 다시 솟구쳐 흘러가는 멀린 협곡 3. 속을 알 수 없을 정도로 깊은 멀린 협곡의 폭포

적지다. 이곳에서 첫 번째 다리가 있는 곳까지는 2.1km. 넉넉잡고 40분이면 협곡 전체를 돌아볼 수 있다. 갈 때는 협곡, 돌아올 때는 계곡의 사면을 가로질러 온다. 돌아오는 길이 훨씬 쉽다.

멀린 캐년 레스토랑Maligne Canyon Restaurant 곁의 주차장에 주차를 하면 협곡까지 금방 갈 수 있다. 주차장에서 가장 깊은 협곡을 이룬 곳까지는 5분이 채 안 걸린다. 이곳에 다리가 집중적으로 걸려 있어 협곡을 다양한 각도에서 감상할 수 있게 했다. 협곡은 건너뛰기를 할 수 있을 만큼 좁다. 그러나 깊이는 50m에 이른다. 이 협곡은 메디신 호수에서 땅속으로 스며든 물이 솟아나서 수만 년 동안 석회암을 두들겨 만든 것이다.

멀린 캐년은 겨울에는 특별한 트레킹 코스로 변신한다. 아이젠을 신고 얼어붙은 협곡을 따라 걷는 것이다. 장벽처럼 늘어선 협곡 속에 얼어붙은 폭포는 신비감을 주기에 충분하다. 아이스 워크Ice Walk는 반드시 가이드와 동행해야 안전하다.

메디신 호수 Medicine Lake

멀린 협곡에서 17km 올라가면 남북으로 길게 뻗은 메디신 호수가 반긴다. 호수 왼쪽으로는 높은 산들이 도끼로 쪼개놓은 듯이 날카롭게 솟아 있다. 이 호수는 계절에 따라 모습을 달리한다. 여름에는 캐나다 로키의 여느 호수와 다름없다. 하지만 가을에는 호수의 물이 모두 말라붙는다. 이처럼 호수가 모습을 달리하기 때문에 원주민들은 '마법의 호수'라 불렀고, 'Medicine'이란 이름도 여기서 나오게 됐다.

메디신 호수가 가을이 되면 말라붙는 것은 호수 아래쪽에 구멍이 있기 때문이다. 이 구멍을 통해 물줄기가 땅속으로 스며든다. 이렇게 땅속으로 스며든 물줄기는 17km를 흘러가 멀린 캐논에서 솟구친다. 따라서 빙하 녹은 물이 쏟아져 내려오는 여름은 호수가 되지만 가을이 되면 점점 메말라버리는 것이다.

1950년대에는 메디신 호수에 페리가 오갔다고 한다. 당시만 해도 멀린 호수로 가는 길이 없어 뱃길을 이용했던 것이다. 당시 사람들은 가을에도 배를 띄울 수 있도록 하기 위해 호수의 물이 빠져 나가는 구멍을 막아 댐을 만들려고 했다. 그러나 다행스럽게도 그것은 시도에만 그쳐 오늘날에도 계절에 따라 메디신 호수가 변화하는 모습을 볼 수 있게 됐다.

멀린 밸리 드라이브

재스퍼에서 멀린 호수까지는 1시간 거리다. 하지만 중간에 굴곡이 심한 구간이 있어 안전운전에 유의해야 한다. 특히, 메디신 호수를 지나는 곳은 가드레일이 없어 추락의 위험이 있다. 이곳은 또 뿔사슴 서식지로 유명하다. 주행속도는 60km를 지켜서 운전해야 한다. 천천히 가는 캠핑카를 추월할 때는 시야가 충분히 확보된 구간에서만 한다. 멀린 밸리는 겨울에도 개방한다.

멀린 호수 Maligne Lake

멀린 밸리 드라이브의 종점은 멀린 호수이다. 이 호수의 아름다움은 이미 정평이 나 있다. 특히, 빙하를 이고 있는 산을 배경으로 소나무가 자라는 스프릿 섬의 모습은 캐나다의 랜드 마크로 명성이 자자하다.

멀린 호수는 캐나다 로키에서 자연적인 호수 가운데 가장 크다. 남북으로 길게 늘어선 호수의 길이는 22km. 이 호수를 감싸고 해발 2,500m가 넘는 산들이 솟아 있다. 특히, 호수를 따라 안으로 들어가면 갈수록 높은 산이 많아진다. 이 산들은 하나같이 빙하를 머리에 이고 있다. 스피릿 섬이 캐나다의 랜드 마크가 될 수 있었던 것도 이처럼 아름다운 산들이 배경으로 자리했기 때문이다. 멀린 호수를 찾은 대부분의 관광객은 이 호수의 비밀스러운 안쪽을 탐험하고 싶은 욕망을 안고 있다. 관광객을 멀린 호수로 안내하는 것은 크루즈다. 50여명의 관광객을 태울 수 있는 이 크루즈는 세계적인 잡지 다이제스티브Digestive가 캐나다에서 가장 아름다운 크루즈 코스라고 소개한 적이 있을 정도다. 이 크루즈는 왕복 90분이 걸린다.

크루즈가 출발하면 가이드가 멀린 호수에 얽힌 역사를 유머를 섞어서 소개한다. 가이드의 설명보다 풍경을 감상하고 싶다면 배 후미로 나와도 된다. 때로 경치가 아름다운 곳에서는 배를 멈추고 사진을 찍을 기회도 준다. 크루즈를 타고 30분쯤 가면 샘손 내로우스Samson Narrows라 불리는, 호수의 폭이 좁아지는 구간을 지난다. 호수에 작은 섬들이 떠 있고, 산들은 호수를 덮칠 듯이 위협적으로 치솟아 있다. 이곳을 지나면 스피릿 섬이 모습을 드러낸다.

1. 가을이면 물이 말라붙는 메디신 호수 2. 멀린 계곡을 병풍처럼 두른 만년설 3. 멀린 호수에서 플라이 낚시를 하는 낚시꾼 4. 멀린 호수에서 카누를 타는 여행자들

선착장에 내려 정해진 산책로를 따라 가면 엽서에서 숱하게 보았던, 재스퍼에서 가장 유명한 장면과 마주하게 된다. 고요한 호수와 섬, 병풍처럼 늘어선 산과 빙하, 캐나다 로키의 모든 것이 이 한 장면에 담겨 있다. 이곳에 머물 수 있는 시간은 15분. 관광객들은 캐나다 로키의 절경에 빠져 쉽게 발길을 돌리지 못한다.

멀린 호수는 크루즈를 타는 것 외에도 즐길 거리가 많다. 크루즈 선착장에서 호숫가를 따라 산책로가 나 있다. 산책로는 선착장 좌우로 나 있어 원하는 방향으로 원하는 만큼 걸어볼 수 있다. 카누 타기도 빼놓을 수 없는 즐거움이다. 고요한 호수를 노 저어 나아가는 기분은 경험 없이는 결코 느낄 수 없는 감동을 준다. 그러나 카누를 타고 스피릿 섬까지 가려는 생각은 버리는 게 좋다. 스피릿 섬은 아주 먼 거리에 있다.

또 멀린 호수는 송어 낚시의 명소다. 캐나다 로키에서 가장 큰 송어가 이곳에서 낚였다. 무게가 20파운드(약 9kg) 나가는 이 송어는 박제로 만들어져 페어몬트 재스퍼 파크 로지 호텔의 로비에 걸려 있다. 멀린 호수에서는 루어와 플라이, 트롤링 등 다양한 낚시를 구사할 수 있으며, 가이드 투어도 활발하다. 카누나 보트를 타거나, 혹은 호숫가에서도 낚시를 즐길 수 있다. 송어낚시의 가장 좋은 계절은 번식기인 6월 중순부터 8월 말까지다.

1. 캐나다 로키의 만년설이 감싸고 있는 멀린 호수 2. 멀린 호수에 떠 있는 스피릿 섬에서 조망을 즐기는 관광객들 3. 멀린 호수 크루즈를 마치고 선착장으로 돌아오는 관광객들 4. 크루즈를 타고 가며 주변 풍경을 감상하고 있는 관광객들

멀린 밸리 피크닉

멀린 밸리 드라이브는 넉넉하게 하루를 잡는 게 좋다. 따라서 점심은 여행 중에 해결한다. 점심 도시락을 준비해 피크닉을 하면 금상첨화다. 멀린 호수를 바라보며 먹는 점심은 특별하다. 또 메디신 호수를 앞두고 피크닉 장소가 있어 이곳에서 점심을 먹을 수 있다. 멀린 캐년 주차장에도 피크닉 테이블이 있다. 레스토랑을 이용할 수도 있다. 멀린 캐넌에는 멀린 캐넌 레스토랑이 있다. 아침부터 저녁까지 식사를 제공하며 원주민이 조각한 기념품을 파는 가게도 있다. 멀린 호수에도 레스토랑과 기념품 가게가 있다. 멀린 호수는 음식을 보고 선택할 수 있어 위험부담(?)이 적고 가격도 저렴한 편이다.

멀린 호수 크루즈

멀린 호수 크루즈는 한겨울을 제외하고 봄~가을까지 운영된다. 2017년에는 스피릿 아일랜드를 포함해 1~2곳의 섬에 직접 내려가 볼 수 있는 프리미엄 크루즈도 오픈했다. 클래식 크루즈 운행 시각은 여름철의 경우 오전 9시부터 오후 6시까지다. 여름철에는 늦지 않게 가야 탈 수 있다. 사전에 예약을 하는 게 좋다. 요금은 클래식 크루즈 어른 72달러, 청소년 47달러다. 카누와 카약도 대여할 수도 있다. 1시간 기준 어른 둘, 아이 하나 이용할 수 있는 카누는 80달러, 1인용 카약은 65달러, 2인용 카약은 80달러다.

Data Add Box 280 Jasper Tel (780)852-3370
Free (1)866-625-4463 **Web** www.malignelake.com

미에테 온천
Miette Hot Springs

캐나다 로키는 태평양과 아메리카 대륙판이 충돌하면서 만들어졌다. 이 같은 지각변동의 여파로 온천이 많다. 대부분의 온천은 쿠트니 국립공원이 있는 남부 쪽에 몰려 있다. 밴프와 재스퍼에는 각각 한 개의 온천이 있다. 재스퍼에서 에드먼튼으로 가는 길목에 있는 미에테 온천은 재스퍼의 유일한 온천이다. 이 온천은 용출수의 온도가 54도로 캐나다 로키에 있는 온천 가운데 가장 높은 것으로 유명하다. 특히, 큰 길에서 벗어나 굴곡이 심한 길을 17km나 들어가야 만날 수 있는 데다 로지 하나를 제외하고는 주변에 아무런 위락시설이 없어 깊은 오지에 들어온 느낌을 준다.

미에테 온천은 4개의 탕으로 되어 있다. 각각의 탕은 저마다 온도가 다르다. 서양인들은 뜨거운 온천수를 좋아하지 않기 때문에 온천수를 40도 정도로 미리 식혀서 내보낸다. 동양인의 입장에서는 조금 싱거운 느낌이 들 수 있다. 그러나 온천수가 들어오는 입구에 앉으면 뜨거운 온천수의 실체를 확인할 수 있다.

미에테 온천이 자리한 곳은 해발 1,200m가 넘는다. 온천탕에 들어앉아 있을 때는 모르지만 물 밖으로 나오는 순간 차가운 기운이 온몸을 휘감는다. 햇살이 쨍한 한낮에도 생각 이상으로 추위가 느껴진다. 그러나 물기가 마르고 나면 기분이 상쾌해진다. 또 조금 춥다 싶으면 다시 온천수에 몸을 담그면 그만이다.

미에테 온천은 사방이 산으로 둘러싸여 있다. 밴프의 어퍼 핫 스프링스 온천Upper Hot Springs처럼 번잡하지 않다. 이 때문에 서양인들은 온천에 붙어 있는 로지에 묵어가며 치료의 목적으로 장기간 머물기도 한다. 온천에는 카페와 기념품 가게, 로지가 있으며, 타월과 라커를 대여할 수 있다.

1. 캐나다의 온천 가운데 수온이 가장 높은 미에테 온천 2. 미에테 온천에서 한가롭게 노니는 사슴 3. 미에테 온천에서 온천욕과 일광욕을 하고 있는 여행자들

미에테 온천

재스퍼에서 미에테 온천까지는 61km, 1시간이 꼬박 걸린다. 특히, 재스퍼~에드먼튼을 잇는 16번 하이웨이를 벗어나 미에테 온천으로 가는 17km의 길은 굴곡이 심한 편. 반면, 깊은 계곡을 즐기는 전망대도 있어 드라이브의 묘미가 산다. 재스퍼에 머물면서 미에테 온천을 찾으려면 하루를 투자하는 게 좋다. 가장 좋은 방법은 종일권을 끊은 후 주차장 곁에 있는 쉼터에서 바비큐를 즐기면서 온종일 노는 것이다. 미에테 온천은 눈이 쌓이기 시작하는 10월 중순이면 문을 닫았다가 이듬해 5월 중순에 재개장한다.

Data **Open** 5월 6일부터 10월 10일까지 오전 12시부터 오후 8시까지 오픈
Cost 어른 7.75달러, 청소년과 경로 6.75달러 **Web** www.hotsprings.ca/miette

카벨 메도우 트레킹
Cavell Medow

난이도 ★★★
시간 2시간
거리 6.1km(왕복)
최고 높이 2,165m
표고차 400m
코스와 거리 주차장(1,765m)-0.5km-패스 오브 더 글레이시어 교차로-1.0km-삼림지대 오르막길 시작-0.7km-카벨 메도우 순환로-0.4km-엔젤 빙하 전망대-0.8km-트레킹 종점(2,165m)

이디스 카벨 산Mt. Edith Cavell은 재스퍼에서 가장 주목받는 산이다. 재스퍼 시내나 페어몬트 재스퍼 파크 로지 호텔에서도 이 산이 한눈에 보인다. 원주민들은 이 산을 '흰색 유령'으로 불렀다. 산정에 빙하가 있어 여름에도 밤낮없이 빛났기 때문이다.

이 산은 1900년대 초까지 피츠허그 산Mt. Fitzhugh라 불렸다. 그러다 1915년 탐험가 휠러에 의해 지금의 이름으로 바뀌었다. 이디스 카벨은 1차 세계대전 중 연합군 포로의 탈출을 돕던 영국의 전설적인 간호사 이름이다. 그는 독일군이 스파이 혐의를 씌워 화형에 처했다. 지금도 재스퍼에서는 매년 여름 그를 기리는 추모식이 열린다.

이디스 카벨 산 중턱에 펼쳐진 카벨 메도우는 재스퍼에서 가장 인기가 높은 트레킹 코스다. 여름이면 주차를 할 수 없을 정도로 관광객이 많이 몰린다. 이는 타워처럼 솟은 이디스 카벨 산과 엔젤 빙하를 보기 위해서다. 엔젤 빙하는 빙하의 모습이 천사가 날개를 활짝 펼친 모양을 하고 있는 것에서 유래했다. 여름에는 빙하의 일부가 무너져 호수에 떨어지는 장관을 볼 수 있다. 또 호수에는 크고 작은 빙산이 둥둥 떠다녀 신비감을 준다.

산행 경험이 풍부한 트래커들은 이디스 카벨 산 정상을 목표로 한다. 그러나 일반인들은 엔젤 빙하를 감상할 수 있는 카벨 메도우로 향한다. 이곳은 한여름에는 산상의 화원을 방불케 할 정도로 야생화가 지천으로 피어난다. 짧게 돌아보고 싶은 이들은 빙하호까지만 가는 패스 오브 더 글레이시어 Pass of the Glacier를 택한다.

주차장에서 포장된 등산로를 따라 500m 가면 갈림길이다. 직진하면 빙하호수를 한 바퀴 도는 패스 오브 더 글레이시어다. 카벨 메도우로 가는 길은 왼쪽이다. 오르막길로 접어들면 엔젤 빙하와 모레인 지대가 서서히 모습을 드러낸다. 빙하 녹은 물이 흘러드는 호수도 발아래 펼쳐진다.

이곳을 지나면 등산로는 삼림지대로 접어든다. 길은 가파른 비탈을 지그재그로 나 있다. 500m쯤 더 오르면 숲은 끝이 나고 초원이 펼쳐진다. 이곳에

1. 엔젤 빙하가 녹아 만든 호수를 바라보고 있는 여행자들 2. 엔젤 빙하와 꽃이 만발한 여름의 카벨 메도우 3. 엔젤 빙하를 바라보고 있는 트래커

서 초원을 한 바퀴 도는 순환 등산로를 따라 400m 가면 전망대. 눈부시게 빛나는 엔젤 빙하가 금방이라도 쏟아질 듯이 서 있다. 빙하가 달라붙은 이디스 카벨 산 북벽의 위용도 대단하다.

트레킹 종점은 해발 2165m에 있는 케언(cairn · 길 표식)이다. 이곳에서 왔던 길을 되돌아 내려온다. 시간과 체력에 여유가 있다면 패스 오브 더 글레이시어 코스를 따라가 빙하호를 감상한다. 호수에 크고 작은 유빙이 떠 있는 모습은 캐나다 로키에서는 이곳에서만 볼 수 있다.

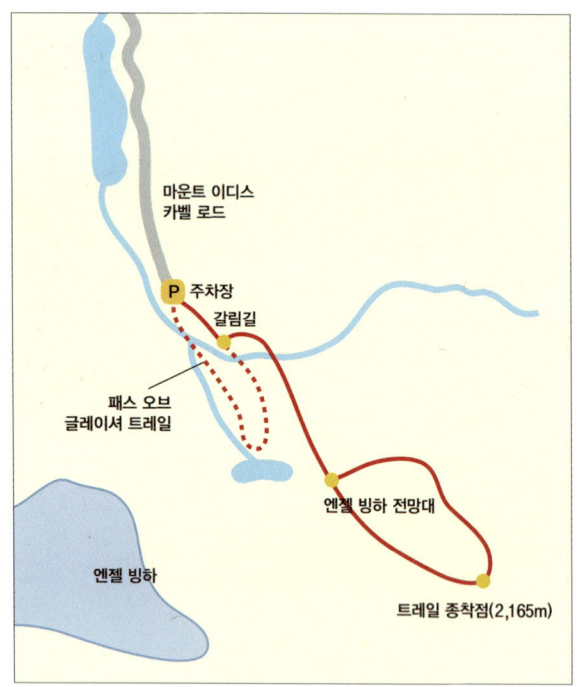

1. 엔젤 빙하에 떠 있는 얼음

Tip 카벨 메도우는 고원에 펼쳐진 초지를 따라 한 바퀴 돌게 되어 있다. 그러나 트레커들이 정해진 등산로가 아닌 곳으로 다녀서 길이 여러 갈래로 흩어져 있다. 조금 혼란스러울 수도 있지만 정규 등산로와 샛길은 분명하게 구별이 된다. 정규 등산로를 따라 가는 것이 길을 잃지 않을뿐더러 초원을 지키는 일이다. 93A 하이웨이에서 카벨 메도우 트레킹을 시작하는 주차장으로 가는 길은 험하다. 굴곡이 심하고 노폭이 좁아 트레일러는 갈 수 없다. 93A 하이웨이와 이디스 카벨 로드Edith Cavell Dr 갈림길에 트레일러를 세워두는 주차장이 있다. 이디스 카벨 로드는 여름에만 개방된다. 눈이 내리기 시작하는 10월 중순을 넘기면 폐쇄된다. 폐쇄 시기는 정해져 있지 않다. 날씨에 따라 달라진다. 이르면 9월 중순부터 폐쇄되기도 한다. 따라서 여행자 안내소에서 개방 여부를 미리 확인해야 낭패를 보지 않는다.

밸리 오브 더 파이브 레이크스 트레킹
Valley of the Five Lakes

난이도 ★★
시간 1시간 30분
거리 4.2km(왕복)
최고 높이 1,100m
표고차 20m
코스와 거리 주차장(1,100m)-0.8km-나무다리-0.9km-갈림길(93a)-1.4km-5번 호수-1.8km-3번 호수-2.0km-2번 호수-2.6km-갈림길(93b)-3.2km-나무다리-4.2km-주차장

밸리 오브 더 파이브 레이크스는 재스퍼의 숨겨진 보물 같은 트레일이다. 트레일 초입에서 보면 이곳에 무슨 볼만한 호수가 있을까 싶다. 그러나 안으로 들어가면 일부러 숨겨놓은 것처럼 아름다운 호수들이 연이어 나타난다. 호수는 모두 5개. 에메랄드 보석처럼 아름다운 호수들이 끊일 듯 이어지면서 특별한 아름다움을 선사한다. 특히, 5개의 호수를 돌아보는 트레일은 높낮이가 거의 없어 어린이나 노약자도 힘들이지 않고 트레킹을 즐길 수 있다.

트레킹은 아이스필드 파크웨이Icefields Parkway와 접해 있는 주차장에서 시작한다. 주차장을 벗어나면 나무에 93a라 적힌 표지가 있다. 재스퍼는 모든

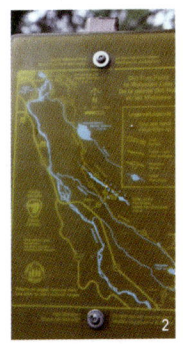

1. 아이스필드 파크웨이에서 5번 호수로 가는 길의 습지와 나무다리 2. 밸리 오브 더 파이브 레이크스 트레일 안내도

> **Tip** 이 트레킹 코스는 전체를 조망하는 곳이 없다. 또 트레일이 여러 개 겹치기 때문에 자칫 방향을 잃고 엉뚱한 곳으로 갈 수 있다. 트레일 곳곳에 설치되어 있는 지도와 트레일 번호를 보면서 자신의 현재 위치를 확인한다. 특히, 2번 호수와 1번 호수의 갈림길에서 93b를 따라가야 순환로 갈림길에서 93a와 이어진다. 트레킹을 시작하는 주차장은 아이스필드 파크웨이를 따라 재스퍼에서 밴프 방면으로 9km 가면 있다.

트레일에 번호를 매겨 놓고 있다. 자신이 가고자 하는 트레일을 쉽게 찾게 하기 위해서다. 따라서 93a는 나중에 주차장으로 돌아올 때까지 유용한 길 안내 역할을 하기 때문에 꼭 기억해야 한다. 특히, 밸리 오브 더 파이브 레이크스는 재스퍼 시내에서 가까운 올드 포트 포인트Old Fort Point나 와바소 호Wabasso Lake의 트레일과 연결되어 있어 길을 잘못 들면 엉뚱한 곳으로 갈 수 있다.

소나무와 자작나무가 번갈아 자란 야트막한 언덕을 넘으면 작은 개울이 있다. 나무다리를 건너면 다시 조금 가파른 오르막이다. 이 오르막을 올라서면 길이 두 갈래로 나뉜다. 어느 길을 택해도 상관은 없다. 이곳을 기점으로 다섯 개의 호수 가운데 네 개를 한 바퀴 도는 순환로가 시작된다.

오른쪽으로 방향을 잡으면 5번 호수5th Lake부터 만나게 된다. 5번 호수를 만나기 전에 아주 작은 호수가 우선 반긴다. 연못이라 해야 어울릴 것 같은 이 호수는 가장자리에 수초가 가득 자라 있다. 그 호수를 지나서 작은 언덕을 넘어가면 5번 호수가 나온다. 주차장에서 1km 이상 떨어진 곳에 자리한 호수인데도 대여해주는 카누가 몇 대 있다.

5번 호수에서 북쪽으로 방향을 잡으면 4번 호수4th Lake가 나온다. 길은 호수의 오른쪽 사면을 따라 나 있다. 이 호수의 끝은 3번 호수3th Lake와 이어져 있다. 다섯 개의 호수 가운데 가장 아름답다. 이 호수는 솔숲이 계란 모양의 호수를 감싸고 있다. 솔숲 너머로는 높은 산들이 솟아 있고, 그 위로는 구름이 떠가는 하늘이다. 잔잔한 호수 위로 비치는 또 하나의 풍경이 감탄사를 불러온다. 호수의 물빛은 가장자리에서 안쪽으로 들어가면서 한층 짙어진다.

2번 호수2th Lake는 자작나무가 주인공이다. 호수는 크지 않지만 배경처럼

우뚝 솟아 있는 자작나무가 든든하다. 2번 호수를 지나면 갈림길이다. 오른쪽을 택하면 1번 호수1th Lake를 거쳐 올드 포트 포인트까지 갈 수 있다. 1번 호수까지 돌아본 후 주차장으로 돌아갈 수 있지만 호수가 워낙 크기 때문에 이쯤에서 돌아서는 게 현명하다. 갈림길에서 지름길은 왼쪽이다. 1번 호수와 2번 호수 사이로 난 이 길의 표지는 93b라 적혀 있다. 이 길을 따라가면 1번 호수로 가기 위해 길이 나뉘었던 순환로의 시작점과 만난다. 여기부터 다시 93a를 따라가면 주차장에 이른다.

1. 3번 호수에서 지도를 보고 있는 트래커들 2. 높낮이가 거의 없는 트레일을 따라 가고 있는 트래커들 3. 물속이 훤히 들여다보이는 밸리 오브 더 파이브 레이크스의 호수

탈보 호수 꼬치고기 낚시
Talbot Lake Fishing Tour

오전 9시 낚시투어 전문점 온라인 스포츠&태클On-line sport&tackle에서 만난 존슨은 넉넉한 웃음을 띠었다. 그는 오늘 파이크(Pike · 꼬치고기)를 잡을 수 있겠느냐는 질문에 '당연!'이라고 답했다. 그는 재스퍼에서 20년간 낚시 가이드로 일해 온 베테랑이라고 자신을 소개했다.

존슨과 함께 달려간 곳은 탈보 호수다. 재스퍼에서 에드먼튼 방면으로 20km 떨어진 호수다. 이 호수는 여느 호수처럼 깊지 않다. 수심이 깊은 곳도 2m를 넘지 않는다. 배에서 보면 호수의 바닥이 훤히 보인다. 이런 곳에서 낚시가 되냐고 묻자 존슨은 또 '당연!'이라고 답했다. 그는 이곳에서는 파이크가 루어를 무는 모습을 직접 볼 수 있다고 했다.

존슨이 자동차에 달고 온, 나무를 다듬어 만든 수제 카누를 타고 호수로 나섰다. 물결은 잔잔했다. 투명한 물속으로 수초들이 웃자란 게 보였다. 존슨이 안내한 곳은 호수에 떠 있는 우거진 수초지대. 존슨에 따르면 파이크는 한 곳에 머물러 있는 것을 좋아한다고 했다. 그곳이 바로 수초지대와 그늘이라는 것이다.

1. 탈보 호수에서 낚은 꼬치고기 2. 꼬치 낚시에 쓰이는 다양한 가짜 미끼 3. 꼬치 낚시에 타고 나간 나무로 만든 카누

그가 일러주는 포인트에 루어를 던졌다. 몇 번은 제대로 보냈지만 또 몇 번은 루어가 수초에 걸렸다. 제대로 루어를 날리기 위해서는 캐스팅의 경험이 필요한 듯 보였다. 캐스팅 미숙 탓인지, 아니면 바람이 많았던 날씨 탓인지 이른 아침의 조과는 신통치 않았다. 가을이 깊어지면서 수온이 낮아진 것도 한 요인으로 보였다. 존슨도 고개를 갸우뚱했다. 그는 파이크가 워낙 공격적인 물고기라 초보도 몇 번만 캐스팅을 하면 손맛을 볼 수 있다고 했다.

오후가 되면서 슬슬 입질이 왔다. 몇몇 파이크는 실제로 루어를 따라 왔다. 어느 녀석은 재빠르게 루어를 물었다가 뱉어놓기도 했다. 존슨에 따르면 파이크의 속도는 북미의 민물고기 가운데 가장 빠르다. 루어를 물면 시속 30km 속도로 도망친다고 했다. 몸무게는 보통 2~3kg, 최대는 15kg까지 자란다. 특히, 활성도가 최고조에 달하는 여름에는 힘이 넘치는 파이팅을 기대해도 좋다고 했다.

마침내 입질이 왔다. 마치 바늘이 나무에 걸린 것처럼 낚싯대가 묵직했다. 물속에 언뜻 비친 녀석의 모습도 결코 작지 않았다. 그런데도 녀석의 저항은 생각만큼 크지 않았다. 저항이 너무 약한 것 아닌가 싶었는데, 마지막에 몸부림을 칠 때는 낚싯대가 제대로 휘어졌다.

존슨이 뜰채로 건져낸 녀석은 사나운 이빨을 가지고 있었다. 개구리나 쥐, 심지어 청둥오리의 새끼까지 잡아먹는다는 파이크의 험악한 성질이 느껴졌다. 녀석을 다시 놓아준 후 몇 마리 더 낚였다. 그러나 크기는 별반 다르지 않았다. 특히, 수초지대에서 어른거리는 파이크 앞에 루어를 떨어트렸다가 녀석이 입질을 할 때 챔질을 하는 재미가 쏠쏠했다.

오후로 들어서자 호수에는 낚시를 나선 현지인들이 간간히 보였다. 그들 역시 작은 카누를 타고 조용히 수초지대를 탐색하며 파이크를 낚았다. 손맛을 더 보고 싶은 욕심은 굴뚝같았지만 약속된 4시간이 이미 다 지나갔다. 카누를 내린 곳으로 되돌아가면서 내려다본 물속에는 파이크들이 미동도 없이 자리를 지키고 있었다.

> **Tip** 재스퍼는 송어와 꼬치고기가 대표적인 낚시어종이다. 송어낚시는 멀린 호수를 비롯한 호수와 강에서 할 수 있다. 낚시 시즌은 호수와 강에 따라 다르다. 따라서 여행자 안내소에서 낚시 시즌과 대상지를 미리 체크하고 떠나야 한다.

CANADA ROCKY
재스퍼

재스퍼 낚시 가이드 투어

온라인 스포츠&태클

송어낚시는 멀린 호수, 파이크는 탈보 호수에서 한다. 이밖에도 쉽게 접근할 수 있는 호수와 강에서 낚시를 한다. 픽업서비스 및 낚시 장비 포함해 반나절 249달러, 종일 369달러(2인 이상, 1인 요금)다. 3시간 동안 플라이 낚시를 배울 수 있는 상품은 129달러다.

Data **Add** 600 Patricia St, Jasper
Tel (780)852-3630
Web www.fishonlinejasper.com

큐리어스 가이딩

멀린 호수와 메디신 호수, 탈보 호수 등에서 송어와 파이크 낚시 가이드를 한다. 플라이 낚시 반나절 270달러, 종일 370달러. 픽업 서비스는 1km당 1달러다.

Data **Add** Box 105 Jasper
Tel (780)852-5650
Web www.curriesguiding.com

재스퍼의 캠핑장
Camping Ground

휘슬러 Whistlers

단일 캠핑장으로는 캐나다 로키에서 가장 크다. 캠핑 사이트는 781개. 대규모 아파트 단지와 맞먹는 규모다. 걸어서 들어가야 하는 워크 인부터 트레일러를 위한 풀 훅 업 사이트까지 골고루 갖추고 있다. 캠핑장은 재스퍼 다운타운에서 3km 떨어져 있다. 시내와 가까워 쇼핑이나 장을 보기도 좋다. 따라서 재스퍼를 여행하는 캠퍼들은 이곳에 베이스캠프를 차린다. 특히, 24시간 온수가 나오는 샤워장과 깨끗한 화장실 등이 있어 쾌적한 캠핑을 할 수 있다. 캠핑장은 입구를 기준으로 좌우로 긴 타원형으로 설계됐다. 캠핑장을 한 바퀴 도는 순환도로에서 구역별로 길이 나뉜다. 0번은 워크 인, 1~30은 텐트, 50~59는 풀 훅 업, 60~67은 전기만 사용 가능한 구역이다. 하나의 구역에는 10~20개의 캠핑 사이트가 있다. 모든 구역은 원형으로 설계되어 있으며 일방통행으로 진입한다. 구역마다 화장실과 쉘터가 기본으로 배치되어 있다. 음식물 보관소는 세 군데 있다. 풀 훅 업 사이트와 전기를 사용할 수 있는 사이트는 캠핑장 입구에서 좌회전해 들어간다.

이곳에는 쉘터가 없다. 반면 돌아 나오는 길에 덤프 스테이션이 설치되어 오폐수를 버릴 수 있게 했다. 50~59는 트레일러의 진출입이 쉽도록 후진 없이 전진만으로 사이트에 들어설 수 있게 설계했다. 샤워장은 캠핑장 중앙에만 있다. 샤워장은 2개의 건물로 부스가 충분하다. 세면장도 깨끗하게 관리된다. 샤워장 왼쪽에 장작보관소가 있다. 이 캠핑장은 장작 사용료를 매일 지불하는 게 특징으로 그날 필요한 만큼의 장작만 가져갈 수 있게 했다. 휘슬러 캠핑장에는 오텐틱oTENTik과 코티지 텐트도 있다. 어른 4인과 어린이 2명이 이용할 수 있게 설계되어 있는 이 텐트를 이용하면 텐트를 가져가지 않고도 편하게 캠핑을 할 수 있다. 여름철은 반드시 예약이 필요하다. 이용료는 120달러.

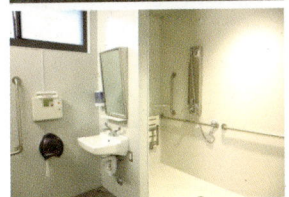

Data Site 781개(텐트 535개, 전기 126개, 풀 훅 업 120개)
Access 재스퍼에서 밴프 방면으로 3.5km 거리 Open 5월 2일~10월 13일(직원 상주)
Cost 풀 훅업+장작 50달러, 전기 43.75달러, 텐트 38.50 달러, 워크인 24달러,
오텐틱 128달러, 장작은 캠핑장 이용료에 포함 Web www.pccamping.ca

와피티 Wapiti

휘슬러와 길을 마주보고 있는 캠핑장이다. 사이트가 362개에 이를 만큼 규모가 있다. 겨울에도 트레일러 사이트를 개방해 마모트 베이슨Marmot basin을 찾는 스키어나 겨울 여행객들을 맞아준다. 캠핑장은 좌우로 길게 설계되어 있다. 매표소에 들어서면 길이 두 갈래로 나뉜다. 오른쪽은 K~Y, 왼쪽은 A~J까지 구역이 있다. 각 구역마다 6~10개의 사이트가 일방통행로를 따라 들어가게 설계되어 있다. 대부분의 구역마다 화장실이 있지만 사이트를 잘못 배정받을 경우 거리가 멀 수 있다. 화장실에는 음수대와 싱크대가 함께 있다. 다른 캠핑장에 비하면 쉘터가 부족한 편. 온수가 나오는 샤워장은 캠핑장 매표소 왼쪽에 있다. 이곳에 덤프스테이션과 장작 보관소도 함께 있다. 샤워장 시설은 깨끗한 편.

Data Site 여름 363개, 겨울 75개
Access 재스퍼 다운타운에서 밴프 방면으로 5.4km 거리
Open 5월 4일~10월 10일, 동계 10월 13일~5월 1일 (직원 상주)
Cost 전기+화로 43.75달러, 전기 34.50달러, 동계 장작 9.25달러 Web www.pccamping.ca

와바소 Wabasso

휘슬러, 와피티와 함께 재스퍼의 3대 캠핑장으로 불린다. 본래 작은 규모였지만 최근 시설을 확장해 캠핑카와 트레일러를 이용한 캠퍼들도 편리하게 이용할 수 있게 했다. 캠핑장은 엔젤 빙하로 가는 이디스 카벨 로드Mt. Edith Cavell Dr와 가깝다. 캠핑 사이트는 232개. 캠핑장은 좌우로 길게 설계되어 있다. 캠핑장은 A~D까지 4개의 구역으로 나뉘어져 있다. 이 가운데 가장 왼쪽에 있는 올드A는 텐트 전용 사이트다. 나머지는 캠핑카와 트레일러 위주로 설계됐다. 구역마다 화장실과 장작보관소, 음수대가 있다. 화장실에서는 뜨거운 물이 나온다. 대부분의 사이트는 트레일러도 주차할 수 있게 충분히 넓다. 덤프스테이션은 A구역으로 가는 길에 있다. 텐트 전용인 올드A는 입구에서 가장 멀다. 캠핑카 사이트에 비해 규모가 작고, 진입로도 비좁은 편이다.

Data Site 231개 Access 재스퍼에서 93A 하이웨이를 따라 16km 거리 Open 5월 18일~9월 19일(직원 상주)
Cost 텐트 32.25달러, 전기 38.50달러(장작 포함)
Web www.pccamping.ca

스내어링 리버 Snaring River

재스퍼에서 에드먼튼 방면으로 16km 떨어져 있는 캠핑장이다. 16번 하이웨이에서 5km 안쪽으로 들어가야 만날 수 있다. 캠핑장은 스내어링 강과 애서배스카 강이 만나는 지점에 자리했다. 캠핑 사이트는 4개의 구역에 56개가 있다. 이 가운데 가장 안쪽에 있는 워크 인 사이트는 모두 10개. 나머지는 캠핑카와 텐트 모두 사용할 수 있다. 주차공간도 넉넉하고, 텐트를 칠 수 있는 사이트는 별도로 만들어 놨다. 강을 좋아하는 이들은 B7과 B8이 최고의 자리가 될 듯. 이곳은 사이트에서 강이 훤히 보인다. 주요 시설은 쉘터와 화장실, 장작 보관소, 음수대 정도다. 캠핑장 앞으로 철도가 지나가 조금 시끄러울 수도 있다. 반면 강변을 따라 나 있는 산책로는 걷기 좋다. 재스퍼에서 캠핑장을 구하지 못할 때 이용할 수 있다.

Data **Site** 62개 **Access** 재스퍼에서 16번 하이웨이를 따라 에드먼튼 방면으로 13km 거리
Open 5월 18일~9월 26일(셀프 등록, 예약 불가)
Cost 텐트 26달러(장작 포함)

미에테 Miette

미에테 온천으로 드는 길목에 있는 캠핑장이다. 에드먼튼에서 온다면 국립공원에서 처음 만나는 캠핑장이다. 캠핑장이 들어선 자리는 과거 광부들이 광산을 찾기 위해 캠프를 차렸던 곳이다. 캠핑 사이트 수는 140개. 규모가 작은 편은 아니다. 성수기에는 국립공원에서 직영으로 관리하고, 비수기에는 셀프등록제로 바뀐다. 캠핑장은 B~F까지 5개의 구역으로 되어 있다. 이 가운데 B와 F에 워크인 사이트가 각각 5개씩 있다. 캠핑장은 전체적으로 숲이 우거졌다. 이웃 사이트도 잘 보이질 않을 만큼 깊다. 샤워장은 없지만 화장실에서 온수를 사용할 수 있다. 화장실 곁에 음수대도 있다. 단, 이곳은 쉘터가 별도로 마련되어 있지 않다. 예약이 가능한 것도 이 캠핑장의 장점이다. 이곳에 머물면서 미에테 온천을 이용하는 것도 방법이다.

Data **Site** 140개 **Access** 재스퍼에서 16번 하이웨이를 따라 에드먼튼 방면으로 45km 거리
Open 5월 16일~9월 17일(직원 상주)
Cost 32.25달러(장작 포함)
Web www.pccamping.ca

재스퍼의 호텔
Hotel

가격 (성수기 기준)
★ ~60달러
★★ 100~150달러　★★★ 250~350달러
★★★★ 450~600달러　★★★★★ 1,000달러 이상

페어몬트 재스퍼 파크 로지 | Fairmont Jasper Park Lodge

재스퍼를 상징하는 호텔이다. 밴프 스프링스 호텔, 샤또 레이크 루이스 호텔과 같이 페어몬트 호텔그룹이 운영한다. 그러나 호텔의 분위기는 판이하다. 밴프에 있는 두 호텔이 캐나다 로키에 있는 건물 가운데는 보기 드물게 타워처럼 높이 솟은 반면, 이곳은 건물이 단층으로 되어 있다. 통나무로 지어진 객실은 산장의 느낌을 준다. 이 호텔은 애서배스카 강에 자리한 부베르 호수Lac Beauvert와 애네테 호수 Annette Lake 사이에 자리한다. 특히, 메인 로비 서편에 펼쳐지는 부베르 호수의 모습이 아름답다. 골프 코스가 호텔과 붙어 있는 것도 인상적이다. 메인 로비에서 50m만 걸으면 곧바로 라운딩을 할 수 있는 골프장이다. 산장풍으로 지어졌다고 해서 허름할 것이라고 생각하면 곤란하다. 메인 로비에 들어서면 이 호텔의 품격이 그대로 전해진다. 지하에 자리한 품격 있는 상점들도 호텔의 격조를 높여준다. 꼭 머물지 않아도 부베르 호수나 애네테 호수에서 피크닉을 즐기면서 더불어 들러볼만하다.

Data Add Lodge Rd, Jasper　Tel (780)852-3301　Room 446실　Cost ★★★★★　Web www.fairmont.com

마운트 랍슨 인 Mount Robson Inn

재스퍼 다운타운에 있는 호텔이다. 객실 수는 80실에 불과하지만 8가지 타입이나 된다. 자신이 원하는 스타일의 객실을 골라 숙박할 수 있다. 객실에 전자레인지가 구비되어 있어 간단한 음식도 조리해 먹을 수 있다. 노천탕과 세탁실, 다이닝룸도 갖추고 있다.

Data Add 902 Connaught Dr. Jasper
Tel (780)852-3327 Free (1-800)587-3327
Room 80실 Cost ★★~★★★★
Web www.mountrobsoninn.com

휘슬러 인 Whistlers Inn

재스퍼 다운타운의 중심가에 있다. 호텔에서 걸어서 다운타운을 돌아볼 수 있어 편리하다. 객실은 넓은 편이며, 특별한 장식이 없는 단순한 구조다. 펍과 레스토랑, 노천탕 등의 시설을 갖추고 있다.

Data Add 105 Miette Ave. Jasper
Tel (780)852-3361 Free (1-800)282-9919
Room 64실 Cost ★★★~★★★★★★
Web www.whistlersinn.com

베커스 샬렛 Beckers Chalets

재스퍼에서 아이스필드 파크웨이 방면으로 5km 떨어진 곳에 자리한 방갈로 스타일의 호텔이다. 객실은 독립된 구조의 통나무로 지었다. 음식을 조리할 수 있는 주방과 페치카가 설치되어 있다. 침대가 4개까지 있는 객실도 있어 가족단위 여행자에게 인기다. 5월~10월까지만 운영한다.

Data Add Box 579m Jasper
Tel (780)852-3779 Room 118실
Cost ★★★~★★★★★★
Web www.beckerschalets.com

턴퀸 인 Tonquin Inn

재스퍼 다운타운 중심가에서 동쪽으로 조금 떨어진 곳에 자리한 호텔이다. 객실은 다섯 가지 타입이 있다. 이 가운데 4인 가족이 이용할 수 있는 패밀리 키친 객실은 2개의 방과 주방, 벽난로, 사우나 등의 시설을 갖추고 있다. 무선 인터넷도 무료로 할 수 있다. 주방이 있어 음식을 직접 조리해 먹을 수도 있다. 직접 장작을 뗄 수 있는 벽난로도 운치를 더해준다.

Data Add 100 Juniper St. Jasper
Tel (780)852-4987 Free (1-800)661-1315
Room 137실 Cost ★★~★★★
Web www.decorehotels.com

아스토리아 호텔 Astoria Hotel

객실 수가 35실에 불과한 아담한 호텔이다. 피라미드 산을 배경으로 뾰족하게 솟은 지붕이 인상적이다. 70여년의 역사를 가진 이 호텔은 코발트빛 벽지와 꽃무늬 패브릭으로 장식돼 화사한 분위기를 연출한다.

Data Add 404 Connaught Dr. Jasper
Tel (780)852-3351 Free (1-800)661-7343
Room 35실 Cost ★★★~★★★★
Web www.astoriahotel.com

재스퍼 호텔 리스트

가격 (성수기 기준)
★ ~60달러
★★ 100~150달러 ★★★ 250~350달러
★★★★ 450~600달러 ★★★★★ 1,000달러 이상

호텔	주소	전화(780)	객실수	수영장
Alpine Village	Hwy 93A, just south of town	852-3285	46	·
Amethyst Lodge	200 Connaught Dr	852-3394	97	·
Astoria Hotel	404 Connaught Dr	852-3351	35	·
Athabasca Hotel	510 Patricia St	852-3386	61	·
Becker's Chalets	Hwy 93, 5-min S of town	852-3779	118	·
Bear Hill Lodge	100 Bonhomme St	852-3209	39	·
Best Western Jasper Inn	98 Geikie St	852-4461	143	I
Chateau Jasper	96 Geikie St	852-5644	119	I
Coast Pyramid Lake Resortl	Pyramid Lake Rd	852-4900	62	·
The Fairmont Jasper Park Lodge	Lodge Rd	852-3301	442	O
Filia Inn & Suites	6 Cedar Ave	852-5060	4	·
Jasper House Bungalows	Hwy 93, S of town	852-4535	56	·
Lobstick Lodge	94 Geikie St	852-4431	139	I
Maligne Lodge	900 Connaught Dr	852-3143	98	I
Marmot Lodge	86 Connaught Dr	852-4471	107	·
Miette Hot Spring Resort	Miette Rd	866-3750	35	·
Mountain Lobson Inn	902 Connaught Dr	852-3560	80	·
Overlander Mountain Lodge	Hwy 16	866-2330	40	·
Park Place Inn	623 PATRICIA St	852-9770	14	·
Patricia Lake Bungalow	Off Pyramid Lk Rd	852-3560	52	·
Pine Bungalow	2 Cottonwood Creek Rd	852-3491	95	·
Pocahontas Cbins	Hwy 16 east of town	866-3732	55	O
Sawridge Inn & Conference Ctr	82 Connaught Dr	852-5111	153	I
Sunwapta Falls Resort	Hwy 93	852-4852	53	·
Tekarra Lodge	Hwy 93 A, just south of town	852-3058	52	·
Tonquin Inn	100 Juniper St	852-4987	137	I
Whistlers Inn	105 Miette Ave	852-3361	64	·

- 호텔은 알파벳 순서로 표시. 성수기는 여름, 비수기는 봄과 가을을 뜻함
- 호텔/주소/전화(403)/객실 수/수영장(I=실내, O=실외)/
사우나(사우나=S, 월풀=W, 피트니스클럽=E/식당(식당=R, 바=B)/에어컨(A)부엌(K)/페치카(F)/
인터넷(와이어리스=W, 초고속=H, 로비=L)/성수기 요금/Toll Free(무료전화)

사우나	식당	키친	에어컨	인터넷	장애인	요금	Toll Free
W	·	K/F	·	·	H	★★★	n/a
W	R/B	·	A/P	W/L	M/H	★★★★	1-888-8JASPER
·	R/B	·	A/P	W	·	★★★★	1-800-661-7343
·	R/B	·	P	W/L	·	★★★	1-877-542-8422
·	R	K/F	·	·	H	★★★	n/a
S/W	·	K/F	·	H/L	H	★★★	n/a
S/W	R/B	K/F	P	W/L	M/H	★★★★	1-800-661-1933
W/E	R/B	·	A/P	W/L	M/H	★★★★	1-888-661-1315
S/W/E	R/B	K/F	P	W	M/H	★★★★	1-800-663-1144
S/W/E	R/B	F	·	·	M/H	★★★★★	1-800-441-1414
·	R	·	A	W	·	★★★	n/a
·	R	K	·	W	H	★★★	n/a
S/W/E	R/B	K	P	W/L	M/H	★★★★	1-888-8JASPER
S/W/E	R/B	K/F	A/P	W	H	★★★★	1-800-661-9323
S/W	R/B	K/F	A/P	W	M/H	★★★★	1-888-8JASPER
·	R	K/F	·	·	·	★★	n/a
W	R	F	A/P	W/L	·	★★★★	1-800-587-3327
·	R/B	K/F	·	W/L	M	★★★	1-877-866-2330
·	·	F	A/P	W	H	★★★★	1-866-852-9770
W	·	K/F	A	L	·	★★	1-888-499-6848
·	·	K/F	A	·	M/H	★★★	n/a
W	R/B	K/F	·	W/L	·	★★★	1-888-8JASPER
S/W/E	R/B	·	A/P	W/L	M/H	★★★★	1-888-729-7343
·	R/B	F	·	W/L	M/H	★★★	1-888-828-5777
·	R	K/F	·	·	M	★★★	1-800-709-1827
S/W/E	R/B	K/F	A/P	W	H	★★★	1-800-661-1315
S/W	R/B	F	A/P	W	·	★★★★	1-800-282-9919

재스퍼의 레스토랑 & 숍
Restaurant & Shop

가격 (메인 요리 기준)
★ 10~15달러 ★★ 20~30달러
★★★ 30~40달러 ★★★★ 50달러 이상

ⓒ에빌 데이비스 그릴

이블 데이비스 그릴 Evil Dave's Grill
재스퍼에서 전위적인 요리를 하는 레스토랑으로 알려졌다. 동서양의 요리를 결합해 이곳만의 독특한 메뉴를 선보인다. 특히, 요리에 붙인 이름들이 재미있다. 저녁에만 문을 연다.

Data Add 622 Patricia St. Jasper
Tel (780)852-3323 Cost ★~★★

파파 조지스 Papa George's
아스토리아 호텔에 있는 유서 깊은 레스토랑이다. 1925년에 개점했으며 1,300여종의 와인을 갖춘 셀러도 있다. 쇠고기를 비롯한 버펄로와 엘크 등의 스테이크 요리를 비롯해 연어구이, 샌드위치 등 가벼운 메뉴도 있다.

Data Add 404 Connaught Dr. Jasper
Tel (780)852-2260 Cost 점심 ★~★★,
저녁 ★★★

피들 리버 Fiddle River
육류와 해산물을 주재료로 하는 레스토랑이다. 앨버타 주의 AAA 쇠고기와 버펄로, 엘크, 사슴 등의 스테이크 요리를 맛볼 수 있다. 또 킹크랩과 연어, 송어 등의 해산물 요리도 인기다. 재스퍼 기차역이 보이는 창가 조망이 좋다. 저녁에만 개장한다.

Data Add Upstair 620 Connaught Dr. Jasper
Tel (780)852-3032 Cost ★★★~★★★★

Tip 익스플로러 재스퍼
재스퍼에 대한 모든 정보를 한눈에 알 수 있는 사이트다. 숙박과 여행지, 투어, 아웃도어에 대한 정보를 얻을 수 있다. 사이트에서 스폰서 업체의 홈페이지로 바로 접속할 수 있는 것도 장점이다.
www.explorejasper.com

김치하우스 Kimchi House

재스퍼에 있는 유일한 한국식당이다. 불고기와 해산물 요리를 비롯해 김치찌개나 된장찌개 같은 찌개류를 맛볼 수 있다. 한국 음식이 그리울 때 찾아가기 좋다. 한국인 관광객은 민박도 알선해준다.

Data Add 407 Patricia St, Jasper
Tel (780)852-5022 Cost ★~★★

셰리프 오브 재스퍼 Sheriffs of Jasper

재스퍼에 있는 기념품점 가운데 독특한 아이템이 많은 곳이다. 특히, 지하에 마련한 크리스마스 코너는 한 번쯤 구경할 만하다. 이곳은 1년 내내 크리스마스 캐럴이 울려 퍼지는 산타마을로 꾸며져 있다.

Data Add 610 Connaught Dr, Jasper
Tel (780)852-3658

재스퍼 리쿼르 스토어&와인 셀러
Jasper Liquor Store&Wine Celler

재스퍼에 있는 4개의 주류전문점 가운데 가장 많은 종류의 와인을 보유하고 있다. 1.5리터 매그넘 사이즈는 대도시와 견주어도 크게 비싸지 않은 편. 지하에는 캐나다는 물론 세계 각지의 와인이 보관된 셀러가 있다.

Data Add 606 Patricia St, Jasper
Tel (780)852-5682

사유리 Sayuri

일본 요리 전문점이다. 연어회와 캘리포니아 롤 같은 초밥을 판다. 치킨과 연어, 어묵을 이용한 데리야키와 전골 요리도 먹을 수 있다. 사케나 일본 맥주도 마실 수 있다.

Data Add 410 Connaught Dr, Jasper
Tel (780)852-2282 Cost ★★~★★★

재스퍼 피자 플레이스 Jasper Pizza Place

얇은 피자를 파는 정통 피잣집이다. 관광객은 물론 현지인도 즐겨 찾는다. 30여 가지 토핑을 이용하며 장작을 이용한 화덕으로 피자를 굽는다. 지하에는 당구대와 비디오 게임 등을 할 수 있게 했다.

Data Add 402 Connaught Dr, Jasper
Tel (780)852-3225 Cost ★~★★

홈 하드웨어 Home Hardware

캠핑용품을 비롯한 전기용품을 판다. 캠핑용 프로판 가스나 무연 휘발유 등을 살 수 있다. 바비큐 도구도 구할 수 있다.

Data Add 23 Stan Wright Industrial Park, Jasper
Tel (780)852-5555

로빈슨스 Robinson's

재스퍼에 있는 몇 개의 마트 가운데 규모가 가장 크다. 육류와 채소류도 다양하며 대형 마트와 견줘도 부족하지 않을 만큼 아이템을 갖추고 있다. 가격은 밴프와 비슷한 수준. 다운타운에서 동쪽으로 조금 떨어져 있어 주차도 편리하다.

Data Add 218 Connaught Dr, Jasper
Tel (780)852-3195

아워 네이티브 랜드 Our Native Land

원주민들의 예술작품을 볼 수 있는 갤러리이자 기념품점이다. 빙하기에 살았던 매머드의 상아를 이용한 조각을 비롯해 보석과 나무, 털 등의 재료를 이용해 다양한 민속품을 만든다. 가격이 만만치 않지만 원주민의 문화와 예술을 이해하는 데 큰 도움이 된다.

Data Add 601 Patricia St, Jasper
Tel (780)852-5592

부록

캐나다 로키로 캠핑가기

레이크 루이스 텐트 캠핑장

캐나다 로키 캠핑의 즐거움

내 맘대로 스케줄을 짤 수 있다

캐나다 로키는 자연주의 공화국이다. 인간의 손길이 미친 곳은 아주 적다. 따라서 여행자들은 항상 잠자리를 찾아 먼 거리를 이동해야 한다. 그러나 캠핑장을 이용하면 이동거리를 짧게 가져갈 수 있다. 이것은 캐나다 로키의 다양한 표정을 즐기는 데 더없이 좋은 기회를 제공한다. 예를 들어 아이스필드 파크웨이Icefields Parkway를 찾은 여행자들은 잠자리를 찾아 레이크 루이스나 재스퍼까지 가야 한다. 최소 1시간 이상을 달려야 숙소를 찾을 수 있다. 그러나 캠퍼들은 다르다. 아이스필 파크웨이에 있는 10곳의 캠핑장 가운데 원하는 곳을 찾아가면 그만이다. 또, 캠핑은 기본적으로 패키지를 거부한 자유여행이다. 내가 원하는 곳을 찾아 마음대로 여행하는 진정한 자유를 맛볼 수 있다.

예약을 하지 않아도 된다

여름철 성수기의 캐나다 로키는 관광객들로 넘쳐난다. 비싼 호텔부터 모텔까지 객실이란 객실은 모두 만원이다. 적어도 두세 달 전에는 예약을 해야 객실을 구할 수 있다. 물론, 패키지를 이용하면 다를 수도 있다. 그러나 개별여행자의 경우 몇 달 전에 방을 예약해야 하는 것이 여의치 않다. 그러나 캠핑은 걱정이 없다. 대형 캠핑장을 중심으로 예약을 받고 있지만 대부분의 캠핑장은 선착순으로 사이트를 배정한다. 따라서 일찍만 도착하면 사이트를 잡는 일이 그리 어렵지 않다. 만약, 캠퍼들이 많이 몰려 모든 캠핑장이 만원이 되어도 비상대책은 있다. 오버플로어 캠핑장을 이용하면 된다. 이곳은 캠핑장이 넘쳐날 때 캠퍼들이 임시로 머물 수 있게 만든 곳이다. 시설이 조금 열악하지만 일단 이곳에서 하룻밤을 보낸 뒤 원하는 캠핑장을 찾아가면 된다.

저렴하다

성수기의 캐나다 로키에서는 100달러 미만의 객실을 구할 수 없다. 시설이 괜찮은 곳은 300달러 내외로 가격이 형성된다. 여기에 식사비도 만만치 않다. 아침은 그렇다 치고, 점심과 저녁을 식당에서 해결하면 1일 최소 40~50달러의 비용이 발생한다. 이 비용에 주류는 포함되어 있지 않다. 주류를 포함하면 1일 식대만 70~80달러 정도 된다. 그러나 캠핑장을 이용하면 숙박비와 식대에서 많은 돈을 절약할 수 있다. 특히, 인원이 많을수록 더 많은 비용이 절약된다. 캠핑장 이용료는 17~40달러 사이다. 여기에 장작 사용료 9.25달러를 더하면 최대 50달러다. 하나의 캠핑 사이트에 2동의 텐트를 칠 수 있어, 최대 2가족이 머물 수 있다. 4인 이용 시 1인당 숙박료는 최대 13달러 정도다. 식대를 줄일 수 있는 것도 장점이다. 점심은 샌드위치 등을 직접 만들어서 먹으면 된다. 저녁은 모닥불을 피운 화로에 스테이크를 굽고 와인을 곁들여 풍성한 식탁을 차릴 수 있다. 4인 기준의 스테이크용 쇠고기와 와인 2병을 합쳐도 60~70달러면 충분하다. 1인당 15~20달러 내외면 행복한 만찬을 즐길 수 있다. 따라서 캐나다 로키에서 캠핑만큼 효율적인 여행수단이 없다. 단, 캠핑카의 경우 대여료가 비싸기 때문에 텐트에 비하면 몇 배의 경제적 부담이 있다.

쾌적하다

캐나다 로키의 캠핑장은 세계적 수준이다. 이것은 단순하게 편의시설을 기준으로 말하는 것이 아니다. 캐나다에서는 '캠핑 사이트도 하나의 객실'이라는 개념이 적용된다. 즉, 캠퍼의 프라이버시가 최대한 존중되도록 사이트를 만들어 놨다. 한국처럼 아파트 모양으로 사이트를 다닥다닥 붙여놓은 캠핑장을 상상하면 곤란하다. 각각의 사이트에는 화로와 테이블, 일반 차량 2대를 세울 수 있는 주차 공간, 텐트 2동을 칠 수 있는 공간을 기본으로 배정해 놓고 있다. 사이트와 사이트 사이는 나무나 숲이 있어 주변의 시선을 차단할 수 있게 했다.

캠핑장에서는 반드시 정해진 사이트에서만 캠핑이 가능하다. 따라서 캠퍼가 많이 몰린다고 오버부킹을 하는 일은 없다. 항상 일정한 숫자의 캠퍼가 캠핑장에 머무르기 때문에 성수기 한국의 캠핑장처럼 번잡스러운 일도 없다. 편의시설은 캠핑장마다 조금씩 편차를 두고 있다. 대형 캠핑장은 온수가 나오는 샤워장을 기본으로 갖추고 있다. 캐나다 로키의 날씨도 캠핑을 위해 최적이다. 보통 캠핑의 최적기인 6월부터 9월까지는 건기다. 일주일에 5일은 햇살이 쨍하다. 비가 내려도 워낙 건조한 지역이라 금방 마른다. 따라서 우중캠핑 같은 상황은 드물다. 날씨가 건조하다는 것은 여러 면에서 캠퍼에게 이롭다.

CANADA ROCKY
부록-캐나다 로키로 캠핑가기

| 캠핑장 위치 |

캐나다 로키의 캠핑장은 밴프 13개, 재스퍼 10개, 요호 5개, 쿠트니 5개 등 4개 국립공원에 33개가 있다. 캠핑 사이트는 총 4,596개에 이른다. 한 사이트에 2명씩 머무른다고 가정해도 1일 9,000여명을 수용할 수 있다. 캠핑장은 대부분 캐나다 로키의 핵심이라 할 수 있는 밴프~레이크 루이스~재스퍼 구간에 남북으로 걸쳐 있다. 요호와 쿠트니 국립공원에는 캠핑장의 수

밴프 국립공원의 캠핑장

1. 터널 마운틴 빌리지 1
2. 터널 마운틴 빌리지 2
3. 터널 마운틴 빌리지 트레일러
4. 투 잭 메인
5. 투 잭 레이크사이드
6. 존스턴 캐넌
7. 캐슬 마운틴
8. 프로텍션 마운틴
9. 레이크 루이스 트레일러
10. 레이크 루이스 텐트
11. 모스키토 크릭
12. 워터파울 레이크
13. 램파트 크릭

도 많지 않고, 캠핑장 내의 사이트도 적은 편이다. 캐나다 로키에 속한 4개 국립공원마다 대표 캠핑장이 있다. 이곳들은 규모도 크고, 편의시설도 완벽하게 갖추고 있다. 예약제도 부분적으로 시행하고 있다. 대부분의 캠핑장은 9월과 10월 사이에 폐장한다. 개장은 이듬해 5~6월 사이에 한다. 그러나 관광의 거점이 되는 곳은 겨울에도 1~2곳의 캠핑장을 개장해 운영한다.

재스퍼 국립공원의 캠핑장

1. 포카혼타스
2. 스내어링 리버
3. 휘슬러
4. 와피티
5. 와바소
6. 마운틴 커크슬린
7. 허니문 레이크
8. 조나스 크릭
9. 컬럼비아 아이스필드
10. 윌콕스 크릭

| 캠핑장의 종류 |

캐나다의 캠핑장은 누가 운영을 하는가에 따라 국립, 주립, 사설로 나뉜다. 여기에 마을에서 운영하는 캠핑장이 별도로 있다. 캠핑장의 시설과 규모, 환경, 입지 등은 캠핑장 마다 다르다. 국립과 주립 캠핑장이 뛰어난 자연환경 속에 존재하는 반면, 공원 내에 있어 이용에 제한이 있을 수 있다. 반면, 사설 캠핑장의 경우 도심 외곽부터 아웃도어의 중심이 되는 호수와 강가에 많이 몰려 있다. 출국일 아침에 캐나다 로키에서 공항까지 오는 게 부담스럽다면 캘거리 근처에 있는 사설 캠핑장을 이용하는 것도 방법이다.

국립공원 캠핑장 National Park Camping Ground
국립공원 내에 위치한 캠핑장으로 국가에서 운영한다. 캐나다 로키의 경우 33개의 국립 캠핑장이 있다. 이들 국립 캠핑장은 대부분 뛰어난 자연환경 속에 위치해있다. 캠핑장에서 곧바로 여행을 시작하거나 아웃도어를 즐길 수 있다. 국립 캠핑장의 시설은 위치와 규모에 따라 크게 다르다. 밴프와 레이크 루이스, 재스퍼 등 관광객이 몰리는 여행지 주변에는 대형 캠핑장이 한둘씩 있다. 이런 곳은 온수가 나오는 샤워장을 비롯해 편의시설이 좋은 편이다. 그러나 국립 캠핑장이라 하더라도 사설 캠핑장에 비하면 만족도가 떨어질 수 있다. 특히, 이름난 여행지에서 멀어질수록 편의시설이 부족하다. 외진 곳에 자리한 작은 국립 캠핑장의 경우 캠핑을 할 수 있는 최소한의 시설만 갖추고 있기도 하다. 그러나 편의성만을 기준으로 삼지 않으면, 국립 캠핑장의 캠프 사이트는 어디나 훌륭하다. 프라이버시를 최대한 보장해주게끔 설계되었고, 테이블과 화로 등 캠핑을 위한 기본 조건은 갖춰놓기 때문이다. 국립 캠핑장은 14일 이상 한 곳에서 머물 수 없다. 이것은 주립 캠핑장도 마찬가지다.

주립공원 캠핑장
Provincial Park Camping Ground

주에서 지정한 주립공원에 위치한 캠핑장이다. 캠핑장의 관리는 주에서 한다. 국립 캠핑장과 마찬가지로 캠핑장의 위치와 환경, 자연적인 조건은 아주 뛰어난 반면, 편의시설에는 제약이 따른다. 특히, 주립캠핑장은 여름 성수기를 제외하면 이용객이 적다. 따라서 대부분의 캠핑장은 캠퍼가 스스로 등록을 하는 셀프등록 시스템으로 운영된다. 시설 면에서도 많이 떨어진다. 경우에 따라서는 물을 끓여서 마셔야 하는 곳도 있다. 화장실은 재래식Dry Toilet이 대부분이다. 하지만 매일 직원이 관리를 하기 때문에 깨끗한 편이다. 편의시설은 화장실과 음수대, 음식물 보관소가 기본이다. 사이트에는 화로와 테이블이 설치되어 있다. 편의시설이 부족한 대신에 캠핑 요금은 저렴하다. 캔모어나 재스퍼, 크로싱 등 캐나다 로키 국립공원으로 들고 나는 지점에 위치한 주립 캠핑장의 경우 성수기에는 이용자가 많다.

사설 캠핑장 Private Camping Ground

개인이 운영하는 캠핑장이다. 국립공원과 주립공원 밖에서만 운영할 수 있다. 강이나 호수 등 아웃도어를 즐길 수 있는 곳에 많다. 또 캘거리나 에드먼튼처럼 대도시 주변에도 많이 있다. 사설 캠핑장은 캠핑카를 기본으로 설계됐다. 따라서 텐트 캠퍼를 받지 않는 곳도 많다. 사설 캠핑장은 국립이나 주립 캠핑장에 비하면 자연적인 환경이나 입지조건이 떨어진다. 물론, 강이나 호숫가 등에 자리한 곳은 예외적으로 아주 뛰어난 입지조건을 갖추고 있는 곳도 더러 있다. 그러나 도심 주변은 자연적인 환경이 좋은 편이 아니다. 도심 주변에 있는 사설 캠핑장은 캠핑카를 이용해 도시여행을 하는 캠퍼들이 즐겨 이용한다. 캠퍼들은 이곳에 트레일러나 버스를 개조해서 만든 모터홈Motor Home 같은 캠핑카를 설치한 후 장기간 머문다. 도심을 여행할 때는 모터홈 뒤에 달고 온 오토바이나 승용차를 이용한다. 또, 도심 주변의 캠핑장은 장기간 이용이 가능하기 때문에 집을 수리하거나 당장 거처가 마땅치 않은 이들이 머물기도 한다. 사설 캠핑장은 편의시설에서 큰 편차를 보인다. 대규모 캠핑장의 경우 호텔 부럽지 않은 시설을 갖추고 있다. 수영장과 테니스장, 당구장, 세탁소, 인터넷 카페, 매점, 샤워장 등의 편의시설이 있다.

마을 캠핑장 Town Camping Ground

캐나다의 고속도로를 여행하면서 쉽게 발견할 수 있는 캠핑장이다. 캐나다는 고속도로가 지나는 마을에는 대부분 캠핑장이 있다. 이 캠핑장은 현지인은 물론, 장거리 여행자들이 쉬어갈 수 있게 마을에서 조성한 것이다. 마을 캠핑장은 가격대가 저렴하면서도 샤워장과 수세식 화장실 등의 편의시설이 잘 갖춰져 있다. 보통, 마을과 가깝기 때문에 음식물을 쉽게 구할 수 있는 것도 장점이다. 다만, 캠핑장이 고속도로와 붙어 있어 주행 중인 차량의 소음이 심한 경우도 있다.

텐트 NO, 캠핑카 OK?

캐나다를 비롯한 북미의 캠핑은 한국과는 사정이 많이 다르다. 캐나다의 캠핑은 우리가 캠핑카로 부르는, RV차량을 이용하는 것을 의미할 때가 많다. 이 때문에 캠핑장 표지만 믿고 찾아갔다가 낭패를 당할 수도 있다. 캐나다의 캠핑은 크게 텐트를 이용하는 것과 캠핑카를 이용하는 캠핑으로 나뉜다. 텐트를 이용한 캠핑은 다시 자동차를 캠프 사이트에 주차시키는 일반적인 캠핑과 백팩Backpack 캠핑으로 나뉜다. 국립공원이나 주립공원에서는 텐트를 이용하는 캠퍼를 기본으로 한다. 설령 캠핑카를 이용한다고 해도 텐트를 이용하는 캠퍼와 차별을 두지 않는다. 물론 밴프와 레이크 루이스, 재스퍼에 있는 대형 캠핑장의 경우 캠핑카 전용 캠핑 사이트가 있다. 하지만 기본은 텐트를 이용한 캠핑에 두고 있다. 따라서 텐트를 이용하는 캠퍼는 어디서나 환영을 받는다. 캠핑장은 마크를 통해 쉽게 구별할 수 있다. 텐트 전용은 텐트만 그려져 있다. 컬럼비아 아이스필드 캠핑장이 이에 해당한다. 텐트와 캠핑카가 동시에 이용할 수 있는 캠핑장은 텐트와 트레일러 표시가 같이 되어 있다. 캠핑카 전용은 트레일러만 표시되어 있다. 백팩 캠핑은 캠핑 장비를 배낭에 넣어 가지고 트레킹을 하면서 캠핑하는 것을 말한다. 캐나다 로키의 유명한 등산코스에는 트래커를 위한 캠핑장이 별도로 마련되어 있다. 트래커들은 며칠씩 등산을 하며 등산로를 따라 존재하는 이 캠핑장에서 숙박을 한다. 그러나 이것은 등산 경험이 풍부한 트래커들이 찾기 때문에 일반적인 캠핑의 범주로 취급하지는 않는다. 반면, 사설 캠핑장의 경우 캠핑카를 기본으로 한다. 텐트를 이용한 캠핑은 아예 받지 않는 곳이 많다. 일부 텐트 캠핑을 허용하는 곳도 있지만 실재 이용자는 거의 드물다. 따라서 사설 캠핑장을 이용할 때는 텐트 사이트가 있는지 꼭 확인해 둘 필요가 있다.

| 캠핑장 이용료 |

캠핑은 캐나다 로키를 여행하는 가장 저렴한 방법이다. 캐나다 국립공원의 경우 편의시설에 따라 가격이 5단계로 나뉘어져 있다. 당연히 편의시설이 잘 갖춰진 곳일수록 가격이 비싸진다. 가장 기본적인 시설만 갖춰진 1단계 캠핑장의 이용료는 16.75달러다. 캠핑장에는 재래식 화장실과 음수대, 대피소(쉘터)가 설치되어 있다. 사이트 마다 테이블과 화로는 기본으로 갖춰져 있다. 대부분 장작도 판매한다. 이런 캠핑장은 주로 이용객이 많지 않은 외진 곳에 있으며 셀프등록 시스템으로 운영된다. 23달러를 받는 2단계 캠핑장은 1단계와 비교하면 화장실이 좋다. 화장실이 수세식으로 되어 있으며 얼굴이나 손발을 씻을 수 있는 세면대가 있다. 29.75달러를 내는 3단계 캠핑장은 텐트를 이용하는 캠퍼들에게는 최상의 편의시설을 제공한다. 이곳은 2단계 캠핑장의 편의시설에 샤워장이 추가된다. 샤워장은 샤워부스와 세면대, 화장실로 구성되어 있으며 연중 따뜻한 물이 나온다. 캠핑카의 오폐수를 버릴 수 있는 덤프 스테이션Dump Station도 설치되어 있다. 또 장애인을 위한 화장실을 갖추고 있다. 4단계 캠핑장은 캠핑카를 이용하는 캠퍼를 위해 3단계 캠핑장의 편의시설에 전기를 추가했다. 이용료는 34.50달러다. 마지막 5단계 캠핑장(40.75달러)은 사이트마다 전기와 상수도, 하수도를 연결할 수 있는 풀 훅 업Full hook up 서비스가 제공된다. 이밖에 캐빈형 숙박시설(oTENTIK)과 고정식 텐트(밴프 투 잭 메인 캠핑장) 등 캠핑장 내 숙박시설을 이용할 수 있다. 오텐틱은 침낭을 지참해야 하며 하룻밤에 128달러다. 고정식 텐트는 텐트 안에 침낭과 메트리스가 설치되어 있다. 하룻밤에 74.75달러다. 캠핑장 이용료는 현금과 카드, 둘 다 결재할 수 있다. 국립공원 직원이 상주하지 않는 셀프등록 캠핑장도 카드 번호를 적어서 지불하면 정산이 된다. 이처럼 캠핑장 이용료가 다양하기 때문에 캠퍼들은 자신이 원하는 스타일에 맞춰 캠핑장을 선택할 수 있다. 캠핑카를 이용한다고 해서 모두 5단계 캠핑장만 원하는 것은 아니다. 5단계 캠핑장의 경우 화로가 없는 곳이 많다. 캠핑카를 이용하는 캠퍼 가운데는 시설이 좀 부족해도 모닥불을 피우고 싶어서 일부러 낮은 단계의 캠핑장을 찾기도 한다.

| 캠핑장 운영 |

캐나다 로키 내에 있는 캠핑장은 국립공원에서 직접 관리한다. 대형 캠핑장의 경우 직원이 상주하고, 작은 캠핑장은 셀프등록제로 운영된다. 셀프등록제로 운영되는 곳은 매일 국립공원 직원이 방문해 화장실 청소 및 캠핑장 이용료를 수거해 간다. 캐나다 로키의 캠핑장은 항상 청결하게 관리된다. 이것은 직원이 상주하든, 셀프등록제로 운영되든 크게 다르지 않다. 캐나다 사람들의 준법정신과 도덕성이 느껴질 정도로 깨끗하게 관리된다. 캠핑장에서 국립공원 직원이 관리하는 곳은 화장실과 샤워장뿐이다. 나머지 시설은 캠퍼 스스로가 자율적으로 관리한다. 이를테면 캠핑 사이트의 청결과 청소는 캠퍼가 책임을 진다. 모닥불을 피우다 남은 장작은 가지런히 쌓아놓아 다음 캠퍼가 이용할 수 있게 한다. 테이블의 음식물 자국도 깨끗이 지우고, 주변에 쓰레기도 깔끔하게 치운다. 다음 캠퍼가 바로 이용해도 아무 불편함이 없게 만들어 놓고 떠난다. 화장실과 샤워장은 1일 1회 청소를 기본으로 한다. 화장지는 최대 2일치를 비치해 모자람이 없게 해놓는다. 샤워장은 1인 부스로 되어 있다. 이용자가 사용한 물건만 들고 나오면 지저분해지지 않는다. 세면대 주변에도 세면대를 닦을 수 있는 두꺼운 화장지가 배치되어 있어 캠퍼들이 스스로 청결을 유지한다. 캠핑장의 자율적인 운영은 셀프등록제에서 확연하게 알 수 있다. 스스로 알아서 사이트를 정하고, 이용료를 지불하는 이 시스템은 국립공원은 물론 주립공원에서도 대부분 시행되고 있다. 국립공원 직원이 상주하지 않으면 이용료를 지불하지 않고 '도둑캠핑'을 해도 되지 않느냐고 생각할 수도 있다. 그러나 캐나다인 가운데 그런 식으로 캠핑을 하는 경우는 거의 없다. 길가에 차를 세우고 자는 일이 있어도 이용료를 내지 않고 캠핑을 하지는 않는다. 물론, 밤늦게 들어가 이른 아침에 나오는, 관리의 손길이 미치지 않는 시간대를 이용해 도둑캠핑을 할 수 있을지도 모른다. 그러나 만약 발각이 되면 더 이상 국립공원 안에서는 캠핑을 할 수 없다. 그런 제재를 떠나서 도둑캠핑을 하다 발각이 됐다는 사실만으로도 그들에게는 아주 큰 도덕적인 상처가 된다.

| 캠핑 시즌 |

캐나다 로키의 캠핑장은 여름이 성수기다. 기온이 크게 떨어지는 긴 겨울은 캠핑카를 이용하는 몇몇을 제외하고는 이용불가다. 봄과 가을은 워낙 짧아 금방 지나간다. 캠핑장은 보통 5월과 6월 중순 경에 개장해 대부분 9월과 10월 사이에 폐장한다. 폐장일은 미리 예고가 되지만 날씨에 따라 달라지기도 한다. 그러나 여름 성수기가 끝났다고 모든 캠핑장을 폐장하는 것은 아니다. 겨울의 낭만을 즐기고 싶은 캠퍼들을 위해 일부 캠핑장은 개방한다. 겨울은 날씨가 워낙 춥기 때문에 텐트를 이용하는 캠퍼는 거의 없다. 대부분 캠핑카를 이용하는 캠퍼로 스키를 타거나 겨울 레포츠를 즐기기 위해 찾는다. 겨울에 개장하는 캠핑장은 밴프의 경우 터널 마운틴 빌리지2와 모스키토 크릭, 레이크 루이스 트레일러, 재스퍼는 윌콕스와 와피티 등이다. 단, 겨울에 개장하는 캠핑장은 사정에 따라 개장 여부와 시기, 규모 등이 변할 수 있으니 사전에 꼭 확인하자.

캠핑장 셀프등록

캐나다 로키에 있는 캠핑장의 절반 이상이 셀프등록제로 운영된다. 따라서 등록요령을 알고 있어야 당황하지 않는다. 우선 캠핑장에 도착하면 캠핑장을 한 바퀴 둘러보면서 좋은 사이트를 고른다. 최우선으로 고려할 것이 화장실이다. 그 다음은 비가 올 때 피할 수 있는 쉘터와 음수대와의 거리다. 주변 경관과 이웃 사이트와의 거리 등도 조목조목 따져 본다. 원하는 사이트를 찾았다면 셀프등록대로 간다. 셀프등록대는 보통 캠핑장 입구에 마련되어 있다. 셀프등록대에는 이용료를 넣을 수 있는 봉투와 연필이 비치되어 있다. 이 봉투에는 사이트 번호/숙박일수/입장일/출발일/자동차 번호/주소/장작 사용 여부/총액 등을 적게 되어 있다. 모든 공란을 기입한 후 봉투에 이용료를 넣는다. 그 다음 침을 발라서 봉투를 밀봉한다. 밀봉한 봉투는 셀프등록대 옆에 세워진 통에 밀어 넣는다. 이때 영수증을 반드시 떼어놔야 한다. 이 영수증은 사이트의 팻말에 꽂아둔다. 팻말에 꽂힌 영수증은 해당 사이트를 사용하고 있다는 표시이자 이용료를 냈다는 증거가 된다. 셀프등록제  로 운영되는 캠핑장을 이용할 경우 다양한 종류의 지폐를 가지고 있어야 낭패를 보지 않는다. 연박이 아닌 경우 50달러와 100달러 지폐는 사용할 수 없다. 환전을 할 수 없기 때문이다. 따라서 10달러와 5달러, 1달러 등의 지폐와 동전을 충분히 가지고 있어야 한다. 신용카드로도 지불할 수 있다.

| 캠핑장 시설 |

▲쓰레기통
모든 캠핑장에 기본으로 설치되어 있다. 쓰레기통은 재활용과 일반 쓰레기로 분리되어 있다. 가스통이나 병, 고철류 등은 재활용으로 처리한다. 그러나 재활용 쓰레기통은 많지 않고 불편하다. 캐나다는 아직까지 재활용에 대해서 크게 개의치 않는 분위기다. 따라서 대부분의 쓰레기는 일반 쓰레기통에 버리면 된다. 음식물의 경우 따로 버리는 곳이 없다. 서양 음식의 경우 음식물 쓰레기가 거의 없기 때문이다. 만약 음식물 쓰레기가 생긴다면 화장실 변기에 버릴 수밖에 없다. 그러나 이것은 보기에도 좋지 않다. 가급적 음식물 쓰레기가 발생하지 않게 하는 게 좋다. 캐나다 로키의 모든 쓰레기통은 모두 곰이나 야생동물이 함부로 뒤질 수 없게 만들어진 게 특징이다.

▲놀이터
아이들을 위한 간단한 놀이기구를 마련한 캠핑장도 있다. 대부분 대형 캠핑장에 해당하며 놀이기구는 아주 간단(?)하다. 거창한 시설을 기대했다가는 실망할 수 있다.

전화▶
모든 캠핑장에는 공중전화가 있다. 요즘은 휴대전화가 보편화되어 예전만큼 이용자가 많지는 않다. 그러나 캐나다 로키에서는 통화 불능지역이 많다. 특히, 로밍 서비스의 경우 밴프와 레이크 루이스, 재스퍼 등의 마을을 벗어나면 무용지물이 될 때가 있다. 마을을 벗어난 곳에 있는 캠핑장에서 응급시 외부와 연락하기 위해서는 공중전화가 필수다. 따라서 공중전화 사용법을 숙지해 만약의 사태에 대비한다.

◀ 야외극장

밴프와 레이크 루이스, 재스퍼 등의 대형 캠핑장에 있다. 이곳은 여름 시즌에 캠핑장에 머무는 캠퍼를 대상으로 국립공원에 대한 이해를 높이는 해설 프로그램을 진행한다. 또 프로젝트 빔을 이용해 캐나다 로키의 동물이나 식물 등도 소개한다. 여름철 성수기의 경우 거의 매일 밤 프로그램이 진행되기 때문에 자녀가 있다면 참가해 보는 것이 좋다.

▲ 테이블

캠핑 사이트 마다 기본으로 제공된다. 따라서 테이블을 별도로 마련하지 않아도 식사를 하는데 전혀 불편함이 없다. 테이블은 바닥에 고정된 고정형과 위치를 자유롭게 옮길 수 있는 이동형 2가지가 있다. 테이블 양쪽에는 의자가 달려 있다. 이동형의 경우 밤에 화로 곁으로 옮겨 놓으면 모닥불을 쬐며 따뜻한 시간을 보낼 수 있다.

▲ 음식물 보관소

'You are in bear country.' 캐나다 로키 어디서나 흔하게 볼 수 있는 문구이다. 이곳에 사는 동물 가운데 가장 위협적인 존재가 곰이다. 특히, 곰은 캠핑장을 습격(?)해 음식을 약탈해 간다. 아이스박스에 넣어도 소용없다. 따라서 음식물은 육중한 쇠문을 가진 음식물 보관소에 두거나 차량에 둘 것을 권한다. 음식물 보관소는 텐트를 이용하는 사이트에는 기본으로 설치되어 있다. 개인 자물쇠를 이용할 수도 있다.

▲ 장작보관소

캐나다 로키의 캠핑장에서 장작만큼 인심 좋은 것은 없다. 화로가 설치된 캠핑장에서 8.8달러를 내면 장작을 거의 원하는 만큼 가져다 땔 수 있다. 재스퍼의 경우 일일 사용량이 제한되어 있기도 하지만 거의 간섭하지 않는다. 따라서 땔 수 있을 만큼 가져다 때면 된다. 장작은 잘 마른 것과 잘게 쪼개져 있는 것을 골라야 불을 피우기 용이하다. 장작이 필요 없다면 사지 않아도 된다. 또 캠핑장이 아닌, 주유소 등에서 장작을 별도로 구입해서 가져가도 된다.

▲ 셀프등록대

캐나다 로키에서는 이용자가 많은 대형 캠핑장을 제외하면 대부분의 캠핑장은 캠퍼 스스로 사용료를 지불하는 셀프등록제로 운영된다. 대형 캠핑장도 이용객이 많지 않은 비시즌에는 셀프등록으로 전환하기도 한다. 셀프등록대는 캠핑장 입구에 마련되어 있다. 이곳에는 캠핑장 이용료, 캠핑장 지도(있는 곳도 있고 없는 곳도 있다), 알림판, 캠핑장 사용료를 넣는 봉투와 연필 등이 비치되어 있다.

▲ 화장실

어느 캠핑장이나 화장실은 기본으로 설치되어 있다. 그러나 화장실의 수준은 제각각이다. 2단계(21.50달러 이상) 캠핑장은 보통 수세식 변기가 설치되어 있다. 그러나 2단계 이하는 재래식 변기가 설치된 것이 전부다. 하지만 재래식 변기라고 해도 1일 1회 청소를 하기 때문에 청결하게 관리된다.

CANADA ROCKY
부록-캐나다 로키로 캠핑가기

▶화로

대부분의 캠핑장에는 화로가 설치되어 있다. 그러나 풀 훅 업 서비스를 제공하는 일부 사이트는 화로가 없는 경우가 있다. 밴프의 터널 마운틴 빌리지 2와 레이크 루이스 트레일러 캠핑장이 그렇다. 화로는 캠핑장마다 크기와 모양이 제각각이다. 원형으로 생긴 것이 많지만 직사각형으로 생긴 것도 있다. 직사각형의 경우 바닥에서 30cm 이상 떠 있는데, 생각만큼 불이 잘 붙지 않을 수 있다. 따라서 장작을 잘게 쪼개서 넣어야 한다. 화로에는 바비큐를 할 수 있게 그릴이 설치되어 있다.

▼전기

텐트를 이용하는 캠퍼들도 휴대 전화나 카메라, 면도기, 아이팟 등의 충전을 위해 전기가 필수다. 캐나다 로키에서는 2단계 (23달러) 이상의 캠핑장에는 화장실에 전기 콘센트가 설치되어 있다. 대부분 이곳에서 충전을 한다. 그러나 도난사고가 일어날 수도 있어 항시 주의가 필요하다. 재스퍼에 있는 휘슬러 캠핑장의 경우 매표소에 충전소가 별도로 마련되어 있다. 1달러를 넣으면 열쇠가 달린 작은 충전박스를 사용할 수 있다. 렌터카 이용자들은 인버터를 이용해 차량에서 전원을 얻는 것도 방법이다.

▲워크 인 사이트

캐나다 로키의 캠핑장 가운데는 자동차는 주차장에 세워두고 걸어서 들어가는 워크 인 Walk in 사이트가 있다. 재스퍼는 모든 캠핑장에 기본으로 워크 인 사이트를 조성했다. 반면, 밴프의 경우 투 잭 레이크 사이드 캠핑장에 한정되어 있다. 워크 인 사이트라고 해서 먼 거리를 걸어 들어가는 것은 아니다. 가까운 곳은 10m 이내, 멀더라도 100m를 넘지 않는다. 주로 짐이 많지 않은 배낭여행자나 호젓한 곳을 좋아하는 캠퍼들이 이용한다.

▲쉘터

쉘터는 보통 지붕이 있는 쉼터라고 이해하면 된다. 텐트를 이용하는 캠퍼를 위해서 마련해 놨다. 비가 오거나 날이 추운 경우 이곳에서 식사를 할 수 있고, 휴식을 취할 수 있다. 쉘터 안에는 장작을 땔 수 있는 대형 페치카와 의자가 붙어 있는 테이블이 놓여 있다. 젊은 캠퍼들은 이곳에서 서로 정보를 교환하고 우정을 나눈다. 쉘터는 텐트 사이트의 캠핑장에는 구역별로 마련되어 있다. 그러나 캠핑카 전용 캠핑장은 없는 곳이 많다.

◀ 오버플로우 캠핑장 Overflow Camping ground

캐나다 로키의 캠핑장은 7월~8월에는 자리를 구하기 힘들만큼 캠퍼들로 붐빈다. 특히, 밴프나 레이크 루이스처럼 이름난 관광지는 말할 것도 없다. 캠핑장이 모두 찼다면 어떻게 할까? 이때를 대비해서 만들어 놓은 것이 오버플로우 캠핑장이다. 오버플로우 캠핑장은 정식 캠핑장과 달리 사이트가 구별되어 있지 않다. 편의시설도 열악하다. 보통 화장실과 수동으로 작동하는 음수 펌프 정도만 갖춰놓는다. 그러나 국립공원 안에서는 지정된 곳이 아니면 캠핑을 할 수 없다. 따라서 캠핑 사이트를 구할 수 없다면 이곳에서 하룻밤을 보낸 후 다시 캠핑장을 찾아가야 한다. 밴프의 경우 미네완카 호수로 가는 길에 있는데, 편의시설은 화장실 1동이 전부다. 아이스필드 파크웨이의 워터파울 레이크스 캠핑장 곁에 오버플로우 캠핑장이 있다. 이곳은 주차장과 테이블, 화로 등 제법 시설을 갖추고 있다. 오버플로우 캠핑장은 캠핑장이 만원일 경우에만 개방한다. 따라서 여행자 안내소에서 우선 캠핑장 정보를 미리 알아보고 움직일 필요가 있다.

◀ 음수대

모든 캠핑장에는 음수대가 있다. 국립공원 안에 있는 음수대는 기본적으로 음용이 가능-모스키토 크릭Mosquito Creek은 음용불가-하다. 수도꼭지 아래 컵으로 물을 받는 그림이 있으면 그냥 마셔도 된다. 또 마실 수 있는 물을 뜻하는 포터블 워터Portable Water 안내 문구가 붙은 것도 그냥 마실 수 있다. 그러나 덤프 스테이션Dump Station에 있는 물은 식수와 청소용으로 나눠지기도 한다. 캐나다의 캠핑장은 한국처럼 취사장이 별도로 마련되어 있지 않다. 화장실이나 샤워장 곁에 수도꼭지만 있는 것이 전부다. 설거지를 할 수 있는 곳도 설거지통이 2개를 넘지 않는다.

▲ 샤워장

캠핑장을 선택할 때 가장 중점을 두고 고려하는 사항이다. 샤워장이 설치된 캠핑장은 3단계(29.25달러 이상)부터다. 보통 밴프와 레이크 루이스, 재스퍼 등 이름난 여행지를 끼고 있는 대형 캠핑장에 설치되어 있다. 샤워장 시설은 캠핑장 마다 조금씩 다르지만 방식은 거의 비슷하다. 버튼을 누르면 물이 일정 정도 나오다 멈춘다. 물이 필요하면 적당한 시점에서 버튼을 반복해서 눌러줘야 한다. 온수는 기본으로 제공하지만 시간대와 캠핑장에 따라 물의 온도는 차이가 있다. 보통 샤워장에 세면대와 화장실이 같이 있다.

◀ 덤프 스테이션

덤핑 스테이션Dumping Station, 사니 덤프Sani Dump라고 적혀 있기도 한다. 이곳은 캠핑카에서 나오는 하수를 처리하는 곳이다. 또 캠핑카의 물탱크에 상수를 채우는 곳이기도 하다. 국립공원 캠핑장에는 상하수도 시설이 갖춰진 캠핑카 전용 사이트가 많지 않다. 밴프의 터널 마운틴 빌리지 10이나 레이크 루이스 트레일러, 재스퍼의 휘슬러 정도에만 캠핑카 전용 사이트가 있다. 나머지는 덤프 스테이션을 이용해 하수를 비운다. 덤프 스테이션은 대부분 캠핑장 입구에 마련되어 있다. 보통 캠핑장을 떠날 때 이용한다.

| 캠핑 사이트의 구성 |

캐나다 로키의 캠핑 사이트는 몇 가지 유형이 있다. 가장 기본이 되는 것은 캠핑카와 텐트를 이용하는 캠퍼가 함께 사용할 수 있는 사이트다. 이 사이트는 주차공간과 테이블, 화로, 텐트 공간으로 구성됐다. 주차공간은 캠핑카를 주차할 수 있는 규모로 일반 승용차의 경우 2대까지 주차할 수 있을 만큼 넓다. 그러나 버스를 개조해 만든 모터홈이나 트레일러의 경우 워낙 덩치가 크기 때문에 사이트를 잡을 때 공간이 충분한지 고려해 봐야 한다. 텐트 설치공간은 캠핑장마다 조금씩 다르다. 대부분 4인용 텐트 2동은 넉넉하게 칠 수 있는 규모다. 그러나 경우에 따라서는 1동 밖에 칠 수 없는 곳도 있다. 재스퍼의 캠핑장은 공용 주차장에 차를 세워놓고 걸어서 들어가야 하는 워크 인 사이트가 별도로 마련되어 있다. 이것은 일반 캠핑장에서 백팩 스타일의 캠핑을 맛보고 싶어 하는 이들이 즐겨 사용한다. 주차장에서 50m 내외를 걸어 들어가야 텐트 사이트가 나온다. 짐이 적으면서 조용한 곳을 찾는 캠퍼들이 이용한다. 캠핑카 전용 사이트의 경우 화로가 없는 경우가 있다. 화로가 없으면 모닥불을 피울 수 없다. 따라서 캠핑카 전용 사이트에서 캠핑을 할 경우 화로가 있는지를 물어봐야 한다. 편의시설이 부족한 캠핑장 가운데서도 캠핑카와 텐트 사이트를 구분한 곳이 있다. 이런 곳은 캠핑카를 이용하는 캠퍼를 좀 더 배려한 것이다. 트레일러나 버스를 개조해 만든 모터홈은 후진 주차가 어렵다. 따라서 입구와 출구가 다른, 즉 후진할 필요가 없는 일방통행식 사이트 (Drive through site) 공간을 선호한다. 그러나 이런 사이트는 앞뒤로 트여 있어 안락한 맛이 없다. 텐트를 이용하는 캠퍼는 적당치 않다.

| 캠핑장 예약제 |

캐나다 국립공원의 캠핑장 이용 원칙은 먼저 온 사람이 먼저 자리를 차지하게 돼 있다. 그러나 2009년부터 예약제를 부분적으로 시행하고 있다. 이는 캠핑장 시설이 대형화되고 편의시설도 갖추면서 캠퍼들에게 보다 편리한 서비스를 제공하기 위해서다. 특히, 성수기의 경우 캠퍼들이 폭주하면서 극심한 혼잡을 빚기 때문에 사전 예약제를 통해 관리의 효율성을 높일 필요에 따른 것이다. 예약제 시행은 캐나다 로키에서 캠핑을 계획하고 있는 외국인들에게도 긍정적이다. 일단 숙소가 정해지면 스케줄을 짜기가 한결 편리하다. 예약제를 시행하는 시기는 5월부터 10월 사이로 캠핑장마다 조금씩 다르다. 대부분 6월부터 9월 성수기가 주를 이룬다. 이것은 이 때를 제외하면 언제든지 사이트를 구할 수 있다는 것을 의미한다. 캠핑장 예약은 매해 3월과 4월부터 받는다. 겨울의 경우 선착순으로만 운영한다. 예약 서비스를 제공하는 캠핑장은 밴프 터널 마운틴 빌리지 1,2, 레이크루이스 트레일러, 텐트, 투 잭 메인과 레이크 사이드, 재스퍼는 휘슬러, 와피티, 와바소, 포카혼타스, 쿠트니는 레드 스트릭 등이다. 이들 캠핑장은 최소 100개 이상의 사이트를 보유하고 있으며, 최소 2단계(23달러)의 서비스를 제공한다. 또 텐트에서 모터홈까지 동시에 이용할 수 있는 대형 사이트를 가지고 있다.

예약제 시행 캠핑장과 사이트 수

지역	캠핑장	사이트 수
밴프	터널 마운틴 빌리지 트레일러 Tunnel Mountain Village Trailer	321
	터널 마운틴 빌리지 1 Tunnel Mountain Village 1	618
	터널 마운틴 빌리지 2 Tunnel Mountain Village 2	188
	투 잭 메인 이퀴프트 캠프사이트 Two Jack Main Equipped Campsite	44
	투 잭 레이크사이드 Two Jack Lakeside	74
	투 잭 레이크사이드 오텐틱 Two Jack Lakeside Otentic	10
	존스턴 캐년 Jonstone Canyon	132
	레이크 루이스 트레일러 Lake Louise Trailer	189
	레이크 루이스 텐트 Lake Louise Tent	206
재스퍼	휘슬러 Whistlers	781
	와바소 Wabasso	228
	와피티 Wapiti	362
	미에테 Miette(포카혼타스)	140

Tip 캠핑장 예약
캠핑장 예약은 국립공원에서 운영하는 예약 사이트(www.pccamping.ca)나 전화(1-877-737-3783)로 할 수 있다. 예약은 인터넷 사이트에서 언어(영어)를 선택해 들어간 뒤 화면 중앙의 왼쪽에 있는 온라인 예약 코너에서 원하는 캠핑장을 선택한다.

| 캠핑장 이용 시 주의점 |

채집금지
나무나 버섯, 꽃 등을 채집해서는 안 된다. 국립공원에서 식물이나 버섯, 꽃을 채집하는 것은 불법이다. 모닥불을 피울 나무도 지정된 장소에 있는 것만 사용한다. 물론 불을 피우기 위해 솔방울이나 마른 잔가지를 줍는 것까지 문제되지는 않는다. 그러나 생가지를 꺾거나 국립공원에서 제공하는 장작이 아닌 나무를 가져오는 것은 불법이다.

먹이주기 금지
캠핑장에서는 동물을 쉽게 만날 수 있다. 그러나 동물에게 먹이를 주는 일은 불법이다. 사람에게서 먹이를 받아먹으면 동물의 자생력이 떨어지기 때문. 또 먹이를 주기 위해 동물에게 접근하다 위험한 상황을 맞을 수도 있다. 우리나라의 국립공원도 동물에게 먹이주기를 금지하고 있다.

소음금지
캐나다 로키의 캠핑장은 오후 11시부터 오전 7시까지 정숙의 시간을 갖는 콰이어트 타임Quiet Time을 운영한다. 이 시간은 캠퍼들의 편안한 잠자리를 위해 모닥불 피우는 것이 금지된다. 또한 큰소리로 떠들거나 하는 행위를 해서도 안 된다. 대부분의 캠퍼들은 이 조항을 잘 지킨다. 설령 모닥불이 다 꺼지지 않았다고 해도 작은 소리로 대화를 나누는 등 이웃 캠퍼들의 사생활을 침해하지 않기 위해서 노력한다.

trunk of your vehicle or in the facilities provided for hikers. Place garbage in bear-proof containers. **Protégez-vous des ours** Gardez la nourriture dans le coffre de votre véhicule ou dans les garde-manger. Les déchets doivent être jetés dans les contenants à l'épreuve des ours.	**Elk alert** Never approach elk, particularly during spring calving and fall rut. **Attention aux wapitis** Ne vous approchez jamais des wapitis, surtout pendant la saison de la mise bas (printemps) ou de l'accouplement (automne).	**Keep fires in fire boxes** Keep fires small to conserve wood; keep them contained in the fire box. **Allumez des feux dans les foyers seulement** Faites de petits feux seulement; utilisez la boîte à feu.	**Don't damage plants** Don't damage or remove plants and other natural objects. **Veuillez ne pas endommager les plantes** Veuillez ne pas cueillir, endommager ou ramasser les plantes et autres objets naturels.	**Stay on trails** Stay on designated roads and trails. **Restez sur les routes** Restez sur les routes et sur les sentiers.	**Good neighbours** Quiet hours are from 11 p.m. to 7 a.m. Check-out time is 11 a.m. **Respectez vos voisins** Il est interdit de faire du bruit de 23 h à 7 h. Heure de départ 11 h.

산불조심

캐나다 로키는 국립공원 안에 있으면서도 모닥불을 피우는 것에 아주 관대하다. 이는 밤이 되면 기온이 많이 내려가기 때문이다. 그러나 모닥불을 피울 때는 그 책임도 캠퍼가 지게 된다. 따라서 불조심에 유념해야 한다. 모닥불은 정해진 화로 안에서만 피운다. 잠자리에 들 때는 반드시 불을 끈다. 화로 주변을 깨끗하게 관리해 불똥이 옮겨 붙지 않도록 한다.

청결유지

캠핑장은 항상 깨끗한 상태를 유지해야 한다. 주변에 쓰레기를 함부로 버려도 안 되고, 테이블에 물건을 난잡하게 놓은 채 자리를 비워도 안 된다. 자리를 비울 때도 물건을 텐트 속이나 자동차에 실어 놓는다. 이는 보기도 좋고, 도난이나 동물의 습격을 예방하는 데도 도움이 된다. 캠핑장을 떠날 때는 처음 찾을 때의 모습 그대로 되돌려놓아야 한다. 테이블을 옮겼더라도 마찬가지다. 남은 장작은 화로 곁에 가지런히 쌓아 놓아 다음 캠퍼가 이용할 수 있도록 한다. 마지막으로 주변의 쓰레기도 챙겨서 떠난다.

소음과 캠핑

캐나다 로키에서 캠핑을 하다보면 다소 의외의 적(?)을 만날 수 있다. 다름 아닌 소음이다. 밴프와 레이크 루이스, 요호의 캠핑장은 대부분 캐나다 횡단 고속도로와 캐나다 퍼시픽 철도 곁에 있다. 밤에는 고속도로와 철길에서 나는 소음이 의외로 크다. 캠핑카나 트레일러를 이용하면 크게 문제될 것이 없다. 그러나 텐트는 다르다. 텐트는 방음에 거의 무방비 상태다. 여럿이 어울려 이야기 할 때는 크게 거슬리지 않지만 텐트 속에 들어가면 차량이나 기차에서 나오는 소음의 존재를 실감하게 된다. 따라서 숙면을 취하고 싶다면 귀마개는 필수다. 꼭 차량이나 기차에 의한 소음이 아니라도 귀마개를 준비하면 여러모로 이롭다.

| 캠핑과 날씨 |

캐나다 로키가 속한 앨버타 주는 '태양의 주'Sunny Alberta라 부른다. 캐나다에서 일조량이 가장 많은 주라는 얘기다. 풍부한 일조량은 캐나다 로키라고 다르지 않다. 보통 일주일에 5일 이상은 태양을 볼 수 있는 맑은 날이 많다. 그러나 날이 흐리기 시작하면 며칠씩 이어지기도 한다. 캐나다 로키는 일 년의 절반 가까이가 겨울이다. 10월 초순부터 눈이 내려 이듬해 4월 말까지 지속된다. 반면 봄(5월~6월)과 가을(9월 중순~10월 중순)은 짧다. 여름은 6월 중순부터 9월 중순까지로 3개월 간 지속된다. 이때가 여행 성수기로 연중 가장 쾌적한 날씨를 선사한다. 캐나다 로키는 산악지형의 날씨를 보인다. 밴프와 레이크 루이스는 해발 1,500m 이상에 자리해 있다. 재스퍼를 제외한 대부분의 관광지는 1,500~2,000m 사이에 있다. 따라서 낮에는 태양이 내리쬐지만 밤에는 금방 서늘하게 식는다. 낮에도 그늘만 찾아들면 강렬한 햇살이 그리울 만큼 선선해진다. 특히, 여름이라고 해도 날이 궂으면 기온은 급격히 내려간다. 따라서 캐나다 로키를 여행할 때는 최소 사계절의 옷을 준비하는 게 바람직하다. 낮에는 반팔과 반바지면 충분하다. 그러나 비가 오거나 날이 궂을 것에 대비해 얇고 가벼운 재킷을 휴대한다. 저녁에는 보온력이 좋은 점퍼를 껴입고, 긴 바지를 입는 게 좋다. 쾌적한 여름은 캠핑을 하기에 최고의 조건을 선사한다. 날씨가 건조하기 때문에 땀을 흘려도 쉽게 마른다. 또한 적당히 서늘한 기온은 모닥불을 피우기 좋다. 한밤에는 다소 쌀쌀하게 느낄 수 있지만 습한 더위에 땀 흘리며 자는 것과는 비교할 수 없다. 모기도 없기 때문에 야외에서 생활하는 데 전혀 지장이 없다. 봄과 가을은 기온의 변화가 극심한 편이다. 밴프의 경우 9월 중순부터 최저기온이 영하를 기록한다. 10월 중순에는 영하 15도를 오르내리기도 한다. 그러나 날이 맑은 경우에는 영상으로 회복된다. 봄도 가을과

마찬가지로 일기변화가 심하다. 겨울은 매서운 추위가 기다리고 있다. 2009년 1월의 경우 영하 40도를 오르내릴 만큼 날씨가 추웠다. 적설량도 많은 편이다. 눈이 많이 내리는 곳은 연간 10m를 넘기도 한다. 풍부한 적설량은 캐나다 로키를 스키 천국으로 변모시킨다. 심설에서 즐기는 파우더스키는 캐나다 로키 겨울 여행의 진수다. 캐나다 로키의 날씨 정보는 캐나다 국립공원 홈페이지|www.parkscanada.ca에서 확인할 수 있다. 홈페이지에서 밴프나 재스퍼 등 방문하려는 국립공원을 찾아가 왼쪽 사이드 바에 있는 날씨|Weather Forecast를 클릭하면 현재의 날씨와 기온을 비롯해 일주일간의 날씨를 예보해준다. 현지에서는 여행자 안내소에서 매일 업데이트 된 일기예보를 알림판에 붙여놓는다.

밴프(1,397m)의 연평균 날씨

월	최고 온도	최저 온도	강수량 (mm)	적설량 (cm)	일조량
1월	-5.3	-14.9	2.4	38.2	8.1
2월	0.1	-11.3	1.7	30.0	10.0
3월	3.8	-7.9	1.6	27.0	12.0
4월	9.0	-2.8	10.6	26.3	14.0
5월	14.2	1.5	42.4	17.1	15.5
6월	18.7	5.4	58.4	1.7	16.5
7월	22.1	7.4	51.1	0.0	16.0
8월	21.6	6.8	51.2	0.0	14.5
9월	16.1	2.7	37.7	7.0	12.7
10월	10.1	-1.1	15.4	18.9	10.7
11월	0.5	-8.2	6.0	33.6	9.0
12월	-5.3	-13.8	2.8	43.9	7.8

재스퍼(1,100m)의 연평균 날씨

월	최고 온도	최저 온도	강수량 (mm)	적설량 (cm)	일조량
1월	-7.8	-17.8	2.4	38.1	8.1
2월	-0.6	-12.2	2.2	21.7	10.0
3월	3.2	-8.6	3.2	14.7	12.0
4월	9.6	-2.9	12.7	10.9	14.0
5월	15.6	1.7	30.3	3.1	15.5
6월	19.2	5.6	54.8	0	16.5
7월	22.5	7.6	49.7	0	16.0
8월	21.4	7.0	48.4	0.1	14.5
9월	16.4	3.2	36.8	1.1	12.7
10월	10.3	-1.0	24.2	5.4	10.7
11월	0.7	-8.5	8.6	24.6	9.0
12월	-4.9	-13.6	5.4	32.7	7.8

| 캐나다의 캠핑문화 |

캠핑도 나라별로 다양한 차이를 보인다. 요즘 우리나라에 불고 있는 오토캠핑 문화는 일반적인 선진국의 캠핑문화와는 확연히 다르다. 우리나라의 오토캠핑에는 초대형 텐트와 타프, 집에서 쓰는 가구를 무색케 하는 호화로운(?) 의자와 탁자, 주방 도구들이 등장한다. 그러나 캐나다나 미국에서 보는 캠핑장비들은 우리나라와 비교하면 초라할 정도다. 보기에도 남루한 텐트와 바닥 깔개로나 쓰는 천막을 이용한 타프, 작은 프로판 가스 스토브 등이 캠핑장비의 전부다. 커플이라도 혼자 눕기 벅차 보이는 작은 텐트 하나 달랑 들고 오는 모습을 흔히 본다. 이처럼 캠핑장비가 부실한 것은 필요의 차이에서 비롯된 것이 크다. 캐나다나 미국의 캠핑장은 대부분 건조하다. 또 여름처럼 날씨가 좋은 계절에 캠핑을 많이 떠난다. 따라서 텐트의 역할은 단순해진다. 우리나라처럼 우기가 뚜렷하고 비에 대비해야 하는 경우와는 차이가 있다. 다른 하나는 캠핑장비에 대한 시각이다. 우리나라에서는 캠핑장비가 그 사람의 캠핑 수준을 말해준다. 즉 어떤 장비와 어느 회사의 제품을 쓰는가에 따라 노련한 캠퍼인지 초보인지를 구분하려 든다. 그러나 캐나다에서 캠핑은 자연을 찾아가기 위한 최소한의 준비 정도로 받아들인다. 텐트는 비나 바람, 주위의 시선을 막아주면 그 뿐이라고 여긴다. 우리나라와 캐나다의 캠핑문화는 음식에서 극명한 대조를 보인다. 외국의 캠퍼들은 캠핑장에서 해먹는 요리에 크게 신경 쓰지 않는다. 마트에서 사온 즉석식품을 요리해서 먹는 경우가 많다. 화로에 바비큐 시설이 기본으로 되어 있어도 모닥불을 이용해 바비큐를 굽는 이들은 의외로 많지 않다. 그러나 우리나라는 먹는 것이 캠핑의 목적

이 되곤 한다. 술과 음식을 먹기 위해 캠핑을 간다고 할 정도다. 현지에서도 마찬가지다. 한국 관광객은 질 좋고 값싼 쇠고기 스테이크에 열광한다. 또 국과 밥, 밑반찬 등 테이블이 넘칠 정도로 많은 음식을 차리고 먹는다. 이 같은 음식문화의 차이는 어떤 것이 좋다 나쁘다 말할 수 없다. 그것은 나라마다 음식문화가 다르고, 저마다 장점이 있기 때문이다. 그러나 잦은 이동을 해야 하고, 적재공간이 적은 차에 모든 것을 싣고 다녀야 한다면 어떤 스타일의 음식을 먹을지에 대해 진지하게 고민해 볼 필요가 있다. 캐나다 로키의 캠핑장은 낮에는 한산하다. 대부분 원하는 곳을 찾아가 여행을 하기 때문이다. 오후 5시를 넘기면 캠퍼들이 속속 캠핑장으로 돌아온다. 외국의 캠퍼들은 간단하게 와인이나 맥주를 곁들인 저녁을 먹고 모닥불을 피우다 일찍 잠자리에 든다. 반면 우리나라를 비롯한 동양에서 온 캠퍼들은 저녁을 준비해 먹고 마시는 일에 많은 시간을 소비한다. 잠자리에 드는 것도 늦다. 물론 시차적응 등 여러 가지 조건이 다른 부분이 있다. 분명한 것은 서양인들에 비해 먹는 것에 많은 정성을 들인다는 점이다.

국립공원 홈페이지 이용하기

캐나다는 국립공원 홈페이지에 들어가면 웬만한 정보를 다 얻을 수 있다. 국립공원 홈페이지만 꼼꼼하게 검색해도 여행지와 숙박, 도전할 만한 아웃도어, 현재의 국립공원 상태 등을 확인할 수 있다. 따라서 캐나다 로키 여행 계획을 세웠다면 국립공원 홈페이지를 열심히 훑어볼 필요가 있다. 캐나다 로키에 속한 밴프와 재스퍼 등 4개의 국립공원은 각각 별도의 홈페이지와 정보를 제공한다. 따라서 자신이 방문하려는 국립공원을 찾아서 들어가야 한다. 각각의 국립공원은 캐나다 국립공원 홈페이지|www.parkscanada.ca에서 원하는 국립공원을 찾아가게 되어 있다. 일단 밴프 국립공원의 홈페이지를 보면서 자세한 정보를 알아보자. 국립공원에 관해 필요한 정보는 왼쪽 사이드 바에 대부분 표기되어 있다. 이 가운데 밴프 국립공원Banff National Park과 안전Public Safety 카테고리만 꼼꼼히 찾아봐도 원하는 정보를 대부분 얻을 수 있다. 첫 카테고리인 밴프 국립공원은 캐나다 로키의 일반적인 정보를 담고 있다. What's News는 밴프의 최근 소식을 알려준다. 산불이나 날씨, 산사태, 등산로 상태, 현재 진행되는 이벤트 등을 보여준다. 방문자 정보(Visitor Information)는 밴프를 방문하려는 여행자에게 필요한 정보를 제공한다. 국립공원 운영시간, 가는 길, 지도, 숙박, 이용료, 이벤트, 편의시설, 날씨, 여행자 안전에 관한 정보, 주변 국립공원 연결 사이트 등을 제공한다. 자연과 문화(Natural Wonders&Cultural Treasures)는 국립공원의 동식물 소개와 역사, 문화 등을 소개한다. 야외활동(Activities)은 국립공원 내에서 여름과 겨울에 즐길 수 있는 다양한 레포츠와 금지행위 등에 대한 정보를 제공한다. 안전(Public Safety) 카테고리는 여행자의 안전과 관련된 사항들만 별도로 뽑아서 아이콘을 만들어 놨다. 이밖에 Important Bulletins는 국립공원 내에 진행되는 중요한 사항에 대한 공고, Weather Forecast는 날씨, Trail Conditions Report는 등산로, Bear Update는 곰, Road Conditions Report는 도로 상태, Avalanche Bulletins는 산사태나 눈사태에 대한 공지사항을 알려준다.

| 여행자 안내소와 여행 정보 |

캐나다를 여행하다 보면 아주 작은 마을을 가도 여행자 안내소가 있다. 이곳들은 여행자에게 완벽한 정보를 제공하는 것으로 이름이 높다. 한국처럼 유명무실한 여행자 안내소를 생각하면 오산이다. 이 때문에 캐나다 로키에서는 어디를 가더라도 우선 여행자 안내소에 들려 그 지역 여행에 대한 정보를 얻는다. 캐나다 로키에는 밴프, 재스퍼, 레이크 루이스, 컬럼비아 아이스필드, 필드 등에 여행자 안내소가 있다. 여행자 안내소에서는 여행지에 대한 정보와 숙박 안내, 낚시면허와 공원 입장료를 비롯한 라이선스 판매, 캐나다 로키 기념품 판매 등을 한다. 또 날씨와 트레킹 등 가장 최근의 정보를 제공한다. 캠핑에 대한 정보도 여행자 안내소가 가장 확실하다. 이곳에서는 캐나다 로키의 캠핑장 전반을 안내하는 몇 종의 팸플릿을 비치하고 원하는 캠퍼들에게 무료로 제공한다. 또한 캠핑장의 개장 여부와 편의시설, 이용 현황 등을 자세하게 알 수 있다. 특히, 캠퍼들이 많이 몰리는 성수기의 경우 사이트를 구할 수 있는 캠핑장에 대한 정보도 얻을 수 있다. 따라서 어느 지역을 방문하더라도 우선 여행자 안내소에 들르는 것이 우선이다. 캐나다 로키의 여행자 안내소는 저마다 특색 있게 꾸미고 여행자를 만난다. 여행자 안내소만 제대로 돌아봐도 박물관을 돌아본 기분이 된다.

| 무료 팸플릿과 캠핑 |

캐나다 로키에서는 어디를 가도 넘쳐나는 게 가이드북과 팸플릿이다. 여행자 안내소는 기본이다. 캐나다 로키에 있는 모든 상점과 레스토랑, 기념품점, 레포츠 용품점, 주유소 등 모든 상업시설에는 팸플릿과 가이드북 비치대가 마련되어 있다. 이것들은 모두 무료다. 따라서 자신이 필요로 하는 팸플릿을 마음대로 가져갈 수 있다. 가이드북과 팸플릿이 무료로 배포된다고 해서 정보가 부실하다고 여기면 오산이다. 때로는 자신도 미처 몰랐던 정보를 얻을 수도 있다. 또 가이드북에는 쿠폰이 포함된 것이 많다. 이 쿠폰을 가져 가면 할인혜택을 받을 수 있다. 여행자 안내소에서도 무료로 팸플릿을 제공한다. 이 가운데 더 마운틴 파크스THE MOUNTAIN PARKS는 캠퍼들에게 유용하다. 이 책자에는 국립공원별 캠핑장 위치도와 편의시설, 이용료 등이 자세히 소개되어 있다. 또한, 타운 상세지도와 가볼만한 곳, 도로 정보, 캠핑장의 위치가 표기된 아이스필드 파크웨이 상세 가이드 지도 등이 있어 요긴하게 활용할 수 있다.

"당신의 여행 컬러는?"

최고의 휴가는 **홀리데이 가이드북 시리즈**와 함께~